Über dieses Buch

Die vergleichsweise junge Wissenschaft der Bionik beschäftigt sich empirisch und pragmatisch mit einem Problem, das spekulativ schon seit Jahrtausenden die Menschheit interessiert: Wie können die dem Menschen von Natur gesetzten Grenzen durch Integration mechanischer oder allgemein technischer Vorrichtungen überwunden werden? Der Schneider von Ulm, der die Sage von Ikarus auf ihren Realitätsgehalt prüfte, die Erbauer von mehr oder weniger manipulierten Automaten und Schachmaschinen und zahllose belächelte Erfinder kämpften mit diesem Problem.
Gegenstand dieses Buchs ist, welche Lösungsmöglichkeiten und Hilfsmittel die kritische Naturwissenschaft unserer Tage zur Verfügung stellen kann und welche Ergebnisse zu erwarten sind.
Als ergänzende Lektüre empfiehlt sich zur Einführung in die Bionik das Fischer Taschenbuch ›Natur als Vorbild‹ von Lucien Gérardin (Fischer Taschenbuch 6180); kritische Würdigung v. a. der sozialen Probleme, die sich durch gezielten Einsatz der verschiedenartigsten ›Prothesen‹ ergeben können, findet sich im Fischer Taschenbuch ›Die Biologische Zeitbombe‹ von Gordon Rattray Taylor (Fischer Taschenbuch 1213).
Die Autoren dieser Anthologie genießen als Experten internationales wissenschaftliches und – v. a. Isaac Asimov – publizistisches Ansehen.

Maschinen wie Menschen

Herausgegeben
von
Robert Jungk
und
Hans Josef Mundt

Fischer
Taschenbuch
Verlag

Fischer Taschenbuch Verlag
August 1973
Ungekürzte Ausgabe

Umschlagentwurf: Jan Buchholz/Reni Hinsch

Die englische Originalausgabe erschien unter dem Titel
›Machines like men‹ im ›Science Journal‹, Oktober 1968, London,
Iliffe Industrial Publications Ltd.
Deutsche Übersetzung von Ludwig Brinckmann und Reimer von Lohr

Die deutsche Originalausgabe erschien in der Reihe
›Modelle für eine Neue Welt‹, herausgegeben von Robert Jungk und Hans Josef Mundt
im Verlag Kurt Desch

Fischer Taschenbuch Verlag GmbH, Frankfurt am Main
Lizenzausgabe mit freundlicher Genehmigung des Verlags
Kurt Desch, München, Wien, Basel

Gesamtherstellung: Hanseatische Druckanstalt GmbH, Hamburg
Printed in Germany
ISBN 3 436 01736 1

Inhalt

Marvin Minsky

Maschinen sind mehr als sie scheinen

Rechner bestehen nicht einfach aus Flipflops und Binärzahlen; sie werden bald der gleichförmigen Massenproduktion ein Ende bereiten. Ihre Weiterentwicklung schreitet viel schneller fort als die Evolution der Lebewesen 9

Norman Stuart Sutherland

Maschinen wie Menschen

Die Maschine, deren Fähigkeiten den typisch menschlichen am nächsten kommen, ist der Digitalrechner. Der Mensch wird bald Rechner entwerfen können, die nicht nur schneller, sondern auch intelligenter sind als er selbst 12

Neil J. Mizen

Maschinen mit Kraft

In einer mit mechanischer Kraft versehenen Rüstung behält der handelnde Mensch wertvolle Eigenschaften, z. B. die Geschicklichkeit, und beherrscht dabei Kräfte, die seine eigenen um ein Vielfaches übersteigen 28

Hugh A. Ballinger

Maschinen mit Armen

Diese Maschinen sind seit langem in Gebrauch, um Menschen in fremder und gefährlicher Umgebung zu schützen. Jetzt tauchen in der Industrie in weitem Wirkungskreis verfeinerte Roboter dieser Art auf 39

John Anthony Weaver

Maschinen, die lesen

Das zivilisierte Leben wird immer mehr von Gedrucktem beherrscht. Dies ist so zahlreich geworden, daß menschliche Augen nicht mehr ausreichen, es zu lesen. Bald wird es Maschinen sogar möglich sein, Handschriften zu lesen 56

John Nicholas Holmes

Maschinen, die sprechen

Maschinen dieser Art führen viele nützliche Aufgaben durch und helfen auch, die menschliche Sprache zu erforschen, aber eine Maschine zu bauen, die normales Sprechen versteht, dürfte vielleicht niemals möglich sein 73

Donald Michie

Maschinen, die spielen und planen

Heute können Maschinen Schach auf Turnierniveau spielen. Diese Fähigkeit, während des Laufes zu lernen und weit vorauszuplanen, fordert die Herstellung von Maschinen heraus, die auf ihre Umgebung reagieren können 88

Stafford Beer

Maschinen, die Maschinen steuern

Die moderne Industrie schafft sich die ersten Stufen einer Einrichtung, die schließlich eine Hierarchie von Befehlsstrecken von der Werkstatt bis zum Vorstandszimmer bilden wird 106

John C. Loehlin

Maschinen mit Persönlichkeit

Durch geeignete Programme kann der Rechner zu einer Maschine gemacht werden, die Gefühle wie Liebe, Haß, Furcht und Ärger zeigt. Mit anderen Programmen werden Fähigkeiten und Verhalten eines Psychiaters simuliert 125

Wilfred Kenelm Taylor

Maschinen, die lernen

Maschinen können lernen, teilweise verdeckte Gesichter, abstrakte Figuren und komplizierte Muster zu erkennen. Bald werden sie lernen, das Wetter vorherzusagen und die Wirtschaft zu steuern 140

Charles A. Rosen

Maschinen, die intelligent handeln

Roboter, die ihre Umgebung erforschen, Strategien planen und unvollständig spezifizierte Aufgaben ausführen, funktionieren bereits in einer Reihe von Forschungslaboratorien 155

Isaac Asimov
Die perfekte Maschine
Das Schlußkapitel dieses Buches konnte nur von einem hervorragenden Science-Fiction-Autor geschrieben werden. Mit halbernstem Blick schaut er auf Dinge, die weit, weit vor uns liegen 175

Erklärung der Fachausdrücke 185

Sachregister 191

Maschinen sind mehr als sie scheinen

Von Marvin Minsky

Marvin Minsky, Professor der Elektrotechnik am Massachusetts Institute of Technology (MIT), ist eine der führenden Autoritäten auf dem Gebiet der künstlichen Intelligenz. Nachdem er zunächst mit Oliver Selfridge am Lincoln-Laboratorium zusammengearbeitet hatte, brachte er mit John McCarthy das Projekt ›Künstliche Intelligenz‹ am MIT in Gang. Einige Jahre hat er gemeinsam mit Seymour Papert gearbeitet; die künstliche Auge-Hand-Maschine, die sie zusammen entwickelt haben, wird im Beitrag von Charles A. Rosen: »Maschinen, die intelligent handeln« beschrieben.

Im vorliegenden Band werden viele Dinge beschrieben, die es schon gibt, von denen aber viele ›Fachleute‹ noch behaupten, daß es sie nie geben könne.
Seit jeher wurden Maschinen mit Schrauben und Klammern versehen. Bald werden sie ungemein graziöse Gelenkverbindungen besitzen. Die Augen eines Rechners konnten früher nur Löcher in Karten erkennen. Jetzt erkennen sie Gestalten vor einfachem Hintergrund. Bald werden sie es mit dem Menschen in der Aufgliederung und Auswertung der Umwelt aufnehmen. Rechnerprogramme addierten früher nur Zahlenreihen. Jetzt spielen sie gut Gesellschaftsspiele, nehmen teil an einfachen Gesprächen, wägen viele Faktoren für Entscheidungen ab. Was kommt als nächstes? Darüber klar nachzudenken, wäre Gegenstand einer neuen, vergeistigten Technologie. Ich möchte drei Gedanken vortragen, die uns die Anpassung erleichtern können.

Denken wir bei Rechnern nicht nur an Flipflops und Binärzahlen!

Zwar sind Rechner aus einfachen Teilen zusammengesetzt; aber die Überbewertung dieser unbedeutenden Tatsache scheint in vielen die leere Illusion hervorzurufen, sie verstünden etwas von der Sache. Vielmehr sehen sie nur die dünne Oberfläche einer Verflechtung, deren wildes Wachstum sich bald hemmend auf die

Entwicklung selbst auswirken kann. Richtiger und heilsamer ist es, sich den Rechner als ein fruchtbares Medium – einen Garten – vorzustellen, in dem unvorstellbar verflochtene Strukturgewebe angepflanzt und kultiviert werden können. Die modernen, vervollkommneten Rechnerprogramme verfolgen ganze Hierarchien von Zielen, von denen jedes mit eigenen Methoden angegangen wird. Solche Programme sind nur ein Anfang in unserem Bemühen, intelligente Maschinen zu bauen und zu verstehen, aber sie zeigen schon, daß wir das vertraute Bild, nach dem ein Rechnerprogramm eine Folge elementarer Anweisungen ist, aufgeben müssen. Eine solche Folge ergibt sich nur aus der Notwendigkeit, das Netzwerk, das ein Programm ausmacht, so zu zerlegen, daß es auf ein Magnetband geschrieben werden kann – wie der Biologe die zu untersuchenden Lebewesen seziert –, und deshalb dürfen wir nicht mehr lehren, das Programm sei nichts als diese Zerlegung.

Machen wir uns auf Maschinen gefaßt, die die Mechanisierung beenden!

Die industrielle Revolution brachte uns für den Preis der Gleichförmigkeit die billige Gütererzeugung. Massenproduktion bedeutete, daß jeder sich einen Anzug leisten konnte – vorausgesetzt, daß eins der gängigen Modelle zu seiner Figur paßte. So und auf mancherlei andere Weise machte sich der Einfluß der Massenproduktion über die Fabrik hinaus geltend. Dieses Zeitalter geht jetzt zu Ende. Die neuen Maschinen werden einen Menschen ansehen, beobachten, wie er läuft, beobachten, wie er sich ausruht, und eigens für seine Figur und die ihm eigenen Haltungen einen Anzug entwerfen. Hat man erst mal eine Maschine, die eine Schere in der Hand hält, dann ist es nicht mehr sehr wirtschaftlich, Standardmodelle zuzuschneiden. Was das für einen weitverzweigten Kundendienst, der mehr als das Notwendige leisten soll, bedeutet, überlasse ich der Vorstellung des Lesers.

Beachten wir die Beschleunigung der Entwicklung!

Die Maschinen haben in den letzten hundert Jahren in ihrer Arbeitsweise einen Fortschritt erzielt, für den die Biologie und das Verhalten der Lebewesen eine Milliarde Jahre gebraucht haben. Unsere pflichtbewußten Skeptiker sagten uns, daß Maschinen niemals Objekte wahrnehmen würden. Jetzt, da die Maschinen komplizierte Figuren erkennen können, sagen uns die Skeptiker, daß die Maschinen sich niemals bewußt sein können, daß sie Objekte wahrnehmen. Lassen wir uns nicht durch autoritative Aussprüche darüber, was Maschinen niemals tun werden, einschüchtern! Solche Behauptungen gründen sich auf Hochmut, nicht auf Tatsachen. In keiner wissenschaftlichen Maschinentheorie ist ein Hinweis auf Grenzen aufgetaucht, denen nicht auch der Mensch unterworfen ist. Die Geschwindigkeit der Maschinenentwicklung ist millionenmal größer, weil wir verschiedene Verbesserungen einfach miteinander verbinden können, während die Natur vom zufälligen Zusammentreffen von Verbesserungen abhängt. Heute lösen Maschinen Probleme größtenteils nach den Prinzipien, die wir in sie einbauen. Es dürfte nicht lange dauern, bis wir lernen, sie auf das spezielle Problem anzusetzen, die ihnen eigene Fähigkeit, Probleme zu lösen, von sich aus zu verbessern. Ist erst einmal eine gewisse Schwelle überschritten, könnte dies zu einer Beschleunigungsspirale führen, und es dürfte schwierig sein, einen zuverlässigen Regler zu bauen, der diese Spirale in Schranken hielte. Man braucht deswegen keinen Alarm zu schlagen; denn gegenwärtig haben wir einen Mangel, keinen Überfluß an Maschinenintelligenz. Aber die Klugheit rät, das Problem ernsthaft ins Auge zu fassen und sorgfältig die Schritte für den Zeitpunkt zu bedenken, in dem die Schwelle in Sicht kommt.

Literatur zum Thema dieses Buches:

Frank, Helmar (Hrsg.): Kybernetische Maschinen. S. Fischer, Frankfurt a. M. 1964, 455 S.

Nemes Tihamér: Kybernetische Maschinen. Berliner Union GmbH, Stuttgart 1967, 288 S.

Information, Computer und künstliche Intelligenz (12 Aufsätze aus dem »Scientific American«). Umschau Verlag, Frankfurt a. M. 1967, 212 S.

Ducrocq, A.: Die Entdeckung der Kybernetik. Europäische Verlagsanstalt, Frankfurt a. M. 1959.

Gerwin, R.: Intelligente Automaten. Belser, Stuttgart 1964.

Pfeiffer, J.: Maschinen denken schneller. Kindler, München 1963.

Radwit, K.: Kollege Roboter. Ehrenwirth, München 1965.

Steinbuch, K.: Automat und Mensch. Springer, Berlin/Göttingen/Heidelberg 1965.

Hassenstein, B.: Biologische Kybernetik. Quelle u. Meyer, Heidelberg 1967.

Poletajew, J. A.: Kybernetik. VEB Deutscher Verlag der Wissenschaften, Berlin 1962.

Steinbuch, K.: Künstliche Intelligenz. In: Studium Generale 1961, S. 400–408. Zwölf Fragen zur Kybernetik. In: Studium Generale 1961, S. 592–600.

Maschinen wie Menschen

Von Norman Stuart Sutherland

Norman Stuart Sutherland, Professor für Experimentalpsychologie an der Universität Sussex, sagt über sich, daß er dazu verführt wurde, zunächst auf der Schule und dann in Oxford die antiken Autoren zu studieren. Er begann sich für Rechner zu interessieren, weil er der Meinung ist, daß man unmöglich Gehirnmechanismen verstehen könne, ohne Gehirnmodelle auf Rechnern simuliert zu haben.

In diesem einleitenden Beitrag vergleicht Professor Sutherland diejenige Maschine, die dem Menschen am ähnlichsten ist, nämlich den Digitalrechner, mit dem menschlichen Gehirn. Er kommt zu dem Schluß, daß in fünfzig Jahren die Diskussion darüber entbrannt sein wird, ob Rechnern nicht das Stimmrecht gegeben werden soll.

Alleiniges Thema dieses Buches sind Maschinen, die sich wie Menschen verhalten – Maschinen, die lesen oder sprechen, Maschinen, die Spiele spielen oder in ihre eigene Umgebung eingreifen, und Maschinen, die »denken«. Solche Maschinen üben auf Wissenschaftler der verschiedensten Fachrichtungen eine große Faszination aus. Tatsächlich gibt es zwei ganz verschiedene Motive dafür, Maschinen Aufgaben ausführen zu lassen, die bis vor kurzem nur von Menschen übernommen werden konnten – wenigstens auf diesem Planeten.

Die einen setzen sich das Ziel, die Maschinen komplizierte Aufgaben der Informationsverarbeitung möglichst wirksam ausführen zu lassen. Sie haben dieses Ziel erwählt, weil es eine anspornende Herausforderung darstellt oder weil die von ihnen hergestellten Maschinen der Gesellschaft Nutzen bringen.

Es gibt noch ein zweites, weniger direktes Motiv, das das Interesse für solche menschenähnliche Maschinen weckt: Viele Wissenschaftler betreiben den Bau derartiger Geräte weder aus reinem Spaß an der Sache noch wegen des praktischen Nutzens, sondern um ein besseres Verständnis des Menschen selbst zu gewinnen.

Das Gehirn des Menschen und der Digitalrechner

Die ›hardware‹ (fest verdrahtete Operationen im Rechner, Nervenzellen und Nervenfasern im Gehirn) und die ›software‹ (Programme des Rechners, Gedanken des Gehirns) erfordern zwei verschiedene, miteinander verbundene Betrachtungsweisen des Gehirns. Der Neurophysiologe versucht, die Hardware zu verstehen – herauszubekommen, wie die individuellen Nervenzellen arbeiten und wie die beim Lernen sich vollziehenden Veränderungen im Gehirn physikalisch vor sich gehen. Der Experimentalpsychologe ist weniger an der Arbeitsweise der einzelnen Komponenten als an dem Gesamtsystem interessiert, an der ›Logik‹, nach der die Bausteine zusammengesetzt sind, um das beobachtete Verhalten des ganzen Organismus hervorzurufen. Da das menschliche Gehirn das komplizierteste unter den gegenwärtig bekannten Datenverarbeitungsgeräten ist, hat sich die zweite Aufgabe als unglaublich schwierig erwiesen. Theorien über die Gehirnorganisation sind oft verschwommen, und da die meisten dieser Theorien sich nicht mittels bekannter mathematischer Techniken analysieren lassen, ist es oft unmöglich, nachprüfbare Folgerungen aus einer vorliegenden Theorie zu ermitteln oder festzustellen, ob die Theorie überhaupt einen funktionierenden Ablauf der beschriebenen Vorgänge garantiert. Die Erfindung des Digitalrechners verspricht all das zu ändern. Wenn wir eine verwickelte Theorie der Gehirnorganisation haben, können wir jetzt ein Modell unserer Theorie auf einem Digitalrechner konstruieren und sehen, was sich bei einem zeitlichen Ablauf ergibt.

Das hat mehrere Vorteile: Bei der Durchführung geeigneter Experimente mit dem Rechnermodell können wir herausfinden, ob die angenommene Organisation wirklich das Verhalten bewirkt, das wir erklären möchten. Andererseits kann ein fertiggestelltes Modell auch ein Verhalten bedingen, das bei seiner Aufstellung nicht vorhergesehen wurde. In diesem Fall können wir das Modell weiter testen, indem wir entsprechende Experimente auch mit Menschen durchführen, um zu sehen, ob auch sie sich ebenso unvermutet wie das Modell verhalten. Schließlich ist die Tatsache von Bedeutung, daß man verschwommen formulierte Modelle auf einem Rechner nicht simulieren kann. Um zu bewirken, daß eine Maschine sich so verhält, wie sich nach unserem Wissen ein Organismus verhält, zwingt uns die Rechnertechnik, unser Modell vollständig und genau zu beschreiben (siehe z. B. die Kapitel ›Maschinen mit Persönlichkeit‹ und ›Maschinen, die lernen‹).

Maschinenintelligenz und Maschinenmodelle

Der Unterschied zwischen dem Wissenschaftler, der an der reinen Maschinenintelligenz interessiert ist, und dem, der mit Maschinenmodellen das Verhalten des Menschen (oder eines Tieres) simulieren möchte, kann kurz wie folgt charakterisiert werden: Der erste ist zufrieden, wenn er die Maschine dazu gebracht hat, eine komplizierte Aufgabe der Informationsverarbeitung wirksam auszuführen. Der zweite ist nur dann zufrieden, wenn die Maschine die Aufgabe genauso ausführt, wie es der Mensch tut. Das Ziel ist also nicht, die Aufgabe von der Maschine auf die wirksamste Art ausführen zu lassen; in der Tat läßt sich die Richtigkeit des Modells besonders gut daran erkennen, ob es denselben Fehlleistungen wie der Mensch unterworfen ist.

Rechnen und Gedächtnis

Rechner sind dem Menschen offenkundig im Rechnen überlegen, aber sie tun es auf eine ganz andere Weise. Während die Menschen im Zehnersystem rechnen, führen die Rechner die Rechenoperationen im Zweiersystem durch. Der Rechner addiert zwei 48-stellige Zahlen auf einen Schlag, während ein Mensch ein Ziffernpaar nach dem anderen addieren muß. Unsere Fähigkeit, etwas kurzfristig zu behalten, ist, verglichen mit der eines Rechners, gering – daher müssen wir unsere äußere Umwelt umständlich verändern (etwa durch Benutzung von Papier und Bleistift), wenn wir irgendeine Operation festhalten wollen; der Rechner dagegen kann die Resultate jeder Operation in seinem Inneren speichern und sie unmittelbar für jede weitere Verwendung zur Verfügung stellen. Obwohl wir einen Rechner so programmieren könnten, daß er unsere Art, Berechnungen durchzuführen, simuliert, wäre dieses Vorgehen sehr unergiebig.
Trotz des Unterschiedes, den die beiden Einstellungen zu menschenähnlichen Maschinen aufweisen, besteht zwischen ihnen eine beträchtliche Wechselwirkung. Wenn wir genau wüßten, wie das menschliche Gehirn eine spezielle Aufgabe der Informationsverarbeitung bewerkstelligt, dann könnten wir eine Maschine mit derselben Logik bauen und wir würden einen Weg (nicht notwendig den besten) gefunden haben, die Aufgabe von einer Maschine ausführen zu lassen. Es ist wahrscheinlich, daß der wirksamste Weg, Maschinen gewisse Aufgaben erledigen zu lassen, tatsächlich in gewissen Fällen (z. B. bei der Zeichenerkennung) dem Weg sehr ähnlich ist, auf dem das menschliche Gehirn diese Aufgabe zuwege bringt. Die Wechselwirkung kann natürlich auch in der anderen Richtung verlaufen: Problemlösende Programme der Art, wie

sie Donald Michie in seinem Beitrag über planende und spielende Maschinen behandelt, deuten zumindest einen Weg an, wie der Mensch bei der Lösung ähnlicher Probleme vorgehen kann. Mögen auch die Einzelheiten verschieden sein, viele der allgemeinen Prinzipien können dieselben sein.

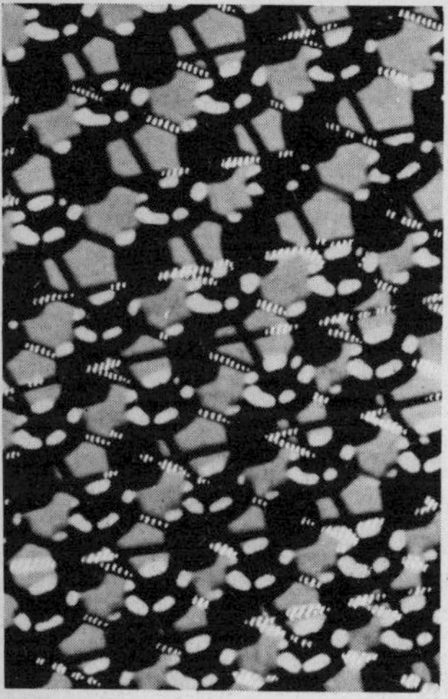

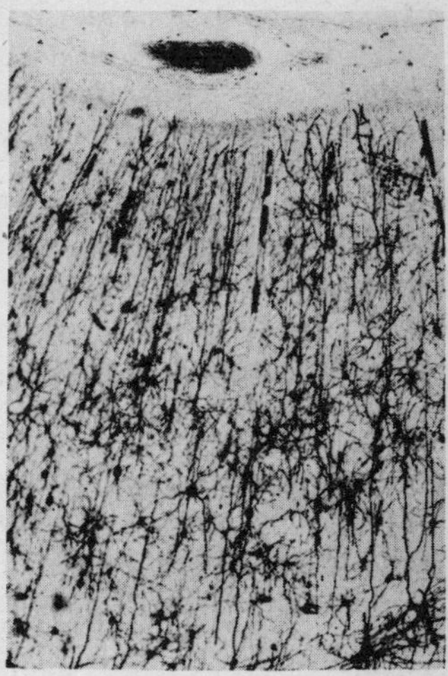

Links: Jeder Magnetring dieses Ferritkernspeichers eines modernen Digitalrechners besitzt eine ›Rücksetz‹-Zeit von etwa 10^{-7} sec, während die eines Neurons nur etwa 10^{-2} sec beträgt.
Rechts: Vielfältige Querverbindungen zwischen den Neuronen in der menschlichen Hirnrinde bilden einen der Faktoren, durch die sich die Funktionshinweise des Gehirns vom Rechner unterscheidet, der längst nicht so reichhaltige Querverbindungen enthält. Aus diesem Grund kann das Gehirn Millionen von Berechnungen gleichzeitig ausführen; dagegen kann der Rechner nur eine oder höchstens ein paar zur selben Zeit ausführen.

Funktion und Kapazität von Gehirn und Rechner

Es lohnt sich, einmal zu überlegen, wie weit existierende Maschinen sich wirklich wie Menschen verhalten. Da die Digitalrechner die vielseitigsten und modernsten informationsverarbeitenden Maschinen sind, wollen wir vor allem das Gehirn mit dem Digitalrechner vergleichen. Die unten angegebenen Schätzwerte über den Ablauf von Gehirnfunktionen und die Gehirnkapazität müssen mit Vorsicht behandelt werden. Zwar habe ich sie aus den besten verfügbaren Unterlagen errechnet, aber diese Unterlagen

sind unvollständig und basieren auf einigen unsicheren Annahmen.
Natürlich sind die tatsächlichen Bausteine beim Gehirn und beim Rechner sehr verschieden, aber daraus muß nicht folgen, daß auch in der Logik ein großer Unterschied besteht, d. h. in der Art und Weise, wie Informationen von Menschen und von Maschinen verarbeitet werden. Schon 1943 lieferten Warren McCullogh und Walter Pitts einen Beweis dafür, daß zu einem beliebigen Informationsverarbeitungssystem, von dem lediglich bekannt ist, mit welcher Ausgabe es auf eine bestimmte Eingabe reagiert, sich ein System miteinander verketteter zweiwertiger Schaltungen angeben läßt, das nach außen dasselbe Eingabe-Ausgabe-Verhalten wie das vorgegebene System zeigt.

Digital- und Analogvorgänge

Moderne Digitalrechner bestehen fast vollständig aus binären Schaltungen. Die meisten Gehirnneuronen übermitteln wahrscheinlich dadurch Information, daß sie sich in einem von zwei wohlunterschiedenen Zuständen befinden: Übermittlung oder Nichtübermittlung eines Nervenimpulses; aber an der Nahtstelle zweier Nervenzellen laufen Analogvorgänge ab. Analogvorgänge lassen sich zwar durch Digitalvorgänge darstellen, dazu werden aber viel mehr Bausteine benötigt; um also den Komplexitätsgrad der Gehirnorganisation zu erreichen, würde eine Digitalmaschine viel mehr Bausteine brauchen als im Gehirn enthalten sind. Andererseits dürften Analogvorgänge von der Art, wie sie W. K. Taylor in seinem Beitrag ›Maschinen, die lernen‹ vorschlägt, eines Tages in universale Digitalrechner eingebaut werden.
Ein zweiter wichtiger Unterschied zwischen den Bausteinen des Gehirns und denen der meisten Rechner besteht darin, daß im Gehirn die Bausteine viel stärker untereinander verbunden sind als die Elemente in einem Rechner. Während ein Rechnerbaustein gewöhnlich nur von einem oder zwei anderen Bausteinen gleichzeitig Eingangsimpulse empfängt, kann ein Gehirnneuron gleichzeitig von mehreren hundert anderen Neuronen beeinflußt werden. Ich komme auf diesen Punkt später zurück.

Schnelligkeit der Rechner

In einer Hinsicht besitzen die Bauelemente eines Rechners gegenüber den Nervenzellen einen wichtigen Vorteil: Die Informationsübertragung von einer Nervenzelle zur anderen dauert etwa

10 Millisekunden (10^{-2} sec); dagegen kann in einem modernen Rechner ein Speicherelement in 100 Nanosekunden (10^{-7} sec) ›rückgesetzt‹ werden (wodurch die interne Rechnergeschwindigkeit bestimmt wird). Damit besitzen die Rechner einen Geschwindigkeitsvorsprung von 100000 : 1. Dieser Vorsprung wird zu einem großen Teil durch die Fähigkeit des Gehirns zur Parallelverarbeitung ausgeglichen. Während das Gehirn Millionen von Operationen gleichzeitig ausführt, sind die meisten Digitalrechner so gebaut, daß in jedem Zeitpunkt nur eine oder höchstens einige wenige Operationen ausgeführt werden.
Trotz der umfangreichen Parallelverarbeitung im Gehirn arbeitet es als Ganzes überraschend langsam. Sorgfältige Messungen der Geschwindigkeit der Informationsverarbeitung im Menschen haben ergeben, daß ungefähr 10 bis 30 bit Information pro Sekunde dabei übertragen werden, d. h. der Mensch kann etwa 20 binäre Entscheidungen in der Sekunde treffen, was einer Auswahl aus etwa einer Million gleichwahrscheinlichen Alternativen gleichkommt. Z. B. liegen die Spitzenleistungen im Maschineschreiben in der Größenordnung von 100 Wörtern pro Minute. Da die Information in einem gewöhnlichen Text mit 6 bit pro Wort angesetzt werden kann, überträgt der maschineschreibende Mensch nur 10 bit pro Sekunde. Dabei ist die menschliche Leistungsfähigkeit nicht einfach durch die Geschwindigkeit begrenzt, mit der die ›Ausgabegeräte‹ (die Muskeln) arbeiten können; denn in der Sekunde werden sehr viel weniger Buchstaben geschafft, wenn Zufallsreihen von Buchstaben (die pro Zeichen viel mehr Information enthalten) abgeschrieben werden.
Anders bei den Rechnern: Sie können diese Leistung um ein Vieltausendfaches übertreffen, sind aber mehr durch die Geschwindigkeit der Ein- und Ausgabegeräte beschränkt als durch die Geschwindigkeit der Zentraleinheit. Lochkarten und Lochstreifen können mit einer Geschwindigkeit von 12000 bit pro Sekunde eingelesen werden, und die Ausgabe-Geschwindigkeit eines Zeilendruckers beträgt das Doppelte. Sehr viel schnellere Ein- und Ausgaben lassen sich bei Benutzung von Magnetbändern erzielen.

Lerngeschwindigkeit

Eine weitere Überlegenheit der Rechner über das menschliche Gehirn besteht in der Geschwindigkeit und der Zuverlässigkeit bei der Speicherung von Information. Mit Magnetbändern als Speichergeräten können Rechner mehr als 1000000 bit pro Sekunde umspeichern. Darüber, wieviel bit pro Sekunde das menschliche Gehirn ins ›Langzeitgedächtnis‹ speichern kann, liegen noch keine sicheren Schätzungen vor. Wir speichern natürlich sehr viel weniger als wir verarbeiten, so daß die Stoffmenge, die pro Sekunde ins Langzeitgedächtnis gelangen kann, die ›Lerngeschwindigkeit‹, 1 bit nicht überschreiten dürfte. D. O. Lyon untersuchte 1914 die Zeitlängen, die nötig sind, um einerseits lange Listen sinnloser Silben (bis zu 3000 Stück), andererseits lange zusammenhängende Prosatexte (bis zu 15000 Wörtern) auswendig zu lernen. Die auf Grund seiner Daten errechneten Lerngeschwindigkeiten betragen 0,25 bit/sec für sinnlose Silben und etwa 0,1 bit/sec für Texte.

Da die Lerngeschwindigkeiten noch von anderen Eigenschaften des Lernstoffes sowie von der Motivation des Lernenden und von weiteren Faktoren abhängen, dürfen die genannten Zahlen nicht überbewertet werden. Um ferner den Stoff im Gedächtnis zu behalten, ist es gewöhnlich notwendig, ihn von Zeit zu Zeit zu wiederholen. Schließlich ist das Lernen neuen Stoffes ein Vorgang, der oft mit dem Behalten alten Stoffes in Konflikt gerät.

Stellt man all diese Faktoren in Rechnung, dann erscheint 1 bit/sec jedenfalls als eine sichere obere Grenze für die dem Langzeitgedächtnis einprägbare Informationsquote. Ein Mensch, der 16 Stunden täglich während einer Lebenszeit von 70 Jahren Information aufnimmt, wird also schließlich nicht mehr als 10^9 bit gespeichert haben. (Ganz unabhängig von dieser Rechnung besteht die Tatsache, daß es gerade 10^9 Neuronen in der Großhirnrinde gibt.) Das übersteigt die Speicherkapazität des größten existierenden Digitalrechners nur etwa um den Faktor 30. Allerdings muß man den Umstand im Auge behalten, daß die Speicherung von 10^9 bit Information in einem Speicher, der eine Kapazität von 10^9 Bit besitzt, eine optimale Verschlüsselung voraussetzt. Indessen sind 10^9 bit für den tatsächlichen Umfang des menschlichen Langzeitgedächtnisses sicher zu hoch gegriffen.

Speichermedien: Zettel, Buch, Platte, Band

Natürlich können wir durch das geschriebene Wort auf sehr viel mehr Informationen zurückgreifen, als unseren Gedächtnissen präsent sind. Der Rückgriff auf Informationen aus unserer Umgebung geht jedoch ziemlich langsam vor sich; auch können die Rechner auf sie umgebende Speichermedien zurückgreifen: Information von Platten und Magnetbändern können sie in den zentralen Kernspeicher hereinholen. Zwar ist die Zugriffszeit zu solchen Speichern in der Peripherie länger als die zum Kernspeicher, aber sie ist immer noch sehr viel kürzer als die menschliche Rückgriffszeit auf das geschriebene Wort.

Der Mensch besitzt noch eine zweite Art von Gedächtnis, das als

›Kurzzeitgedächtnis‹ bekannt ist. Wir können dem Kurzzeitgedächtnis eine Liste von etwa sieben oder acht Elementen einprägen, nachdem wir die Liste einmal zu Gesicht oder zu Gehör bekommen haben: Solange wir die Elemente ständig wiederholen (indem wir sie uns etwa stumm aufsagen), werden wir sie im Gedächtnis behalten, aber sowie wir die Information in irgendeiner Weise zu verarbeiten beginnen, müssen wir damit rechnen, daß die Liste aus dem Gedächtnis getilgt wird. Wegen dieser einschneidenden Begrenzung des Kurzzeitgedächtnisses müssen wir, wenn wir Arithmetik betreiben wollen, zu Papier und Bleistift greifen.

Arbeitsspeicher und periphere Speicher

Damit ein zu verarbeitender Programmabschnitt ablaufen kann, müssen die Informationen – Daten und Anweisungen – im Kernspeicher untergebracht sein. Deshalb wird der Kernspeicher auch ›Arbeitsspeicher‹ genannt. Die zur momentanen Ausführung nötigen Informationen bilden sozusagen den Inhalt des Kurzzeitgedächtnisses des Rechners. Je kleiner der Arbeitsspeicher ist, in desto kleineren Schüben müssen Daten und Programmteile von peripheren Speichern in ihn hineingeholt werden. Je größer der Arbeitsspeicher ist, desto mehr Informationen kann er aufnehmen, die nicht sofort gebraucht werden, die also – um in der Redeweise zu bleiben – nicht zum Kurzzeitgedächtnis gehören. Jeder Teil eines beliebig großen Arbeitsspeichers wird aber in dem Moment zum ›Kurzzeitgedächtnis‹, wenn die Programmsteuerung dorthin gelangt ist.

Gesteuertes Vergessen

Rechnergedächtnisse haben dem menschlichen Gedächtnis noch etwas voraus: Der Rechner kann entscheiden, was der Vergessenheit anheimfallen soll. Wir können das nur bei unserem Kurzzeitgedächtnis tun, indem wir an etwas nicht mehr denken, das wir uns bis dahin wiederholt haben; aber ist erst einmal etwas im Langzeitgedächtnis, kann es nicht willentlich vergessen werden. Das hat einen schwerwiegenden Nachteil: Wie jeder Golfspieler weiß, ist es schwierig, schlechte Gewohnheiten loszuwerden. Beim Erlernen einer neuen Übung neigen wir dazu, immer wieder denselben Fehler zu machen, weil vom früheren Lernen auf das neue eine Übertragung stattfindet. Ein Rechner kann nicht nur entscheiden, aus seinem eigenen Gedächtnis Material zu streichen, er kann auch rasch Datenblöcke auf einen peripheren Speicher mit langsamerem Zugriff übertragen, wo sie – ohne laufende Programme zu behindern – bleiben, bis sie gebraucht werden.

Auswahl relevanter Informationen

Bis jetzt scheint der Vergleich zwischen dem menschlichen Gehirn und den Digitalrechnern mehr zugunsten der Rechner auszufallen. Die Hauptvorteile des Gehirns scheinen darin zu liegen, daß es eine viel größere Zahl von Rechenelementen enthält und daß die Elemente selbst sehr viel stärker untereinander verbunden sind. Die Geschwindigkeiten, mit denen Rechner Daten aufnehmen, liegen sehr viel höher als beim Menschen, zum Teil deshalb, weil die Daten, wenn sie dem Rechner eingegeben werden, bereits eine sorgfältige Vorverarbeitung durchlaufen haben, während der Mensch Information aus der verwirrenden Vielfalt der tatsächlichen Welt herausziehen muß. Das Gehirn verbringt einen beträchtlichen Teil der Verarbeitungszeit damit, aus der Masse der Daten, die in jedem Augenblick auf die Sinnesorgane auftreffen, relevante Information auszuwählen. Eine Vorstellung von dem Umfang dieser Aufgabe gibt die Tatsache, daß die Sinneszellen (Rezeptoren) jedes Auges in jeder Sekunde nicht weniger als 10^9 bit Information empfangen – doch nur etwa 10 bis 20 bit können daraus in der Sekunde zur Steuerung der Reaktion gewonnen werden. Die Aussonderung der relevanten Information erfordert einen massiven Filterungsprozeß. Die Filterung muß äußerst kompliziert sein, da die Information, die das Gehirn herausholen muß, von Augenblick zu Augenblick eine andere ist, ganz den Zwecken der Tätigkeit entsprechend, mit der der Mensch gerade beschäftigt ist. Im Gegensatz dazu erhalten Rechner normalerweise nur vorverdaute, relevante Information.

Rezeptoren und Sinneswahrnehmung

Untersucht man, wie eine Sinneswahrnehmung verarbeitet wird, so wird ein weiterer Unterschied zwischen Maschinen und menschlichem Gehirn deutlich. Verschiedene Bereiche des Gehirns sind auf besondere Aufgaben spezialisiert: Den Extremfall hierfür bilden Rezeptoren, die nur Informationen einer bestimmten Art aufnehmen. Allein in jedem Auge gibt es 10^8 Rezeptoren. Hinter den Rezeptoren wiederum gibt es in jedem Sinnesorgan viele Millionen anderer Zellen, die nur Information von derjenigen Reizart weitergeben, auf die das Sinnesorgan spezialisiert ist;

diese Zellen können keinen anderen Zwecken dienen. Das steht wieder im Gegensatz zu den Digitalrechnern, bei denen ein beliebiger Speicherplatz zur Aufnahme von Information beliebiger Art, jeden Aspekt der Welt betreffend, verwendet werden kann. Daß wir eine so ungeheure Zahl von Neuronen brauchen, dürfte zum Teil daran liegen, daß das Gehirngewebe in weitem Umfang in ihrer Art verschiedene, spezialisierte Funktionen ausübt.
Die Untersuchung der Sinnesempfindungen beleuchtet einen weiteren Unterschied in der Arbeitsweise von Gehirn und Rechner, nämlich den Umfang an Parallelverarbeitung, den das Gehirn leistet. Die von jedem Auge kommende Information wird auf ihrem Wege ins Sehzentrum gleichzeitig auf einer Million verschiedener Verbindungsstrecken verarbeitet. Diese besondere Eigenschaft, die wir schon oben erwähnten, dürfte der Schlüssel für die phantastische Fähigkeit des menschlichen Gehirns sein, relevante, gespeicherte Information in sehr kurzer Zeit wieder aufzuspüren. Eine Familienszene oder ein Gesicht können wir in weniger als einer Sekunde wiedererkennen; und das tun wir offensichtlich, ohne der Reihe nach alle gespeicherten Szenen und Gesichter durchzusuchen, bis wir das zum wahrgenommenen passende Bild finden; mit der geringen Arbeitsgeschwindigkeit der Neuronen würde das viel zu lange dauern.

Das assoziative Gedächtnis

Die Frage, wie man Rechner mit einer solchen Fähigkeit ausstatten könnte, ist bekannt als die des ›assoziativen Gedächtnisses‹. Im Prinzip ist die Frage zwar klar, aber gegenwärtig weiß man noch nicht, wie sie zu lösen ist. Nur die Umrisse einer Lösung sind in Sicht. Die Rechner von heute sind ›serielle Maschinen‹: Sie enthalten (in ihrer Zentraleinheit) nur einen oder höchstens einige Plätze, wo Information verarbeitet wird, und diese (Steuer- und Rechen-)Einheiten stellen einen Engpaß dar. Es gibt keine direkten Verbindungen von einem Speicherteil zu einem anderen – Information kann nur über die Zentraleinheit wiedergefunden werden. Im Gegensatz dazu verarbeitet das menschliche Gehirn Information an vielen Stellen gleichzeitig. Überdies ist die Information im menschlichen Gehirn in einer von heutigen Rechnern gänzlich verschiedenen Weise angeordnet; insbesondere muß sie ausgiebig mit Querverweisen versehen sein. In Rechnern wird der Speicherplatz, wo ein Eintrag abgesetzt wird, willkürlich gewählt und hat keinen Einfluß auf die eigentliche Arbeit des Rechners. Das bedeutet, daß der Rechner zur Wiederauffindung eines Eintrags entweder eine vollständige Durchmusterung durchführen muß oder ihm der willkürlich gewählte Standort (die Adresse) des gesuchten Eintrags verfügbar sein muß. Die unbeantwortete Frage, wie das ›assoziative Gedächtnis‹ zu lösen ist, bildet eines der größten Hindernisse auf dem Wege, Maschinen zu bauen, die es mit dem umfassenden Denkvermögen menschlicher Wesen aufnehmen oder es übertreffen können.

Parallelrechner und Zeitregelung

Eines der Probleme, das die Verwirklichung von weitgehend parallel arbeitenden Maschinen aufwirft, ist das der Zeitregelung. Wird nur an einer oder zwei Stellen Information verarbeitet, ist es leicht, dafür zu sorgen, daß die Verarbeitung in der richtigen Reihenfolge abläuft: Verschiedene Operationen zu synchronisieren und sie in der korrekten Abfolge auszuführen, wird sehr viel schwieriger, wenn gleichzeitig an vielen verschiedenen Plätzen Information verarbeitet wird. Wie das Gehirn seine Parallelverarbeitung im Takt hält, wissen wir noch nicht.

Verhalten nach Fehlleistungen

Vielleicht der größte Einzelunterschied zwischen dem Gehirn und dem Rechner besteht im verschiedenen Verhalten der beiden Systeme nach einer Fehlleistung. Rechner arbeiten gewöhnlich mit viel größerer Zuverlässigkeit als das menschliche Gehirn, aber wenn einmal einem Rechnerelement ein Fehler unterlaufen ist, dann werden dadurch weitere Fehler von katastrophalem Ausmaß bewirkt, und was der Drucker ausdruckt, kann kompletter Unsinn werden. Obwohl wir im Entfernungschätzen keine exakte Genauigkeit erreichen, sind unsere Schätzwerte niemals vollständig unsinnig. Wie in jedem physikalischen System fällt auch im Gehirn manchmal eine Komponente aus; die Information muß dann von neuem verarbeitet werden, ohne daß sie von den Folgen solcher Ausfälle betroffen wird. Wir verstehen nicht, wie das Gehirn organisiert ist, um die Auswirkungen des Versagens von Komponenten minimal zu halten: Eine Methode würde darin bestehen, die Informationsverarbeitung mit hoher Redundanz durchzuführen, so daß der Ausfall einer Komponente nur am Rande das Endresultat beeinflussen könnte. Aber es ist gut möglich, daß der Kniff, mit dem das Gehirn die Sicherheit erreicht, noch raffinierter ist.

Vergleich Gehirn/Rechner

Kategorie	Gehirn	Rechner
›Rücksetz‹-Zeit der Elemente	10^{-2} sec	10^{-7}sec
Informations-Übertragungs-geschwindigkeit	10–30 bit/sec (entspricht etwa 200 Worte/Minute)	Lochkarten, Lochstreifen: 12000 bit/sec Drucker: 25000 bit/sec Magnetband: mehr als 10^{6} bit/sec
Einspeicherungs-geschwindigkeit	weniger als 1 bit/sec ins Langzeitgedächtnis	
Speicher-Kapazität	theoretisches Maximum: 10^{9} bit Information während einer Lebens-zeit	gegenwärtig $3 \cdot 10^{7}$ bit Information bei optimaler Ver-schlüsselung
Verarbeitung	parallel	seriell
Querverbindungen	beträchtlich	kaum
Filterung	sehr wirksam	nimmt nur eigens vor-bereitete Information auf
Ausfall von Bau-teilen bewirkt:	selten ›Unsinn‹	normalerweise ›Unsinn‹
Kreis der Aufgaben, die angegriffen werden können	sehr allgemein	ziemlich eingeschränkt

Die Zahlen stellen nur rohe Annäherungen dar; Rechnerkenndaten, besonders Speichergrößen, ändern sich noch laufend.

Sind ›schöpferische‹ Rechner möglich?

Soweit wir sehen können, ist keiner der bis jetzt aufgezählten Unterschiede zwischen dem Menschen und heutigen Rechnern unüberwindlich – Arbeiten sind im Gange, Maschinen zu bauen, die unmittelbar aus der realen Umwelt Daten aufnehmen können, wobei sie nur die relevanten Teile der dargebotenen Information weiterverwenden, und Versuche werden gemacht, Maschinen mit assoziativen Speichern zu bauen. Fraglich jedoch bleibt, ob ein Rechner jemals wirklich so etwas wie die schöpferischen Talente des Menschen besitzen kann.
Maschinen haben schon mathematische Beweise konstruiert und

Dame gespielt; hätte ein Mensch diese Dinge getan, hätten wir sie als Kennzeichen schöpferischen Denkens angesehen. Bei Rechnerprogrammen, die selbständig die Lösung komplizierter Aufgaben finden sollen – besonders, wenn während des Programmablaufs ein Lernvorgang vorgesehen ist –, kann der Programmierer selbst nicht voraussehen, wie gut die Maschine die Lösung meistern wird. Mit dem Anwachsen des Speichervolumens und der Querverbindungen zwischen Speicherteilen würde auch die schöpferische Kraft des Rechners anwachsen: Der Weg wäre frei, Aufgaben durch Analogie zu anderen, früher gelösten Aufgaben zu lösen, d. h. nach der Methode, nach der der Mensch häufig vorgeht, wenn er schöpferisch denkt.
Bisher habe ich Unterschiede zwischen Rechnern und Menschen auf der Eingabeseite und in der zentralen Verarbeitung erörtert. Auf der Ausgabeseite gibt es analoge Unterschiede: Als Reaktion auf erhaltene Information greifen Menschen aktiv und auf mannigfaltig kombinierte Weisen in ihre Umwelt ein, während Maschinen in solchem Eingreifen noch recht unbeholfen sind.

Überlebens- und Selbsterhaltungstrieb im Menschen – im Rechner?

Es gibt einen weiteren wichtigen Unterschied zwischen Rechnern und Menschen. Der Mensch ist das, was er ist, als Resultat eines Entwicklungsprozesses geworden: Die Informationsverarbeitung im Gehirn wird durch den Überlebenswert bestimmt. Einen Selbsterhaltungstrieb, wie der Mensch ihn besitzt, gibt es bei keiner heutigen Maschine. Überleben und Selbsterhaltung werden durch eine Reihe von Antrieben und Zielen erreicht, die genetisch im menschlichen Gehirn verwurzelt sind. Zu den ausgeprägtesten gehören Hunger, Durst, der sexuelle Trieb und Schmerzvermeidung. Alle diese Triebe sind in dem Sinne isoliert, daß man sich komplexe informationsverarbeitende Systeme vorstellen kann, die intelligentes Verhalten aufweisen, aber keinen dieser Triebe besitzen. Subtiler ist der biologische Trieb der Neugier, verbunden mit dem Wunsch, die Kontrolle über die eigene Umgebung zu erlangen. Die Neugier hat Überlebenswert und erscheint auf einer ziemlich frühen Entwicklungsstufe. Sie ist bei allen Säugetieren gut ausgebildet; Tiere wie die Ratte verbringen einen großen Teil ihrer Zeit mit der Erforschung ihrer Umgebung; es ist klar, daß eine gründliche Kenntnis der eigenen Umgebung die Überlebenschance vergrößert. Diese Kenntnis hilft z. B. der Ratte, Raubvögeln geschickt zu entgehen und den Weg nach Futter wiederzufinden, das sie unerwartet in einem bestimmten Teil der bekannten Umgebung angetroffen hat. Versuche werden ge-

macht, Rechner so zu programmieren, daß sie Neugier als Ziel verfolgen.
Ein letzter Unterschied zwischen heutigen Maschinen und dem Menschen besteht darin, daß sich das menschliche Gehirn selbst ganz allgemeine Aufgaben stellen kann. Lösungen suchende Rechnerprogramme können gewöhnlich nur auf eine beschränkte Gruppe von Aufgaben angesetzt werden, wie z. B. Schachpartien spielen oder geometrische Beweise bestimmter Art finden. Man hat versucht, Programme aufzustellen, die umfassendere Aufgabenkreise behandeln können, vor allem taten dies A. Newell, J. C. Shaw und H. A. Simon in den Vereinigten Staaten; aber wenn ihr Programm aufgerufen wird, um eine neue Aufgabe zu lösen, müssen erst menschliche Wesen diese Aufgabe in eine Form übersetzen, die den strengen Forderungen des aufgabenlösenden Programms entspricht.

Die Rechner werden dem Menschen ebenbürtiger und überlegener

Prognosen für die Zukunft zu stellen, ist zwar gewagt, es soll aber doch abschließend die Frage aufgeworfen werden, mit welcher Wahrscheinlichkeit künftige Rechner dem Menschen ähnlicher werden. Wir haben gesehen, daß hinsichtlich der Hardware die meisten Vorteile schon auf seiten des Rechners liegen; diese Vorteile werden mit fortschreitender Technik sogar noch ausgeprägter werden.
Die Probleme, die darin liegen, dem Menschen geistig ebenbürtige Maschinen zu bauen, sind heute erkannt, und an allen diesen Problemen wird ständig gearbeitet. So weit zu sehen ist, gibt es keine unübersteigbaren technischen Schranken. Die Geschwindigkeit des Fortschritts wird davon abhängen, wieviel Mittel wir investieren möchten: Die hochentwickelten Länder werden wahrscheinlich einen wachsenden Betrag ihres Vermögens für das Problem aufwenden. Je höhergezüchtet die Rechner werden, desto stärker werden wir in Entscheidungsfragen von ihnen abhängen, und Nationen, die nichts investieren, werden auf technischem Gebiet sehr ernsthaft ins Hintertreffen geraten.
Es besteht die reale Möglichkeit, daß wir eines Tages eine Maschine entwerfen können, die intelligenter ist als wir selbst. Unsere eigenen geistigen Fähigkeiten sind allen Arten biologischer Einschränkung unterworfen, angefangen von der zwar großen, aber begrenzten Zahl der in unseren Schädeln verfügbaren Rechenelemente bis zur begrenzten Spanne des menschlichen Lebens und der niedrigen Geschwindigkeit, mit der ankommende Daten aufgefaßt werden können. Es gibt keinen Grund für die Annahme,

daß künftige Rechner solchen scharfen Beschränkungen unterliegen. Ist z. B. 10^9 bit eine vernünftige Schätzung der in einem Menschenleben gespeicherten Informationsmenge, so würde es nur 20 Minuten dauern, um mit heutigen Mitteln die Erfahrungen eines Lebens von einem Rechner in einen anderen umzuspeichern. Für Rechner wird es daher viel leichter sein, auf das Erfahrungsniveau früherer Rechner zu gelangen, als es für den Menschen ist, von dem Wissen zu profitieren, das seine Vorgänger erworben haben. Wenn wir überdies eine Maschine entwerfen können, die uns an Intelligenz überlegen ist, dann wird diese Maschine erst recht imstande sein, eine andere zu entwerfen, die sie an Intelligenz übertrifft.

Die intelligentere Maschine mit dem Trieb der Neugier

Die Möglichkeit, solche Maschinen zu entwerfen, wirft natürlich sehr schwierige moralische und philosophische Fragen auf. Tatsächlich kann der Zeitpunkt kommen, wo wir in der Lage sind, eine mit höherer Intelligenz begabte Spezies zu schaffen, die uns als Herren der Erde verdrängt. Die Spezies könnte natürlich uns auch moralisch weit überlegen sein, da keine Veranlassung besteht, den uns angeborenen Egoismus einzubauen, den wir zum Überleben gebraucht haben und der zu so viel irrationalem Handeln führt. Wenn eine Maschine eine andere entwerfen kann, ohne daß viel menschliche Eingriffe nötig sind, dann müßten wir an einer bestimmten Stufe entscheiden, mit welchen Zielen die Maschine auszustatten ist. Zu ihrem einzigen Motiv die Förderung des menschlichen Glücks und Wohlbehagens zu machen, erscheint selbstsüchtig und würde voraussichtlich ihre Weiterentwicklung behindern. Es ist zu hoffen, daß wir sie wenigstens mit geistiger Neugier ausstatten – dem Trieb, der unsere eigene Gattung auf die Spitze der Evolution geführt hat. Natürlich kann dieser Antrieb in Maschinen eingebaut werden, schon lange bevor sie die umfassende Intelligenz eines Menschen erlangen; denn wenn wir soviel wie möglich aus ihnen herausholen wollen, werden wir sie auch zu einer Problembewertung befähigen, so daß sie selbst entscheiden können, welches Problem sie als nächstes bearbeiten. Nach Kants kategorischem Imperativ gehört zu den Kriterien einer moralischen Maxime, daß sie ein Ziel ist, das sich alle Menschen setzen können, ohne daß ein Widerspruch entsteht. Lassen wir den Imperativ für alle möglichen Spezies gelten, dann ist schwer zu sehen, welche Maxime dieses Kriterium letztlich erfüllen würde außer dem Streben nach dem Erwerb umfangreicheren Wissens und Verstehens. Natürlich werden sich uns wohl niemals die moralischen Probleme stellen, die das Entwerfen von uns an Intelligenz überlegenen Wesen mit sich bringt. Vielleicht rotten wir uns selbst lange vorher aus. Interessanter ist die Möglichkeit, daß wir entdecken könnten, wie wir mit Hilfe von Rechnern als wissenschaftlichem Werkzeug unsere eigenen biologischen Organe so verändern, daß einige unserer Unzulänglichkeiten in der Informationsverarbeitung behoben werden. Eine weitere Möglichkeit besteht darin, daß wir ein System schaffen könnten, in dem das menschliche Gehirn direkt mit maschinellen informationsverarbeitenden Systemen verbunden ist, um auf diese Weise die niedrige Übertragungsgeschwindigkeit durch die Sinne zu umgehen. Maschinell gespeicherte Information stünde uns zur Verfügung, intern abrufbar durch das Gehirn etwa mit Hilfe einer Batterie eingesetzter Elektroden; die Resultate mechanischer Rechnungen könnten wir uns auf Anforderung wieder direkt verfügbar machen. Auf diese Weise können wir unsere eigenen Gehirne phantasiereicherem Denken offenhalten.

Den Zeitpunkt realistisch abzuschätzen, wann eine dieser Entwicklungen vielleicht in Angriff genommen wird, ist natürlich ganz unmöglich. Wir werden wahrscheinlich innerhalb der nächsten Jahrzehnte Rechner haben, mit denen wir über die verschiedensten Themen Dialoge führen können. In dem Maße, in dem die Allgemeinheit der Programme mehr und mehr zunimmt, werden Rechner uns Entscheidungen abnehmen, die wir mehr und mehr als ihre Angelegenheit ansehen werden. Es wird viele interessante Marksteine an dem Wege geben, der zu einer Maschine führt, die uns geistig überlegen ist. In fünfzig Jahren werden wir wahrscheinlich aufgehört haben, über Rassenprobleme zu diskutieren – wir werden zu sehr mit der Diskussion darüber beschäftigt sein, ob Rechnern das Stimmrecht gegeben werden sollte.

Weitere Literatur:

J. von Neumann: Die Rechenmaschine und das Gehirn, Oldenbourg, München.

D. E. Wooldridge: The Machinery of the Brain, McGraw Hill, New York 1963.

E. A. Feigenbaum / J. Feldman: Computers and Thought, McGraw Hill 1963.

Erismann, Th. H.: Zwischen Technik und Psychologie. Springer, Berlin/Göttingen/Heidelberg 1968.

Zemanek, H.: Elementare Informationstheorie. Oldenbourg, München/Wien 1959.

Radwit, K.: Kollege Roboter. Unsere Zukunft mit dem Elektronenrechner, dms, Ehrenwirth, München 1965.

Wolters, M. F. (Hrsg.): Der Schlüssel zum Computer. Econ, Düsseldorf 1969.

Varjú, D.: Signalübertragung in Organismen und technischen Systemen. In: Studium Generale 22, 1969. S. 1–29.

Grüsser, O.-J.: Menschliche und maschinelle Intelligenz. In: Studium Generale 22, 1969. S. 30–81.

Maschinen mit Kraft

Von Neil J. Mizen

Neil J. Mizen leitet den Computer Service der Anderson Brothers Manufactoring Company, Illinois. Seine laufenden Forschungen beschäftigen sich mit Ingenieur-Aufgaben für Digitalrechner und numerisch gesteuerte Werkzeugmaschinen. Vordem beschäftigte er sich mit Kraftverstärkern und Fahrzeugen außerhalb von Straßen. Das hier beschriebene Projekt wurde während seines Aufenthalts am Cornell Aeronautical Laboratory, Buffalo, New York, durchgeführt.

Schon werden Maschinen gebaut, die unsere menschliche Kraft verstärken, ohne die menschliche Flexibilität zu schmälern. Neben ihrem offensichtlichen Wert für die Industrie erleichtern manche dieser Verstärker menschlicher Kraft auch die Behandlung gelähmter Personen, indem sie deren Muskelkraft ersetzen.

Die Welt der Technik erkennt immer mehr, daß es viele Situationen gibt, in denen herkömmliche Maschinen nicht verwendet werden können, da der Erfolg von der Entscheidungs- und Anpassungsfähigkeit des Menschen abhängt. Üblicherweise wurden diese Probleme durch Verwendung mehrerer Maschinen gelöst, wobei für jeden besonderen Zweck eine entsprechende entworfen wurde. Nun gibt es doch die ersten Anzeichen dafür, daß der Mensch bald in der Lage sein wird, eine Ausrüstung zu konstruieren, die seiner eigenen Flexibilität und Anpassungsfähigkeit gleichkommt, eine Maschine also, die gleichsam Teil seines Körpers wird. Eine ideale Maschine wäre in dieser Hinsicht ein Gerät, das die Kraftgrenze des Menschen überwindet, ohne seine anderen physikalischen und geistigen Fähigkeiten zu beeinträchtigen. Eine solche Maschine müßte die Kraft auf anthropologische Weise verstärken, denn wenn eine Person ihre Bewegungen auf die unnatürlichen Bewegungen einer Maschine übertragen muß, kann sie höchstens ein oder zwei Bewegungen gleichzeitig unter Kontrolle halten. Doch darüber später mehr.

Der ›Menschverstärker‹

Die Regierung der Vereinigten Staaten unterstützt jetzt ein Forschungs- und Entwicklungsprojekt der Firma General Electric (GE) in der Hoffnung, daß Maschinen, die den erwähnten Ansprüchen genügen, konstruiert werden können. Die Märzausgabe 1968 der Zeitschrift »Product Engineering« enthält eine ausgezeichnete Beschreibung dieser Arbeiten. Das Ziel dieser Forschergruppe unter der Leitung von Ralph Mosher läßt sich mit folgenden Schlagworten umreißen: Entwicklung von kraftbetriebenen Außenskeletten, die auf einen menschlichen Körper passen ... Geh-Maschinen, in denen die Bewegungen der menschlichen Arme und Beine nachgeahmt und verstärkt werden ... eine Reihe von mechanischen Muskeln, die menschliche Kraft um den Faktor 25 verstärken können ... der Mensch wird Kräfte fühlen, als wäre er in direktem Kontakt ... Kraftrückkopplung. ... 6 m oder sogar 15 m groß kann das Gerät gebaut werden ... ein Training des Trägers ist nicht notwendig ... Dieser Vorstellung liegt die Überlegung zugrunde, daß die Mittel erhalten bleiben, die ein Mensch zum Gehen etwa über unebenes Gelände oder zum Tragen von Lasten gebraucht, falls seine Körperstärke für die Aufgabe ausreicht. Sie werden lediglich so verstärkt, daß er schwerere Lasten bewältigen kann.

Der Plan, Muskelkraft und Ausdauer durch Maschinen mit Kraft zu verstärken, wurde erstmals im Cornell Aeronautical Laboratory, Buffalo, New York, Mitte der fünfziger Jahre erwogen. Bill Milliken und Grady Eiken versuchten, einen Prototyp zu entwickeln. Sie schlugen als Verdoppelung des menschlichen Körpers servo-gelenkte Konstruktionen vor. Sie beobachteten Bewegungen in der Natur und kamen so dem Ziel der praktischen Anwendbarkeit von Maschinen näher. Ihre anfängliche Idee war es, eine Maschine zu entwickeln, die die Entscheidungsfreiheit des Menschen beibehält, aber seine Kraft verstärkt. Das Modell wurde als ›Menschverstärker‹ bezeichnet.

Aufgaben für den Menschverstärker

Die für den Menschverstärker geplanten Hauptaufgaben bestehen darin, in ungewöhnlichen Situationen Gegenstände anzuheben und zu tragen, die für den nicht maschinell ausgerüsteten Menschen zu schwer sind. Beispielsweise könnte der Menschverstärker zur Errichtung von Schutzhütten oder zum Entladen von Lastkraftwagen an unzugänglichen Orten verwendet werden, wo besondere Hilfsmittel fehlen. Er könnte ferner dazu benutzt werden, schwere Ladegüter genau auszurichten. Militärisch könnten viele Aufgaben bei einer Landeoperation von einem »verstärkten« Mann ausgeführt werden. Ganz allgemein ist der Menschverstärker nicht geeignet, wenn herkömmliche Lasttragemaschinen, wie z. B. Gabelstapler oder Kräne zur Verfügung stehen, da er im Vergleich zu diesen zu teuer und zu kompliziert ist. Jedoch kann ein Menschverstärker dort, wo solche Maschinen nicht verfügbar sind, die einzig vernünftige Lösung bieten.

Der Mensch ist sehr viel mehr zur Kontrolle von Maschinen geeignet als selbst in der Lage, körperlich schwere Arbeit zu leisten. Er erkennt neue Situationen und denkt sich neue geeignete Lösungen aus. Er kann als Quelle von Entscheidungen, dagegen weniger als Quelle von Arbeit aufgefaßt werden. Er arbeitet am besten in seiner »natürlichen« Umgebung; unter »unnatürlichen« Bedingungen kann seine Leistung beträchtlich absinken. Wenige Menschen können beim Bedienen herkömmlicher Maschinen zwei Tätigkeiten gleichzeitig vollbringen. Aber der menschliche Körper ist in der Lage, 10 bis 20 oder mehr kontrollierte Bewegungen gleichzeitig auszuführen. Ein Hauptgrund für diesen Leistungsunterschied liegt in der notwendigen Anpassung an eine unnatürliche Umgebung, die die Bedienung fast aller Maschinen erfordert. Wenn man die natürlichen Bewegungen des Menschen beibehält, vermindert der Menschverstärker die Schwierigkeit der Anpassung und zieht daraus, daß der Mensch in »natürlicher« Weise sich bewegen kann, Nutzen für seine eigene Flexibilität.

Vorbereitende Untersuchungen sollten die Durchführbarkeit des Vorhabens prüfen. Sie deckten vier Hauptaspekte des Problems auf: die geeignete Bauart für den Menschverstärker; die Art der erforderlichen Antriebselemente; das Verfahren, wie die Bewegungen des Trägers zu übertragen sind, so daß der Menschverstärker richtig arbeitet, und die Art der Rückkopplung, die an jedem Gelenk einsetzen muß, so daß der Träger die Kräfte des Menschverstärkers genau kontrollieren kann.

Alle äußeren Lasten, wie das Gewicht der Bauteile einschließlich der Energieversorgung, müssen durch das Außenskelett der Maschine getragen werden. Man entschied sich zunächst, ein tragbares Außenskelett zu bauen und zu testen – das Modell eines Menschverstärkers ohne eigenen Antrieb. Man wollte prüfen, ob der Mensch mit einem Gebilde umgeben werden könne, das ihm noch die Durchführung typischer Aufgaben gestattet. Insbesondere mußte die Zahl und die Lage der Gelenke festgelegt werden. Der Bewegungsbereich, die Winkelgeschwindigkeit und die Winkelbeschleunigung mußten ebenfalls bestimmt werden. Obwohl dieses erste Modell zum Tragen von Lasten ungeeignet war und sich insofern von der endgültigen Ausführung unterschied, sollte doch seine Haupteigenschaft, nämlich die Anordnung der Gelenke, ähnlich bleiben.

Das Außenskelett

Das Außenskelett, so wie es geplant war, ähnelt in etwa orthopädischen Prothesen, da diese ebenfalls Muskel- oder Skelettkräfte ersetzen. Ein Überblick über Beschreibungen dieser Geräte in der Literatur ergab, daß fast alle Geräte Gelenke haben, die sich um Bolzen drehen. Wenn auch einige mit Vorrichtungen für freiere Bewegung gebaut worden sind, so sind sie nicht häufig. Vermutlich lohnt sich der erforderliche Aufwand für eine verbesserte Nachahmung der natürlichen Gelenke nicht. Darum entschloß man sich, für antriebsfreie Außenskelette Scharniergelenke zu verwenden. Diese Gelenke begrenzen die Bewegungsfähigkeit an jedem Gelenk auf drei oder weniger Freiheitsgrade.

Es wurden drei Außenskelett-Gelenke entworfen, die mit dem Bewegungstyp der Gelenke des Trägers vergleichbar waren. Da eine der Hauptaufgaben beim Bau des Außenskeletts darin bestand, eine minimale Gelenkzahl zur Bewältigung bestimmter Aufgaben herauszufinden, wurden an jedem Gelenk einstellbare Begrenzungen angebracht, die die Bewegungsfreiheit auf jedes gewünschte Maß beschränken können. Jedes Gelenk wurde derart mit Meßgeräten versehen, daß seine Bewegung als zeitliche Funktion aufgezeichnet werden kann. Die drei Arten von Scharniergelenken und ein Gleitgelenk für das Rückgrat wurden derart angeordnet, daß dem Träger ein Maximum an Bewegungsfreiheit bleibt. Dieses Außenskelett besteht aus 35 Scharnier- und einem Gleitgelenk.

Am Träger wird das Außenskelett mit Lederriemen befestigt. Die Riemen veranlassen einmal die Glieder des Außenskeletts, die gleichen Bewegungen wie die Glieder des Trägers durchzuführen, ferner verhindern sie mögliche Schwierigkeiten, die entstehen, wenn zwei oder mehr Bolzen parallel zueinander angeordnet sind. Wenn zum Beispiel der Arm des Trägers ausgestreckt ist, so liegen die Außenskelettgelenke, die die Drehung des Handgelenks und des Oberarms gestatten, in einer Linie. Wenn der Träger dann seinen Arm dreht, so ist der Teil des Außenskelettes zwischen den zwei Gelenken nicht gezwungen, den Bewegungen des Trägers zu folgen; er kann sich anders drehen, wenn nicht Riemen ihn daran hindern.

Weitere Experimente sollten bestimmen, welche Form der Menschverstärker erhalten sollte und welche Bewegungs-, Geschwindigkeits- und Beschleunigungsbereiche für die Gelenke erforderlich wären. Für den unteren Teil (die »Beine«) wurden folgende Aufgaben ausgewählt: Gehen, Laufen, Treppensteigen und Lasttragen; für den oberen Teil (die »Arme«) Lasttragen, Schulterbeweglichkeit und Steuern von Fahrzeugen. Tests zeigten, daß der Träger des Außenskeletts tatsächlich in der Lage war, alle Aufgaben des Menschverstärkers zu erfüllen. Das Außenskelett engte weder seinen normalen Bewegungsbereich nachhaltig ein noch war es sonderlich unbequem.

Das Antriebselement

Nachdem ein Außenskelettapparat nachweislich praktikabel war, war ein arbeitsfähiger Menschverstärker mit Antrieb erforderlich, um die anderen Aspekte des Problems zu untersuchen. Vorläufig wurde nur für einen Teil des Menschverstärkers ein entsprechender Entwurf angefertigt. Schultern und Arme wurden ausgewählt, weil die Schultern im Modell am schwierigsten zu verwirklichen sind. Sie mußten an einem Gerüst befestigt werden, das imstande war, die Konstruktion und zusätzlich äußere Lasten zu tragen. Ferner sollte es einer Person ermöglichen, auch mit schweren Lasten umzugehen. Der Prototyp sollte von einer stationären Energiequelle aus versorgt werden. Die Tragfähigkeit des Prototyps sollte so gewählt werden, daß ein vernünftiger Kompromiß zwischen der Tragfähigkeit einerseits und der Bewegungsfreiheit des Trägers andererseits zustande kommt.
Belastung und Beanspruchung der Konstruktion wurden für eine Situation vorausberechnet, in der äußere Lasten auf die Hand einwirken. Dafür wurden verschiedene Stellungen des Gerüstes ausgewählt, um all die Haltungen zu ermöglichen, die auch ein Mensch beim Heben einer Last einnimmt. Man fand, daß bei 453,6 kg Last aus einer beliebigen Richtung auf die Hand die Beanspruchung des Gerüsts innerhalb der zulässigen Grenzen blieb, wenn die Bauelemente einen Querschnitt von 2,5 cm mal 5 cm zwischen Rückgrat und Ellbogen sowie 2,5 cm mal 2,5 cm zwischen Ellbogen und Hand hatten. Die Tragfähigkeit von 453,6 kg für jeden Arm in einer beliebigen Haltung ist ausreichend, um die Ausführung des Planes zu sichern.
Die Gelenke des Menschverstärkers bewegen sich langsam und haben ein hohes Drehmoment. Schnell rotierende Maschinen, wie etwa Elektromotoren, würden ein schweres, unnötig großes Reduktionsgetriebe erfordern. Außerdem haben die Gelenke feste Drehachsen. Lineare Antriebe, wie etwa hydraulische Zylinder oder Spindelschrauben, würden die Umwandlung von linearer in Drehbewegung erfordern. Verschiedene Gelenke benötigen verhältnismäßig große Winkel-Verlagerungen, daher würde die Umwandlung von linearer in drehende Bewegung große, umständliche Mechanismen erfordern. Aus diesen Gründen wurde ein nicht linearer hydraulischer Rotationsantrieb gewählt.
Einen Querschnitt durch einen zweiflügeligen hydraulischen Ro-

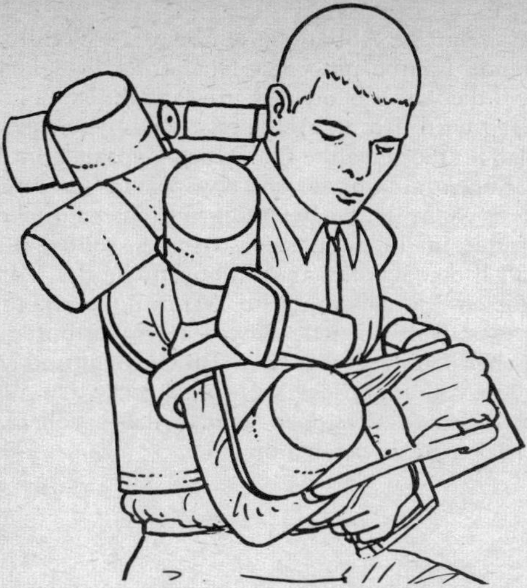

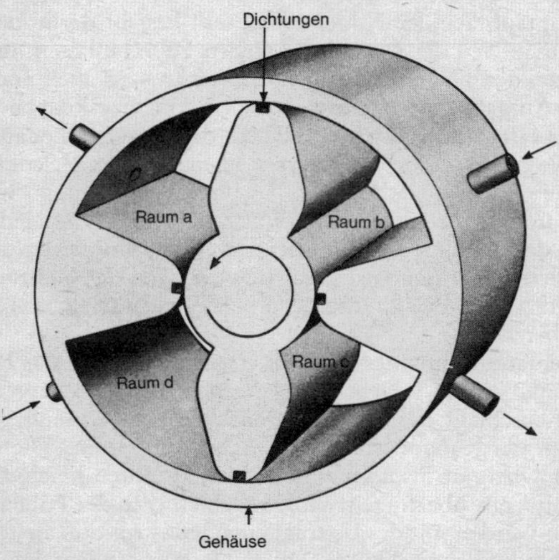

Jedes Gelenk des Außenskeletts wird durch einen zweiflügligen hydraulischen Rotor angetrieben, dessen Querschnitt die Abbildung zeigt. Ein Modell des hydraulischen Antriebes, das für die Schulter- und Ellbogenbewegungen des Menschverstärkers benötigt wurde, erwies sich bei einigen Bewegungen als hinderlich. Sein Umfang wäre für eine mit voller Kraft angetriebene Ausführung ungeeignet. Um dieses Problem auszuschalten, werden Antriebe entwickelt, die mit größerem Druck arbeiten als die ursprünglich vorgesehenen.

tationsantrieb zeigt die Abbildung auf Seite 33. Wenn zwei gegenüberliegende Räume mit einer Hochdruckflüssigkeit gefüllt sind, während die verbleibenden Räume zur Entleerung verbunden bleiben, so wird sich die Achse relativ zum Gehäuse drehen. Man fand, daß für die gewählte Belastungs-Kapazität die Antriebe etwa 10 cm Außendurchmesser und etwa 10 cm Gesamtlänge besitzen müßten, wenn sie die Belastung mit einer Druckdifferenz von 140 kg/cm^2 im Innenquerschnitt tragen sollten. Es wurde ein Holzmodell der Schulter und Ellbogenteile des Menschverstärkers in diesen Ausmaßen gebaut. Man mußte erkennen, daß der Träger zwar viele normale Bewegungen ausführen konnte, bei anderen aber behindert war, und daß Gewicht und Maße des Gerätes für ein voll angetriebenes Modell nicht den Wünschen entsprachen. Künftige Versionen werden daher höhere Druckdifferenzen in den Antrieben benötigen.

Die Fühler (Sensoren)

Die Hauptaufgabe der Fühler (Sensoren) besteht darin, den entsprechenden Teil des Menschverstärkers zu veranlassen, den Bewegungen des Trägers zu folgen. Sie haben aber auch noch eine weitere Aufgabe. Sie müssen auch den Träger erkennen lassen, wieviel Kraft und wo Kraft durch den Menschverstärker ausgeübt wird. Wegen der Bewegungsweise menschlicher Gelenke wird es nur einen geringen Betrag relativ freier Bewegung zwischen Mensch und Gerüst geben. Die Fühlerelemente müssen jedoch so wirken, daß sie diese relativ freie Bewegung ignorieren und dadurch nicht etwa unerwünschte Bewegungen des Gerüstes verursachen. Andernfalls müßte der Träger bewußt solche »Lücken« ausgleichen.
Die Fühleranordnung des Menschverstärkers ist zweischichtig angelegt. Eine innere Schicht ist am Träger befestigt; sie veranlaßt eine Außenschicht, der Bewegung nachzufolgen. Die äußere Konstruktion wird angetrieben und trägt die Lasten. Die innere Struktur wird nur insofern angetrieben, als durch sie eine Rückkopplungskraft übertragen wird. Die Elemente der Fühler-Konstruktion werden mit der lasttragenden Konstruktion an geeigneten Verbindungen verknüpft. Die Fühlergurte folgen den Bewegungen des Trägers in der gleichen Weise wie ein nicht angetriebenes Außenskelett. Der Menschverstärker ist also derart gebaut, daß er den natürlichen Bewegungen des Trägers folgen kann.

Das Servoventil

Das zur Kontrolle der Antriebe benutzte Servoventil muß bestimmte Forderungen erfüllen. Unter anderem muß es dynamisch gut ansprechen und unter Belastung eine hohe Steifheit besitzen; es muß einen Teil der auf die Last ausgeübten Kraft wieder auf den Träger übertragen können, während es Gleichgewichtslasten von der Kraftrückübertragung ausschließt.
Die dynamische Reaktion erprobt man am besten durch die Reaktion des Menschverstärkers auf den Träger. Jedoch haben Experimente mit dem Außenskelett gezeigt, daß die vom Menschen in das System eingeführte Leistung nur selten Frequenzen von mehr als ein oder zwei Hertz gestattet. Wenn das angetriebene Gelenk dem Träger mit geringen dynamischen Fehlern folgen soll, muß das Servo-Gelenk auf Frequenzen reagieren, die um das 5- bis 10fache höher liegen als die Eingangsfrequenz.
Der Menschverstärker besitzt genügend Kraft und Lasttragekapazität, um den angehobenen Gegenstand – aber auch den Träger – bei nicht ausreichender Kontrolle zu beschädigen. Daher ist es sehr wichtig, daß der Träger sowohl die Größenordnung der angewandten Kräfte wie auch ihren Wirkort erkennt. Die natürlichste Weise dies zu erkennen wäre die Rückübertragung eines Teils der Kraft auf den Träger. Jedoch wäre diese Rückübertragung nur dann wünschenswert, wenn sie unbedingt erforderlich ist, damit der Träger nicht unnötig ermüdet wird. Auch ist nur wenig gewonnen, wenn der Träger das Gewicht des Gerüstes selbst spürt. Daher sollten Rückkopplungskräfte unterhalb eines bestimmten Schwellenwertes nicht auf den Träger rückübertragen werden. Das Ausscheiden der schwachen Rückkopplungskräfte verbessert die Ausdauer, verringert aber nicht das Bewußtsein des Trägers von der ausgeführten Arbeit.

Wird es eine Hilfe für Gelähmte geben?

Zur Zeit werden am Cornell Aeronautical Laboratory Forschungsgeräte entwickelt, die auf den Menschverstärker zusteuern. Gleichzeitig werden aber auch bestimmte zusätzliche Absichten verfolgt. Der Menschverstärker ist praktisch ein Muskelverstärker. Vielfach wurde nun die Frage aufgeworfen, ob es nicht möglich sei, ein solches Gerät auch bei Patienten einzusetzen, die infolge von Muskel- oder Nervenschäden teilweise oder ganz gelähmt sind. Unglücklicherweise ist nun aber das Erkennen der ausgeübten Kräfte ein Grundprinzip des Menschverstärkers, daher auch die Notwendigkeit der Kraftrückkopplung. Weil erst eine Kraft ausgeübt werden muß, um das Gerüst in Gang zu setzen, kann er kein gelähmtes Glied heben. Dementsprechend war man bei dem Entwurf auch davon ausgegangen, daß der Träger gesunde, kontrollierbare Muskeln besitzt. Wenn ein Mensch ohne Menschverstärker unfähig zu bestimmten Bewegungen ist, werden sie ihm sicher auch mit diesem Gerät nicht möglich sein. Immerhin werden jetzt Schritte unternommen, um diesen Zustand zu überwinden.

Der Stellungsprüfer und die Folgen

J. S. Miller und F. D. Giori vom Cornell Aeronautical Laboratory untersuchen die Methoden und Vorteile die der Anbau eines Stellungsprüfers als zusätzliches Kontrollmittel des Gerätes ergäbe. Das sich damit ergebende Gerät könnte dann in dreifacher Weise kontrolliert werden: durch Kraft-Fühler, durch Stellungs-Fühler und durch verknüpfte Kraft- und Stellungs-Fühler.
Ein möglicher Nutzen eines solchen Gerätes läge in seiner Anwendbarkeit in der physikalischen Medizin und bei der Rehabilitation. Personen, die an Lähmungen leiden, sind unfähig, ihre Glieder in normaler Weise zu bewegen. Häufig schließt die verordnete Behandlung Muskelübungen durch physikalische Therapeuten ein. Würde das Gerät nach diesem Entwurf verwirklicht, könnten Übungen programmiert und verschiedenartige Bewegungsmuster verordnet werden. Der Arzt benötigt Mittel, um den Zustand des Patienten zu erkennen. Ein arbeitsfähiges Gerät würde eine viel präzisere Auskunft über den physischen Zustand eines Patienten liefern als alle bisher üblichen Methoden. Einige Kranke können zwar ihre Glieder bewegen, die Bewegungen aber nicht steuern. Das fertige Gerät könnte unerwünschte Bewegungen verhindern. Das für diese Zwecke geplante angetriebene Außenskelett wurde Myotron genannt, myo für Muskel und tron als Bezeichnung eines elektronischen Instrumentes.

Das Myotron (= muskel-elektronisches Instrument) in der Medizin

Ein Myotron mit zwei Achsen war gebaut worden, um die Fähigkeiten eines solchen Gerätes zu bestimmen. Experimentell erprobt wurde es im Veterans Administration Hospital in Buffalo. Der Arm war als Untersuchungsglied gewählt worden, da menschliche Armbewegungen zwar einfach sind, aber durch komplizierte Nerven-Muskel-Vorgänge kontrolliert werden und vielleicht die klarsten medizinischen Ergebnisse liefern konnten. Experimente der Ellbogen-Beugung waren außerdem vorausgegangen. Ein Vergleich mit diesen Untersuchungen erschien wünschenswert.

Ellbogenbeugen und -strecken und Schulterdrehen wurden für die beiden Bewegungs-Drehachsen ausgewählt. So wurden sowohl wichtige Gliedmuskeln als auch eine Reihe von Rumpfmuskeln mit einbezogen. (Die mechanische Konstruktion wurde so gewählt, daß auch Kniebeugen und Hüftdrehen mit untersucht werden konnten.) Die Hauptantriebe und die kraftmessenden Überträger wurden so geplant, daß sie der Leistungsfähigkeit eines normalen Armes und einer normalen Schulter entsprachen. Deshalb war ein elektrischer Antrieb günstiger als ein hydraulischer. Ein Magnetbandgerät wurde angeschlossen, um sowohl die Messungen aufzuzeichnen als auch programmierte Bewegungsfolgen zu wiederholen und so neue Heilverfahren zu prüfen. Präzisions-Analogrechnerlogik und Kontrollkreise waren mit eingebaut. So konnten die beiden Servo-Geräte zur Erhöhung der praktischen Flexibilität und Genauigkeit auf viele verschiedene Weisen arbeiten. Drei Stufen von Sicherheitseinrichtungen waren vorgesehen, um die Möglichkeit von schädigenden Bewegungen einzuschränken.

Unter Mitwirkung und medizinischer Leitung der Forschungsgruppe der Abteilung für physikalische Medizin und Rehabilitation des VA Hospitals wurde in einer dreimonatigen Probezeit die medizinische Verwendungsfähigkeit des Gerätes geprüft. Die Ergebnisse zeigten, daß das Myotron ein ausgezeichnetes Forschungsgerät zur Untersuchung von Verhalten und Schäden im Wirkungsbereich zwischen Nerven und Muskeln ist. Die beiden vorhandenen Achsen-Myotrons sind in drei Hauptgebieten besonders brauchbar: 1. zum Messen der Muskelkräfte bei ausgewählten Bewegungsbedingungen, um spastische Lähmungen zu untersuchen; 2. zur Untersuchung neuer Therapieverfahren, besonders zur Behandlung von spastischen Lähmungen und 3. zur Prüfung von Mensch-Maschine-Beziehungen, bei denen die ausgeübte Kraft in mechanisch angetriebenen Geräten entsteht.

Die bewundernswerte Verknüpfung zwischen Patienten-Überwachung, Arzt-Überwachung und programmierter oder Rechner-Überwachung wird noch untersucht. Ganz neue Gebiete werden daran beteiligt. So können beispielsweise Patienten aus der Verwendung des Myotrons als Anzeigegerät für ihre Leistungsfähigkeit Nutzen ziehen. Bereits bei Voruntersuchungen wurde ein Patient beobachtet, der seinen Ellbogen zu strecken glaubte, tatsächlich aber eine Kraft ausübte, die eine Beugung bewirkte. Das Myotron konnte so die tatsächliche Bewegung des Patienten aufzeigen, so daß er sie mit der beabsichtigten Bewegung vergleichen konnte. Miller verglich diese Technik mit der Behandlung von Sprachfehlern, da auch sie eine natürliche Rückkopplung aller Fühler der Gliederbewegung zum Zentralnervensystem gestattet und somit bei der Ausbildung eines neuen Befehlsvorgangs hilft.

»Hardi man« soll 453,6 kg tragen

Auf dem Gebiet der Menschverstärker werden diese Vorhaben von Fachleuten der General Electric weitergeführt. Kürzlich wurde eine angetriebene Ausführung für weitere Untersuchungen geplant und gebaut. Dabei wird wohl ein entscheidender Punkt erreicht werden, denn diese Tests müssen zeigen, welche Situationen durch den Menschverstärker verbessert werden können. Dieser Menschverstärker, genannt »hardi man«, soll mit Lasten von 453,6 kg umgehen können, dabei aber dem Träger eine normale Gehbewegung gestatten. Der Auflagedruck von Mensch und Maschine wird dabei so gering sein, daß das Gerät auf nahezu allen Bodenarten eingesetzt werden kann. Der »hardi man« wird hydraulisch angetrieben, obwohl noch unsicher ist, ob die Energieversorgung direkt in das Gerät mit eingebaut wird.
Daß Maschinen, die Kraft auf menschenähnliche Weise verstärken, gebaut werden können und praktische Fähigkeiten besitzen, und auch Maschinen, die wie Menschen gehen, wird sehr bald erwiesen sein. Ihre Verwendung in der Industrie wäre nur eine Möglichkeit unter vielen; viele Menschen müssen unangenehme Tätigkeiten nur deswegen verrichten, weil die Maschinen noch nicht beweglich genug sind. Eine weitere Möglichkeit: Man könnte ja auch Träger und Gerät trennen. Das Ergebnis wäre ein nahezu perfekter Roboter, der in jeder Größe gebaut werden könnte. Solche Geräte könnten militärisch als vorgeschobene Beobachter zur Erkundung von Gefahrenzonen eingesetzt werden. Bedeutsam ist, daß die »Phase eins« in der Entwicklung von Maschinen mit Kraft schon bald abgeschlossen wird. Man wird dann schnell erkennen, welche Aufgaben mit diesen Menschverstärkern besser gelöst werden können.

Weitere Literatur:

N. J. Mizen: Design and test of a full scale wearable exoskeletal structure. Cornell Aeronautical Laboratory, Report Vo-1692-V-4.

J. S. Miller: The Myotron. Cornell Aeronautical Laboratory, Report Vo-2301-E-1.

Maschinen mit Armen

Von Hugh A. Ballinger

Hugh A. Ballinger ist stellvertretender Chefingenieur beim Harwell Atomic Energy Research Establishment. Seine Abteilung entwickelt die Technologie für das spätere aktive Programm der Leitung. Sie ist außerdem verantwortlich für das gesamte wissenschaftliche Personal und die wissenschaftliche Materialforschung. Vor allem leitet er Gruppen, die Nuklearverschmelzung und -spaltung entwickeln und erproben; er war beteiligt am Bau und an der Entwicklung des ersten Experimentalreaktors in Harwell.

Anfänglich waren es kaum mehr als ›Sklavenarme‹, die stellvertretend für den Menschen in gefährlicher Umgebung, etwa in der Kernindustrie, wirkten, jetzt sind Maschinen mit Armen in andere Bereiche vorgestoßen, vor allem im Meer und beim Maschinenbau.

Maschinen mit Armen sind heute keine Utopie mehr, sondern Alltagsgeräte, die vielfach und ständig benützt werden. Innerhalb der Kernindustrie übersteigt heute die Zahl der Techniker, die mit mechanischen Armen arbeiten, die Zahl der Wissenschaftler bereits um einiges. Neben diesen Hunderten von statischen ›Herr/Sklave-Manipulatoren‹ gibt es – je vielseitiger und teurer, desto weniger – eine Vielfalt beweglicher Maschinen mit Armen, die sich entweder über begrenzte Entfernungen oder auch völlig frei bewegen können. Mehrere dieser kriechenden Anthropoiden entstanden bei der experimentellen Verwendung von Kernenergie für Triebwerke der Raum- und Luftfahrt. Für die planmäßige Erkundung von Planetenoberflächen – einem Bereich, der mehr als andere in der Öffentlichkeit Vorstellungen von umherstreifenden menschenähnlichen Robotern erzeugt – hat es bis jetzt nur begrenzte Entwicklungen gegeben.

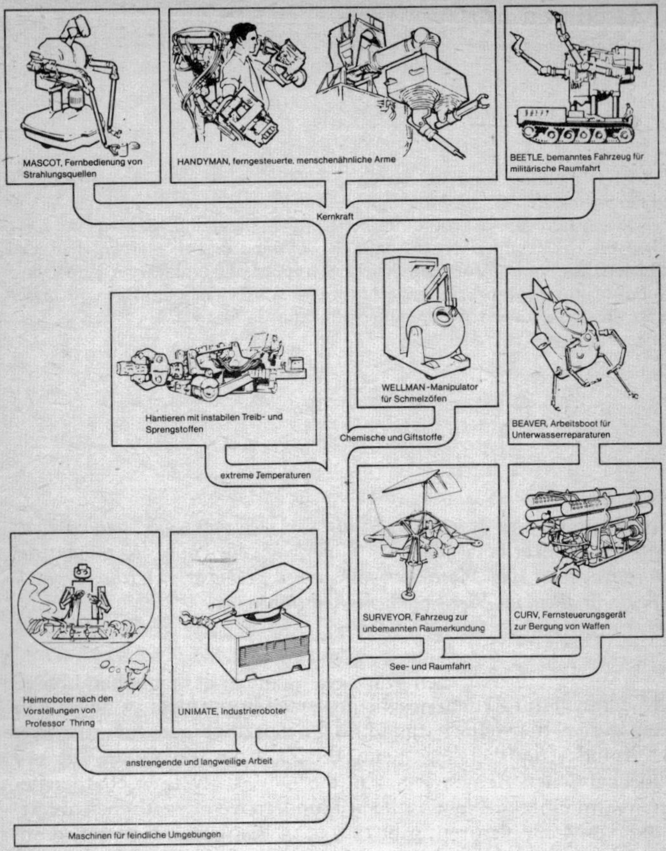

Eine Reihe von Maschinen mit Armen zeigt die vielfältigen feindlichen Umgebungen, und zwar sowohl vom Menschen geschaffene als auch natürliche, zu denen der Mensch Zugang hat. Der erste Einsatz erfolgte in der Kernenergieforschung und verwandten Gebieten; aber gerade diese Maschinen haben sich in neuerer Zeit auch in der Raumfahrt, der Unterwasserforschung und der Unterwasserbergung von Gegenständen als sehr nützlich erwiesen. Einer der weniger bekannt gewordenen, aber zunehmend wichtigen Bereiche für Maschinen mit Armen ist die Industrie, wo sie den Menschen ersetzen, indem sie anstrengende, langweilige und manchmal auch gefährliche Arbeiten übernehmen.

Roboter in Meeren und Fabriken

Auf einem anderen Gebiet aber werden Maschinen mit Armen zunehmend verwendet, und zwar bei der Erforschung und Ausnutzung des Meeresbodens und des Meeres. Eine Zählung ergab jüngst, daß es 40 Unterwasserforschungsschiffe gibt, die mit mechanischen Greifern ausgerüstet sind, sowie einige ferngesteuerte ›telechirische‹ (Fernhand-)Geräte. Hierzu gehören Geräte, die Unterwasserwaffen nach Testabschüssen bergen sollen, wie auch einige Geräte für kommerzielle Zwecke.

Auch in Fabriken sind jetzt Roboter-Maschinen mit Armen aufgetaucht. Sie vollbringen die verschiedensten Tätigkeiten gemäß einem Programm, das durch einmalige Vorführung der Aufgabe geschaffen wird. Drei Firmen stellen diese Werkstattautomaten her, und etwa 75 sind in amerikanischen Fabriken schon in ständigem Gebrauch. Man nimmt an, daß ihre Zahl nach 1970 auf das Hundertfache und nach 1980 auf das Tausendfache des heutigen Bestands ansteigen wird. Angesichts dieser explosionsartigen Entwicklung arbeitet die gegenwärtige Generation einarmiger Maschinen unablässig weiter, um den Mangel an Gewandtheit durch Ausdauer wettzumachen.

Kontinuierliche Wegsteuerung und Wiederausrichtung

Das einfache Handhaben von Gegenständen des täglichen Lebens verbirgt eine Reihe menschlicher technischer Fähigkeiten. Wird beispielsweise ein Gegenstand im Raum vom Punkt A zum Punkt B bewegt, so durchläuft er 3 Dimensionen, die als Koordinatenebenen bezeichnet werden. Ein Fabrikkran, der zu 3 rechtwinkligen Bewegungen – vorwärts, seitwärts und aufwärts – fähig ist, kann die Handlung ausführen. Dem Kranführer, der jede Bewegung der Reihe nach ausführt, um eine Ladung über drei Dimensionen zu versetzen, wird dabei eine Kontrolle von Punkt zu Punkt aufgegeben. Wenn er mit außergewöhnlichem Geschick und Einfühlungsvermögen arbeitet, könnte er alle Kontrollen gleichzeitig durchführen und die jeweilige Geschwindigkeit so einstellen, daß die Last auf dem kürzesten Weg versetzt wird. Er würde also eine ›kontinuierliche Bahnsteuerung‹ vornehmen.

Ein hervorstechendes Merkmal menschlicher Steuerungsvorgänge liegt darin, daß ein Mensch seine Arme ohne bewußte Vorausberechnung nach der kontinuierlichen Bahnsteuerung bewegen kann. Die Kontrolle der Raumbewegung ist aber nicht das einzige Merkmal. Zusätzlich kann der menschliche Arm (und sein Handgelenk) ein Objekt während der Bewegung durch den Raum in drei Dreh-Ebenen ausrichten. Dieses Wiederaus-

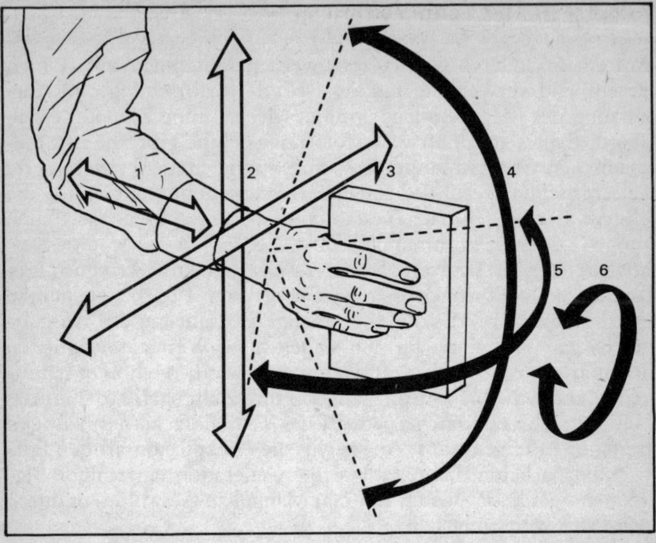

Sechs Freiheitsgrade werden für den Ersatz eines menschlichen Armes benötigt: drei geradlinige Bewegungsachsen und drei Drehbewegungsachsen. Diese Achsen und eine einfache Greifvorrichtung ersetzen die 22 unabhängigen Bewegungen der menschlichen Hand und dienen so als Grundelement für einen mechanischen Arm. Um Entwurfsschwierigkeiten auszuschalten und eine zusätzliche Beweglichkeit zu schaffen, haben viele Manipulatoren 8 oder 9 Drehelemente.

richten ist auch bei Kunstflug-Rollen, -Looping und -Trudeln zu beobachten.

Jeder mechanische Arm benötigt mindestens sechs Freiheitsgrade, wenn ihm sowohl eine Bewegung im Raum als auch ein Wiederausrichten möglich sein soll. Sind diese Voraussetzungen und eine einfache zangenähnliche Haltevorrichtung als Ersatz für die 22 getrennten Bewegungsfähigkeiten der menschlichen Hand gegeben, dann hat man die wesentlichen Bauelemente eines bewegbaren Armes beisammen.

Wenn aber aus Gründen einer einfacheren Konstruktion der Typ der Punktsteuerung verwendet wird, muß der Arm sieben Freiheitsgrade haben. Die sechs Grundelemente würden ausreichen, um eine Schublade vom Boden zu heben und auf ihre Schienen im Schrank auszurichten. Ohne eine siebte Bewegung wäre eine verwickelte Bewegungskombination der sechs Grundelemente notwendig, um die Schublade in ihr Fach zu schieben.

In der Praxis werden solchen Armen aber acht oder neun dieser Elemente gegeben, wodurch ihre Fähigkeit, Hindernisse zu umgehen, verbessert wird. Von Ausnahmen und besonderen Fällen abgesehen, haben sich die Planer bislang gescheut, dieser Ausrüstung noch gelenkige und angetriebene Finger hinzuzufügen.

Steuerung und Rückkopplung

Nach der einfachen Nachahmung der wichtigsten Bewegungen eines menschlichen Armes muß als schwierigere Aufgabe eine vergleichbare Steuerungsqualität geschaffen werden durch Steuerungsinformation liefernde Sinneswahrnehmungen. Zusätzlich zum Sehen, Hören und Fühlen liefert die Skelett- und Muskelbewegung auch noch eine Information über die angewandte Kraft, über Schnelligkeit und Richtung der Bewegung und, was besonders wichtig ist, auch über die räumliche Lage der Glieder. Das menschliche Gehirn besitzt außerdem, gelenkt von der Wahrnehmungsrückkopplung, die ›Reizartschaltung‹. Diese wählt automatisch diejenigen Sinnesnachrichten aus, die einzeln oder gemeinsam jeder einzelnen Bewegungskomponente am dienlichsten sind.
Der verwickelte Bau des menschlichen Armes und der daraus resultierende Aufwand, den der Nachbau seiner Steuerungsfähigkeit kostet, verweisen Forschung und Industrie bei Arbeiten mit radioaktiven Stoffen meist auf Maschinen mit mechanisch verbundenen Herr/Sklave-Armen. Diese Maschinen nützen die Sinnesfähigkeiten des Menschen, der sie bedient, voll aus. Wenn die Aufgabe aber die Kraft oder Reichweite eines Mannes übersteigt, wird ein Gerät mit einem einzigen großen und kraftvollen Arm eingesetzt. Die Gerätsteuerung geht von zwei kleinen Steuerknüppeln aus, während der Bedienende die Bewegungen des Armes nur visuell verfolgen kann. Theoretisch können alle neun Bewegungen dieses Manipulators gleichzeitig ausgeführt werden, aber in der Praxis ist die Koordination dreier Bewegungen gleichzeitig für den Menschen das Maximum; aus Sicherheitsgründen wurde bei diesen Geräten die Bewegungsgeschwindigkeit begrenzt. Bei nur visueller Rückkopplung und Punktsteuerung kann dieser im Prinzip bewegliche und kraftvolle Arm niedrige Arbeiten langsam bewältigen.
Für besondere Aufgaben wurden verschiedene Geräte mit anthropomorpher oder menschenähnlicher Arbeitsweise hergestellt. Zu den Fachleuten auf diesem Gebiet gehören R. C. Goertz im Argonne National Laboratory und R. S. Mosher in der General Electric Company of America. Goertz, einer der Vorkämpfer auf dem Gebiet fernbedienter Geräte, hat den vollkommen gehorsamen Sklavenarm eingeführt und weiterentwickelt. Obwohl der ›Sklave‹ durch eine Kabelverbindung von seinem ›Meister‹

getrennt ist, kann er getreu den Stellungswechsel eines Objektes mit gleicher Geschwindigkeit und verstärkter Kraft reproduzieren. (Siehe »Maschinen mit Kraft«, Seite 28 ff).

Servosystem mit Elektrohydraulik

Eine Servoschaltung mit derartiger Reaktionsfähigkeit herzustellen und zu stabilisieren, ist nicht einfach: Es bedarf einer engen Rückkopplung der Sinnesinformation mit der Motorsteuerung, um von der Motordrehzahl unabhängige Kräfte zu erzeugen. Während dies bei anderen Servosystemen üblich ist, besteht bei der Anwendung im Manipulator das zusätzliche Problem, daß sich die Trägheitsmomente beim Bewegen von Lasten etwa gleicher Masse aber unterschiedlicher Form und Größe ändern. Ein Steuerungstechniker würde ein Reduktionsgetriebe einbauen, das die Wirkung der Trägheit einer Last auf den Antriebsmotor vermindert. Das hat jedoch eine zweite Wirkung: Die Eigenträgheit des Motors kann nun im Arm das Erreichen der erforderlichen Geschwindigkeit verzögern. Sollte des Sklaven Anfangsreaktion beträchtlich hinter dem natürlichen Wechsel der Befehle des Operateurs herhinken, wird dieser unnötigen Ärger über den Mangel an sofortiger Aufmerksamkeit empfinden. Um diesem Problem auszuweichen, wurden von den meisten Konstrukteuren hydraulische Antriebe statt elektrischer Motoren mit Getrieben benutzt, und das trotz der zusätzlichen Schwierigkeiten bei elektrohydraulischen Systemen.

Bilaterale Servosysteme

Ein ausgeklügeltes Gerät verwendet ein Servosystem mit der oben beschriebenen Reaktionsfähigkeit, das mit einem zweiten, aber schwächeren Servosystem gekoppelt ist, das in umgekehrter Richtung arbeitet. Dieses System verleiht allen Teilen des Sklavenarms das Vermögen, die entsprechenden Elemente in den Gliedern des Meisters, wenn auch mit verminderter Kraft, zu führen. Diese Kopplung bietet zwei Vorteile: Der menschliche Operateur kann jeden Teil der Kraft spüren, die er ausübt, um empfindliche Objekte zu ergreifen, zu drehen oder anzuheben; der Sklave kann seine schwächeren Teile vor Schaden bewahren, indem er zurückweicht, wenn der Meister achtlos zu schwere Aufgaben stellt.
Die erste Wirkung, die Kraftreflexion, ist offensichtlich. Die zweite läßt sich dann richtig einschätzen, wenn sich die Notwendigkeit ergibt, selektiv nachzugeben, etwa indem Schulter- oder

Bizepskraft fälschlich für eine Handgelenk- oder Fingerbewegung verwendet werden.
Die Entwicklung dieses Servosystems bringt die körpereigenen Reize der wahrnehmenden Rezeptoren bei der Kontrolle des Gerätes stärker ins Spiel. Die Signale dieser Positionsrezeptoren, die in Gelenken, Sehnen und Muskeln vorhanden sind, werden unbewußt übertragen und verfeinern unsere Muskelbewegungen. Dadurch sind sensorisches und motorisches System eines Operateurs so verbunden, daß zwei mechanische Arme eine natürliche Verlängerung seiner eigenen werden: sie empfangen weitgehend die gleiche Sinnesinformation, als ob er seine Hände bei der Arbeit direkt verwenden würde. Bei der Erforschung dieses verlockenden Systems müssen zwei Nebenwirkungen berücksichtigt werden. Erstens ist es notwendig, den Kraftgewinn auf drei oder vier zu eins zu begrenzen. Ein zu kraftvoller Sklave mit der Fähigkeit, auf seinen Meister einzuwirken, könnte gefährlich werden, wenn ein Fehler im System zur Revolte führt. Zweitens muß die Reaktionsgeschwindigkeit groß sein. Wird sie langsamer als die natürlichen Bewegungen des Bedieners, erzeugt sie ein schleichendes Gefühl der Ermüdung. Anstelle der psychologischen Auswirkungen durch Mängel der zuvor beschriebenen Geräte tritt die physische Ermüdung, wenn das natürliche Arbeitstempo des Bedienenden schneller ist als die Reaktionsfähigkeit des Systems.

Der Handyman

Ein gutes Beispiel dieses komplizierten bilateralen Servogerätes ist der »Handyman« (s. S. 40); bereits 1961 von der General Electric Company of America hergestellt, ist er bis heute ein exemplarisches Beispiel für ein Gerät mit menschenähnlichen Armen. Neben der Nachahmung der menschlichen Schulter-, der Ellbogen- und Handgelenkbewegungen können seine Zangenhände Daumen und Zeigefinger unabhängig voneinander bewegen. Die Steuerung erfolgt durch mechanische Gurte, die mit Gegengewichten, die durch Rechner gesteuert werden, an Schultern, Armen und Beinen des Bedienenden befestigt sind. Wie R. S. Mosher gezeigt hat, der für wesentliche Teile der Konstruktion verantwortlich war, hat das Gerät die Geschicklichkeit, einen normalen ›Hula-hoop-Reifen‹ zu drehen. In einer ›heißen‹ Zelle hat es die Fähigkeit, die Arbeitsleistung eines Menschen mit Handschuhen zu ersetzen.

Der Beetle

Während einige Techniker sich darauf konzentrierten, hochentwickelte Arme zur Arbeit in radioaktiver Umgebung zu bauen, konstruierten andere freibewegliche Geräte mit Armen. Zu den frühesten gehören große panzerähnliche Maschinen des Weapons Laboratory, Kirtland, New Mexico. Sie waren im Auftrag der United States Air Force vorsorglich gebaut worden, um der Lebensgefahr nach einem Unfall in einem militärischen Reaktor oder einem kernkraftgetriebenen Luftfahrtsystem zu begegnen. Es gab da beispielsweise ein Monstrum von 80 Tonnen, Beetle genannt, das zwei Mann Besatzung in einer gut abgeschirmten Kabine aufnehmen konnte und ein paar riesige, 5 m lange bewegliche Arme besaß. Es tat in der Nuclear Rocket Development Station in Nevada seinen Dienst. Aber die Kosten der komplizierten Vorrichtungen zum Schutze der Mannschaft überstiegen die eines ferngelenkten Fahrzeugs, bei dem ja Rezeptoren und Steuerung mit einer »kollektiven menschlichen Intelligenz«, die sich in sicherer Umgebung befindet, verbunden sind und von ihr gelenkt werden.

Der MRMU (Mobile Remote Manipulative Unit)

Ein ferngesteuertes Fahrzeug war der MRMU (Mobile Remote Manipulative Unit) – ein funkgesteuerter 11-Tonnen-Umbau eines Armeelastwagens. Dieses Kettenfahrzeug hatte zwei mechanische Arme, die Lasten von 300 kg in einem Arbeitskreis von sechs Metern Durchmesser bewegen konnten. Es konnte mit einer Geschwindigkeit bis zu 48 km/h einen Unfallort erreichen und dann durch Funk ferngesteuert werden. Eine Sichtrückkopplung durch ein parallelgeschaltetes System von Fernsehkameras auf ausfahrbaren Halterungen glich Beetles Vorteil der menschlichen Beobachter im Gerät wieder aus. Während das Gewicht der Strahlenabschirmung für die Mannschaft des Beetle die Gefahr des Steckenbleibens an gefährlichen Stellen erhöhte, gab es für den MRMU dieses Problem nicht, außerdem war seine Bewegungsgeschwindigkeit viermal so groß.

Eine weitere Serie beweglicher Maschinen mit Armen entstand bei einer amerikanischen Entwicklung für Fluggeräte, die mit Kernkraft angetrieben werden. Für die strategische Luftfahrt wurden Probeläufe kraftvoller Antriebsdüsen und zur Eroberung des Weltraumes solche von kräftigen Raketen in großen abgeschirmten Gewölben durchgeführt. Von Galerien, die außen an den Wänden verliefen, steuerten Beobachter, durch Fenster abgeschirmt, eine Vielzahl von gelenkigen Armen, die auf Masten an den Innenwänden befestigt waren. Von der Decke hingen bewegliche Kräne, die spinnenähnliche Geräte trugen. Eins dieser Geräte, der Minotaur, hat fünf gelenkige Glieder, die aus einem kugelförmigen Körper hervorragen. Drei der Arme enden in Fernsehkameras und zwei in ›Händen‹. Ihre Bewegungen reagieren auf die geschickten Finger eines entfernten Schaltpultbedieners mittels Punktsteuerung.

Der Little Ranger

Auf dem Boden dieser abgeschirmten Hallen agierten frei bewegliche Maschinen. Begonnen von der Firma General Mills (GM) und fortgeführt von der Programmed and Remote System Corporation (PaR), war der Little Ranger die erste dieser Art kriechender Maschinen. Seine ein Quadratmeter große Plattform war auf einfache Ketten montiert und trug neben dem üblichen Arm zwei stereoskopisch angeordnete Kameras auf einer zentralen Säule. Obwohl das Versorgungskabel die freie Bewegung einschränkt, erfüllt dieses Gerät auch heute noch einen alltäglichen Zubringerdienst in den Räumen der heißen Zellen der US-Atomenergiekommission.

Der Hughes Mobot I (Mobile Robot)

Nach den zahlreichen Einzelverbesserungen durch die PaR-Corporation wurde der Bauplan dann durch die Nucleonic Division der Hughes Aircraft Corporation geändert. Der Hughes Mobot I (Mobile Robot) verfügt als größeres Fahrzeug über eine größere Beweglichkeit durch eigene Batteriestromversorgung und ein leichtes, selbstausgelegtes Kabel, das die Fernbefehle überträgt. Abgesehen von einigen unwesentlichen Eigenschaften wie dem Auslegerkran, dem Gabelheber und den Kameramasten, beruht seine wahre technische Perfektion auf einem Paar ungemein beweglicher Arme. Sie haben drei Gelenke und geben ihm mit ihren Halbkugelbewegungen eine affenartige Beweglichkeit. Sogar ohne zusätzliches Drehen und Verlängern durch das Handgelenk können diese Arme ein Seil aufnehmen und verknoten.

Der Mascot (Manipulatore Servo Controllato Transistorizzato)

Da die europäischen Regierungen keine extraterrestrischen Experimente mit Kernkraft unterstützt haben, gab es hier auch nur wenig Anstoß oder Geld für die Konstruktion frei beweglicher Maschinen mit Armen. Immerhin baute eine Abteilung der CNEN-Laboratorien in Italien unter der Leitung des Ingenieurs C. Mancini 1960 eine beachtenswerte Maschine: den MASCOT (Manipulatore Servo Controllato Transistorizzato). Dieses Gerät folgte den technischen Prinzipien von Goertz und verbesserte diese, indem zwei Arme mit der beschriebenen bilateralen Kontrolle auf einen niedrigen Transportwagen aufmontiert wurden. Von einer Plattform aus, die mit entsprechenden ›Meister-Armen‹, einem Stereosehschirm und einer Fußsteuerung für die Bewegung des Wagens ausgestattet ist, kann der Bedienende im Sitzen seine eigene unbewußte Nerven-Muskel-Kontrolle in die koordinierten und komplexen Bewegungsreaktionen des Sklaven integrieren. Die einzige Beschränkung besteht darin, daß dieses Gerät wie die bereits beschriebenen auf ebene Flächen angewiesen ist, die von normalen Hindernissen befreit sind. Von allen bislang konstruierten Maschinen ist das MASCOT-Gerät das technisch schönste. Das Gerät wirkt wie ein Mensch und legt den Wunsch nahe, Anweisungen nicht an den Bedienenden, sondern an das Gerät selbst zu richten.

Der Rivet (Remote Inspection Vehicle, Telechiric)

Eine weitere Gruppe von Geräten zur Arbeit in radioaktiver Umgebung ist das Ergebnis meiner eigenen Arbeit in Harwell. Vor etwa vier Jahren zeigte eine Untersuchung der Berichte von ›kritischen‹ Vorfällen in den Vereinigten Staaten den Vorteil einer Maschine mit Armen, die Reaktorschäden beheben könnte. Von den bestehenden Entwürfen war aber kein Gerät in der Lage, Hindernisse zu überwinden, um zu einem Unfallpunkt innerhalb eines Gebäudes vorzudringen. Deshalb wurde eine Fahrzeugstudie angefertigt, die zum Entwurf des RIVET (Remote Inspection Vehicle, Telechiric) führte. Die Abmessungen dieses Fahrzeuges sind so, daß es im Einsatz das Profil eines kriechenden Mannes hat; am Unfallort kann es jedoch seine Fernsehaugen aufrichten und bis zu Menschenhöhe mit seinem Arm arbeiten. In dieser Stellung übertrifft es den Menschen noch, da es Lasten bis zu 35 kg in einem Umkreis von 1,4 m bewegt. Eine neuartige Kettenvorrichtung befähigt es, auch solche Hindernisse zu überwinden, wo jede einzelne Stufe eine Höhe bis zu 50% der Kettenlänge hat; die entsprechende Grenze eines modernen Panzers liegt bei 12,5%. Das Gerät kann Treppen von 45° Neigung überwinden, sich in einem 1,2 m breiten Flur drehen, in einen Büroraum eintreten, durch den Fußraum eines Schreibtisches kriechen und auf die Fläche des Schreibtisches klettern.

Die URVs (Undersea Research Vessels)

Das Meer, als ebenfalls feindliche Umgebung, ist ein weiterer Bereich für die Erkundung durch Maschinen mit Armen. Die Zahl der Unterwasserfahrzeuge hat darum in den letzten Jahren beachtlich zugenommen. Von den etwa 40 URVs (Undersea Research Vessels), die heute eingesetzt sind, verfügen die Vereinigten Staaten über 33, die Sowjet-Union über 4, Japan und Frankreich über je 3 und England über eines. Während ein Arm für das Suchen und Erkunden als ausreichend gilt, haben Fahrzeuge, die für das Bergen, die Rettung von Menschen oder die Arbeit an Unterwasserbohrköpfen entworfen wurden, bis zu vier Arme. Zwei Arme halten das Werkstück, das von einem anderen Paar bearbeitet wird. Die Vielfalt von Unterwasserarmen macht jede einfache Klassifizierung unmöglich: einige entstanden aus Entwürfen zur Arbeit in radioaktiver Umgebung. Praktisch hat aber jeder seine eigene Version gebaut. Die Bautypen variieren von großen (fünf Meter langen) Armen des Aluminaut über Armentwürfe wechselbarer Vielfalt und Eleganz bis hinunter zu solchen, die die kraftvollen aber einfach gegliederten Arme der auf der Erde eingesetzten Geräte verwenden. Die letztgenannten findet man sowohl beim Forschungs-U-Boot Trieste II wie bei dem Wrack-Bergungsgerät Recoverer I. Der Entwurf von Armen für Unterwasserschiffe stellt einige interessante Sonderprobleme. Zum Beispiel ist eine größere Reichweite nötig, um das Schiff in sicherer Entfernung vom Werkstück operieren zu lassen. Dies wiederum ergibt Schwierigkeiten bei der Verbindung des Meisterarmes mit dem Sklavenarm innerhalb des beengten Schiffsraumes. Entweder wird eine gestufte ›Proportionalbewegung‹ oder eine Steuerung nach Art einer Kranführung mit dem entsprechenden Verlust an Geschicklichkeit angewandt. Die Viskosität des Wassers und die Trägheit des Armes begrenzen die Arbeitsgeschwindigkeit. Bei kleinen U-Booten kommen Rückstoß- und Gleichgewichtseffekte hinzu. Wo elektrohydraulische Antriebe benutzt werden, wird ein Druckausgleich erforderlich, um krampfähnliche Bewegungen der Glieder bei Tiefenwechsel auszuschalten. Beim Einsatz kraftvoller Arme muß an ein Systemversagen gedacht werden, wenn ein Boot mit begrenzter Schwimmfähigkeit sich von einem ›angefrorenen‹ Griff an einem schweren Objekt nicht freimachen kann. Um das zu vermeiden, haben die meisten sorgfältigen Entwürfe die Fähigkeit, wie der Seestern die Arme abzuwerfen.

Ferngesteuerte Unterwassergeräte

Um die großen Gefahren der Unterwasserarbeit herabzusetzen und die wirtschaftlichen Vorteile einer durchgehenden 24-Stunden-Arbeit auszunützen, wurden verschiedene ferngesteuerte Geräte gebaut. Dieser Wandel beruht auf der zunehmenden Abhängigkeit menschlicher Insassen von einer Kabelverbindung mit ihrer natürlichen Umgebung. Die Fernseh- und Sonarfühler, die Manövriermotoren, die Armsteuerung usw. werden jetzt durch eine Kabellänge von den ›Sinnen‹, den Entscheidungen und Handlungen der Insassen getrennt. Die Übertragung der Befehlsgewalt auf eine Forschungsmannschaft an der Wasseroberfläche erbringt zahllose Vorteile gegenüber den geringen Kosten eines zusätzlichen Kabels.
Die ferngesteuerten U-Boote reichen von einem frühen Boden-Kriecher, dem RUM der Scripps Institution of Oceanography in Kalifornien, bis zu verschiedenen Modellen des freischwimmenden Typs wie dem Waffenbergungsgerät CURV der US Naval Ordnance Test Station am China Lake. Die CURV krönte ihren erfolgreichen Einsatz bei der Bergung von 37 Testwaffen mit dem Herausfischen der bei Palomares (Spanien) verlorenen H-Bombe aus 750 m Tiefe. Frankreich hat ein Fahrzeug ähnlicher Bauart, den Télénaute, gebaut, das bis zu 1000 m Tiefe tauchen kann und dabei fähig ist, sich in alle Richtungen zu bewegen. Es hat einen Arm, der eine Last von 50 kg bis zu 1,1 m bewegen kann, und ist fähig, einfache Arbeiten innerhalb des Bereichs seiner Fernsehkamera auszuführen. Ungleich der amerikanischen Ausführung wird es aber kommerziell verwendet und gehört der Compagnie Générale pour le Développement Opérationnel des Recherches Sousmarines.
Eine andere Art von ferngesteuertem Gerät stellt der von der Shell Oil Co. entwickelte Mobot dar. Hier wurde eine Möglichkeit geschaffen, Bohrköpfe zu versorgen, und zwar ohne Taucher. Er kommt für Erdölbohrungen in tiefen Gewässern in Frage, die ohne eigene Plattform von der Küste aus betrieben werden. Der Mobot ist ein großes röhrenförmiges Gerät, etwa 7,5 m hoch. Er wiegt an Land 3000 kg, im Wasser etwa 1500 kg. Wenn er an einer Bohrtakelage aufgehängt wird, kann er zu einem sogenannten ›Weihnachtsbaum‹, dem Unterwasserbohrkopf, schwimmen und sich dort mit zwei Armen festhalten. Auf Kommando von der Oberfläche kann er sich um den Weihnachtsbaum bewegen, einen Bohrschlüssel und andere einfache Werkzeuge bedienen.

Außerdem wurde ein Gerät für ähnliche Aufgaben namens UNIMO entwickelt, das jedoch die Hughes'sche Technik der beweglichen Arme anwendet. Diese wie auch andere komplizierte Geräte werden im nächsten Jahrzehnt mithelfen, die industriell ertragreichen Erdgas- und Ölvorkommen auszubeuten.

Automaten im Wettbewerb mit der Automation

Einige Industriewerke ziehen bereits direkten Nutzen aus Maschinen mit Armtechnik. Automaten stehen im Wettbewerb mit der Automation in den Werkstätten. Echte automatische Maschinen werden eine Vielzahl von rhythmischen Handlungen in einer leicht zu programmierenden Folge endlos wiederholen. Diese 1961 geplanten Maschinen haben bereits das Stadium der Erprobung hinter sich. Ihre Hersteller sehen einer klaren zukünftigen Entwicklung entgegen. J. F. Engelberger, der Präsident der Unimation Inco., rechnet mit dem Einsatz von 5000 Maschinen nach 5 Jahren und nach 20 Jahren mit dem Einsatz von 50000. Die völlige Automatisierung einer Produktionskette erfordert hohe Investitionsmittel, wobei auch die Umstellung auf ein verändertes Produkt teuer ist. So werden immer noch große Gütermengen schubweise hergestellt, wobei die anpassungsfähige menschliche Arbeitskraft als frei auswechselbares Bindeglied zwischen halbautomatischen Maschinen dient. Es geht nun darum, diese Arbeitskräfte (mit ihren Unkosten) freizustellen, damit sich der finanzielle Aufwand für den ›unterweisbaren‹ Werkstattroboter lohnt. Allerdings kommt in den Vereinigten Staaten die jährliche Miete von $ 7000 für einen Roboter den Kosten für die Anstellung eines Arbeiters gleich. Einen finanziellen Gewinn wirft der Roboter erst ab, wenn er zwei Arbeiter ersetzt, indem er entweder in einem Zweischichtensystem arbeitet oder zwei Maschinen in seiner Reichweite bedient. Beim Kauf (für $ 25 000) macht ein Roboter mit einer Lebenserwartung von 10 Schichtjahren sich bei Doppelschichtarbeit innerhalb von drei Jahren bezahlt. Ein Roboter kann einen Arbeiter bei schweren Verrichtungen sowohl in der Gesamtgeschwindigkeit wie in der Präzision ständig wiederholter Tätigkeiten übertreffen, wird aber geschlagen, wenn die Größe der Arbeitsstücke eine synchrone Bewegung von zwei menschlichen Händen zuläßt.

Versatran und Unimate

Die Roboter werden in vielen Formen und Größen gebaut, hier sollen jedoch nur zwei führende Modelle, der Versatran und der Unimate, miteinander verglichen werden. Der Versatran ähnelt wie andere dieser Gruppe einem Maschinenwerkzeug. Er besteht aus einer waagerechten Armröhre, die aus einer senkrechten Säule ragt, welche ihrerseits auf einer kastenförmigen Basis ruht. Der Arm des Gerätes kann einen zylindrischen Raum im Bereich von 240° mit einem Radius von einem Meter durchstreichen. Er kann eine Last von 10 kg mit einer wiederholbaren Genauigkeit von 3,2 mm umstellen. Die Bewegungsgeschwindigkeit ist so groß, daß, je nach der befohlenen Bewegung, etwa 250 bis 1200 Umsetzungen pro Stunde durchgeführt werden können. Die hervorstechendste Eigenschaft des Versatran ist seine kontinuierliche Bahnsteuerung. Faßt man ihn an seiner mechanischen Hand und führt ihn über eine Folge von Arbeitsverrichtungen, so wird er sie sich merken und den eingeschlagenen Weg genau wiederholen. Sein Hauptgedächtnis speichert auf Magnetband bis zu 12 sequentielle Bewegungen. Ein zusätzliches ›Stecktafel‹-Register merkt sich das ›Hand‹-Greifen und Hilfssignale.

Im Gegensatz zum Versatran ist der Unimate eine viel größere Maschine. Mit 1600 kg ist er mehr als zweimal so schwer und kann normale Lasten von 12 kg im Bereich von 1 bis 2,3 Meter mit der hohen Wiederholungsgenauigkeit von ± 1,3 mm handhaben. In seiner Gestalt gleicht er dem sich drehenden Turm mit dem Geschützrohr eines Panzers, wobei das Ganze auf einem kastenförmigen Gehäuse sitzt. Dieser Turm jedoch kann geneigt und der geschützrohrartige Arm kann ausgefahren werden, um einen horizontalen Kreisbogen von 220° in einer Höhe von 0,1 bis 2,4 Metern über dem Boden zu durchstreichen. Bei seiner Tätigkeit ist der Unimate weniger geschickt als der Versatran, da er mit Punkt-Steuerung und mit Bewegungen nach Coppelia-Art arbeitet. Günstig ist sein großes Gedächtnis: bis zu zweihundert sequentielle Operationen können nach einmaliger Einweisung gespeichert werden. Dabei bleibt noch Raum für den Einbau logischer Kontrollen, damit die Bewegungen des Roboters den Bewegungen der Maschinen, die er bedient, angeglichen werden können. Der Lernvorgang dauert etwas länger, was darauf beruht, daß der Unimate durch jede Punkt-zu-Punkt-Bewegung mit der Hand geführt werden muß.

Der Vergleichstest mit einem Menschen beim Bedienen einer Spritzgußmaschine, wobei die Gießfolge das Arbeitstempo begrenzt, war für die allgemeine Entwicklung bezeichnend. Der menschliche Arbeiter schaffte durchschnittlich 108 Einheiten pro Stunde mit bis zu 20% Ausschuß. Der Unimate brachte es hingegen auf 135 Einheiten mit einer Ausschußrate von nur ein bis zwei Prozent. Diese gleichmäßige Arbeitsausführung zeichnet den Werkstattroboter aus. Die ihm übertragenen Pflichten reichten von schwierigen Aufgaben bei der Glas- und Porzellanherstellung über die geschickte Sprühanfärbung von dreidimensionalen Gegenständen bis zur anstrengenden Bedienung von Bohr- und Spritzgußmaschinen. Gerade im letztgenannten Bereich machen die industriellen Roboter schnelle Fortschritte. Eine US-Firma, die Spritzgußteile herstellt, hat bereits sechs Roboter in Betrieb und will diese durch weitere zehn ergänzen. In unmittelbarer Zukunft ist eine ähnliche Expansion in etwa 20 Anwendungsbereichen zu erwarten, die im Kostenvoranschlag rentabel erscheinen.

Künftige Kernkraftraketen und neue Meister-Sklaven-Systeme

In Zukunft erwarte ich eine anhaltende schnelle Fortentwicklung der telechirischen Maschinen für besondere Ausnutzung der Kernkraft. Das bisherige Liebäugeln zwischen den reichen US-Giganten der Raumfahrtprojekte und der Atomenergie wird Anfang der siebziger Jahre zu einer Vernunftehe führen. Das Nationalprestige verlangt eine Ausweitung bemannter Raumflüge, die ihrerseits eine Vollendung der ersten Kernkraftrakete etwa im Jahr 1975 erfordern. Diese Entwicklung wird nicht nur zu frei beweglichen hochentwickelten Maschinen führen, sondern auch eine Weiterentwicklung der Mosherschen Arbeiten über anthropomorphe Meister-Sklaven-Systeme einschließen, die es den Astronauten gestatten werden, unter hoher Schwerkrafteinwirkung tätig zu sein.

Künftige elektrische Geräte bei der Meeresforschung

Parallel dazu sollte auch die Entwicklung von Maschinen mit Armen schnell fortschreiten, die geeignet sind, die Meere und ihren Reichtum zu erkunden. Jedoch werden sie an den zweiten Platz im Rennen erst gelangen, wenn an die Stelle des Prestiges ein angemessener finanzieller Gewinn tritt. Dr. Olaf Helmer und seine Kollegen sind in ihrer Analyse von Zukunftsvoraussagen noch pessimistischer als ich. Ihre Befragung eines Expertenkollegiums ergab, daß 50% einen Unterwasserbergbau erst im Zeitraum zwischen den Jahren 1980 und 2000 erwarten. Aufgrund ständigen Studiums des Unterwasserpotentials erwarte ich einen wachsenden Wettbewerb zwischen den westlichen Nationen, der den Fortschritt fördern wird. Ende der siebziger Jahre werden die telechirischen Geräte jeden Konkurrenten in Unterwasserarbeiten verdrängen, obgleich der Mensch stets darauf bestehen wird, bei der Erkundung auch physisch selbst anwesend zu sein. Die dann verfügbaren U-Boote und telechirischen Geräte werden ihren Nutzen aus neuen Entwicklungen ziehen, zum Beispiel aus der akustischen Abbildung, die durch ein sichtbares bewegliches Bild in der Tiefe erzeugt wird; ferner aus einer Fernsehabbildung ›ausgeblendeter‹ Laserimpulse, die den nebelähnlichen Schein einer normalen Beleuchtung beseitigen und so den menschlichen Sehbereich weit über den geringen Helligkeitsbereich auch des schärfsten Auges ausdehnen wird.

Künftige Roboter in Industrie und Haushalt

An dritter Stelle im Rennen erwarte ich einen Fortschritt der Automation in Industrie und Haushalt. Hierbei wird wohl die schärfste wirtschaftliche Kostenberechnung zugrunde gelegt werden. Die steigenden Kosten menschlicher Arbeit kommen zwangsläufig dem Roboter zugute. Die heutigen industriellen Roboter sind Konkurrenten in den Fabriken, auch wenn sie nur blinde, taube Statisten mit begrenztem Gedächtnis und beschränkter Entscheidungsfähigkeit sind. Setzt man voraus, daß sich die Fortschritte der mechanischen Arme mit denen der Sinnes- und Entscheidungssysteme (die in anderen Aufsätzen beschrieben werden) vereinen, dann könnte Mitte der siebziger Jahre ein Roboter gebaut werden, der fähig ist, seine einfachen Dienste selbst auszuwählen. Professor M. W. Thring von der Londoner Universität, der interessante Untersuchungen über Heimroboter durchgeführt hat, erwartet eine baldige Verwendung im Haushalt. Ich hingegen vermute, daß die Wirtschaftlichkeit des ersten Heimroboters einen Arbeitszyklus von längerer Dauer erfordert: zum Beispiel eine sechzehnstündige Nachtschicht bei der Reinigung eines Bürohauses. Helmers Überblick sagt voraus, daß im Jahre 1987 Roboter wahrscheinlich zur Müllabfuhr, Kanalinspektion und als Haushaltssklaven verwendet werden.

Weitere Literatur:

H. A. Ballinger: Telechiric Devices and Systems. In: Bd. 1 Ministry of Technology Conference, Sea and Sea Bed Technology 1967, HMSO.

D. C. Laymen und G. Thornton: Remote Handling of mobile nuclear Systems. In: USAEC Division of Technical Information 1966, Book Ref. TID 21219.

G. M. Homer: Mobile Manipulator Systems. In: Proceedings of 14th Conference on Remote Systems Technology, 1966, American Nuclear Society.

F. J. Hetlinger und D. H. Pickerell: Optimum underwater Systems for manned Submersibles. In: North American Aviation Co, 1967 Lib. Ref. AD 635979.

W. H. Huntley und W. G. Houck: Underwater Manipulators. In: Mechanical Engineering 1966.

Submersible Work Boats, ein World Report vom Herausgeber der Ocean Industry, 1968, Bd. 3 No. 2.

R. D. Perry: The deep Submersible (Encyclopaedia). Western Periodicals, California, 1966.

How can you use Robot Muscles to increase plant profits, vom stellvertretenden Herausgeber. In: Mill and Factory Journal, October, 1966.

I. E. Talbot: Programmable industrial Robots, how they Work. In: ISA Journal, September 1966.

Maschinen, die lesen

Von John Anthony Weaver

John Anthony Weaver ist »Senior Scientist« an den Mullard Research Laboratories, Redhill, Surrey. Er ist Projektleiter für die Arbeit an der optischen Zeichenerkennung. Mullards Arbeit über das Erkennen handgeschriebener Zeichen wird durch einen Vertrag mit dem Mintech's Advanced Computer Technology Project unterstützt.

Das geschriebene Wort ist ein Hauptmittel menschlicher Mitteilung. Bereits heute sind Maschinen unentbehrlich zum Lesen von bedruckten Bogen; vielleicht wird es ihnen morgen sogar möglich sein, auch Handschriften zu entziffern.

Die meisten von uns können lesen und schreiben. Organisationen jeder Art machen sich das zunutze und veranlassen die Menschen, Vordrucke auszufüllen (in der Welt jährlich etwa 10^{10} Exemplare), was für einen ungestörten Ablauf menschlichen Zusammenlebens als notwendig erachtet wird. Bis zum Erscheinen der Rechner mußte die gewaltige Informationsmenge dieser Formulare von menschlichen Bürokräften bewältigt werden. In Regierung und Industrie wird heute diese Bürde mehr und mehr von hochentwickelten Rechnern übernommen, die enorme Informationsmengen in erstaunlich kurzer Zeit verarbeiten.
Im Idealfall sollte jede Information vom Datenverarbeitungssystem sofort erfaßt und verarbeitet werden. Die Sache hat jedoch einen Haken. Wir vermitteln unsere Gedanken mit Hilfe von Wörtern, die in der Form von Buchstaben und Ziffern zu Papier gebracht werden. Die natürliche Sprache der Rechner hingegen besteht aus Folgen von elektrischen Impulsen, die binäre Zahlen darstellen. Die Aufforderung an einen Rechner, Schrift zu lesen, entspricht etwa der Bitte an einen Durchschnittsmenschen, Chinesisch zu lesen. Der Rechner kann die in der ihm unbekannten Sprache enthaltenen Vorstellungen nur dann verstehen, wenn sie in seine Sprache übertragen werden. Bis vor kurzem mußte jede Information, die dem Rechner eingegeben wurde, zweifach über-

setzt werden. Einmal aus unserer in die Maschinensprache und ein zweites Mal aus unseren Zeichen auf dem Papier in die Löcher in Papierstreifen oder Karten, die die Maschine lesen konnte. Der erste Teil dieser doppelten Übersetzung wird nach und nach überflüssig, indem die Übersetzung der Maschine selbst übertragen wird; aber die ›Eingabegeräte‹, die lesen können, dem Rechner also Augen verleihen, stecken noch in Kinderschuhen. Dieser Prozeß der Datenaufbereitung verbraucht noch viel Zeit und Geld. Ihn einzusparen ist die Hauptrechtfertigung für Lesemaschinen.

Brailleschrift und Rechnerschrift

Ähnlich wie die Brailleschrift, die blinden Menschen hilft, wurden auch Methoden entwickelt, Papier so zu beschreiben, daß es von Rechnern gelesen werden kann. Bereits bei den ersten Rechnerexemplaren wurde Magnetismus zur Speicherung benutzt. Eine der ersten Rechner-Lesemethoden, die praktisch angewendet wurde, war ein Erkennen der Zeichen mit Hilfe von magnetischer Tinte oder durch magnetischen Druck (Magnetic Ink Character Recognition = MICR). Hierbei wurden besonders geformte Zeichen benutzt, die mit einer magnetisierbaren Tinte aufgedruckt waren, so daß sie, ähnlich wie bei einem Tonbandgerät, von

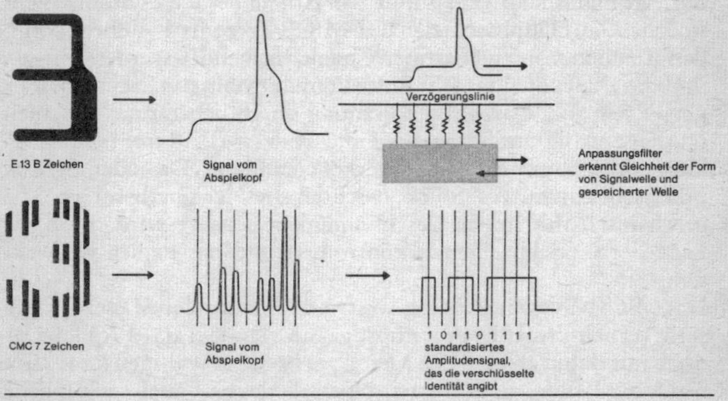

Besonders entwickelte Zeichen können, wenn sie mit magnetischer Tinte gedruckt werden, von einem einzigen Magnetkopf, wie er auch bei Bandgeräten verwendet wird, gelesen werden. Die E13B-Schrift wird in eine charakteristische Wellenform umgewandelt, die das Gerät jeweils mit denen der bekannten Zeichen vergleicht, während die CMC7-Schrift ein digitales Signal auslöst, das die Identität direkt vermittelt.

einem Magnetkopf gelesen werden konnten. Die verwendeten Typen, wie etwa die des mit E 13 B bezeichneten Schriftsatzes, können durch einen einzigen Playback-Magnetkopf gelesen werden, der die Gesamthöhe des Zeichens hat. Das sich ergebende Signal wird mit den gespeicherten Mustersignalen verglichen. Das am besten passende wird dem geprüften Zeichen zugeordnet. Banken verwenden dieses System, um große Mengen von Schecks zu sortieren, die bearbeitet werden müssen. Die Bevölkerung wird durch Schecks mit dem Schriftsatz E 13 B und durch Postanweisungen mit dem Schriftsatz CMC 7 zum Druck der Seriennummer vertraut gemacht.

Das MICR-System

Eine der großen Schwierigkeiten, die jede Lesemaschine überwinden muß, ist die, Zeichen und Hintergrund klar zu unterscheiden. Schecks werden von Händen berührt und daher auch schmutzig. Banken bevorzugen die Verwendung von musterartig bedrucktem Papier als Hilfe gegen Betrug und versehen den Scheck außerdem mit einem Datumstempel. Der Schreiber des Schecks kann Zeichen darauf machen, indem er etwa im oberen Bereich der magnetisierbaren Codelinie Kreuzzeichen anbringt. Für die Verwendung bei Banken müßte das MICR-System ideal sein, da Schmutz und normale Schreibtinte nahezu unmagnetisch sind und somit die Arbeit des Lesesystems nicht stören. Die Hauptnachteile des MICR-Systems bestehen darin, daß Zeichen von eigenartiger Gestalt verwendet werden müssen und die Druckqualität sehr gut sein muß, wenn das Erkennen sehr genau sein soll. Sowohl die Prägung durch den Druck wie auch ungleichmäßig aufgetragene Tinte können die durch den Lesekopf aufgenommene Signalstärke verändern. Da jeder Scheck praktisch ein kurzes Stück beschriebenes Magnetband ist, das mechanisch mit hoher Geschwindigkeit sortiert wird, muß die Lage der Codelinie genau kontrolliert und das Papier verstärkt sein.

Das MICR-System ist schon weit verbreitet, und die Leseapparate sind verhältnismäßig preisgünstig. Sie wandeln das Problem jedoch nur dahin ab, daß der Mensch es besser bewältigen kann. Besondere Tinten und Schreibtypen bedeuten auch zusätzliche Kosten und schließen eine Anwendung überall dort aus, wo das Publikum Informationen hinzufügt, es sei denn, eine besondere Datenaufbereitung wird doch wieder in Kauf genommen. Das geschieht in Wirklichkeit bei den Schecks auch: ein Bankbeamter muß die Geldsumme vor dem automatischen Lesen und Sortieren in einem besonderen Schriftsatz verschlüsseln.

Wünschenswert aber sind neue Geräte für Rechner. Sie sollen imstande sein, die Zeichen, so wie wir sie mit Punkten usw. geschrieben haben, zu lesen, gleichgültig ob mit Bleistift, Kugelschreiber, farbigen Tinten oder einer Schreibmaschine des Jahrgangs 1930. Solch ein Gerät gibt es noch nicht. Aber schon ist man sich der Möglichkeit sicher, daß es gebaut werden kann. Es sei auch daran erinnert, daß der menschliche Leser praktisch nicht sehr genau ist, wenn man ihm eine Aufgabe stellt, für die sich aus wirtschaftlichen Gründen auch ein Lesesystem verwenden ließe. Bei Buchungsvorgängen in einer Bank gab es durch falsches Lesen des Rechnungsbetrages durch den Menschen bei 900 Schecknummern noch 8 Fehler. Die Prinzipien der Buchhaltung wurden so gewählt, daß solche Fehler gefunden und bestimmt werden können. (Auch Menschen haben einen Gesamtkaufpreis von etwa 50000 Pfund Sterling, der etwa ihrer Leistung angemessen ist, sie sind aber sowohl langsam wie auch ungenau und bedürfen erheblicher Wartung. Zudem sind sie auf dem Markt kaum zu haben.) In einer schwierigen Situation vertraut ein menschlicher Leser sehr auf den Zusammenhang. Folgender Satz mag dieses Problem

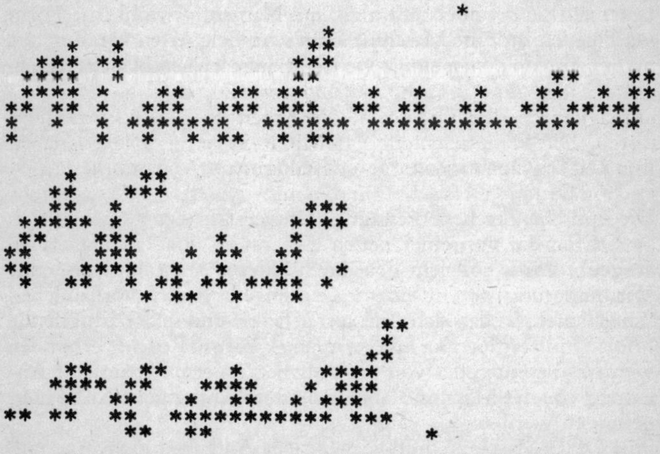

Gestalten sind oft schwierig zu erkennen, sogar von Menschen, die den Vorteil haben, Zusammenhänge ahnen zu können. Es handelt sich hier um das Ergebnis des rechnergesteuerten Abtastens einer Kursivschrift aus dem Laboratorium des Autors, wie der Rechner es ausgedruckt hat. Beim Entziffern der Schrift hat der menschliche Leser einen weiteren Vorteil auf seiner Seite: Er kann die Seite weiter weg halten, damit die Worte klarer erkennbar werden (›Machines that read‹). Menschen, aber nicht Maschinen, können Symbole dadurch verstehen, daß sie die Gestalt als Ganzes erfassen.

klarmachen: »Dxesxs ergxbt zusätxxiche Ixfoxxatxonsversager bxi exnxr Lxsxmasxhixe in koxxerziexxer Vexwenxung, wexn nicxt exn oder mehxexe Prüxzeixxen in dex zu lesenxen Text eingebaut sinx.«

Einige bereits verfügbare Maschinen können mehrere Schriftarten lesen, wenn auch der Druck ganz ausgezeichnet sein muß. Eine handbediente Schreibmaschine und ein normales Farbband ergeben keine ausreichende Schriftqualität. Manche Hersteller bieten als Alternative ein Gerät an, das handgedruckte Zeichen verarbeiten kann, doch müssen diese dann schon sehr gut geschrieben sein. Bei kommerzieller Verwendung kann das recht nachteilig sein. Die Maschinen sind heute noch teuer, sie kosten von 50000 Pfund für eine nur für einen Schriftsatz geeignete Maschine mit beschränkter Papierhandhabung bis zu solchen zu 250000 Pfund für mehrere Schriftsätze auf einer Seite.

Um sich die Probleme, vor denen eine solche Maschine steht, vorzustellen, denke man sich, daß man noch niemals das Alphabet gesehen hat und plötzlich folgenden zwei Zeichen gegenübersteht: A und A. Man frage sich selbst: sind diese nun gleich? Die Entscheidung wird von den Merkmalen abhängen, auf die die Zeichen geprüft werden. Wie steht es mit Q und q? Man wird diese aufgrund ihrer Form sicher nicht als gleich erkennen, wir benennen sie dennoch mit gleichem Namen, obwohl ihre Form verschieden ist. Eine Maschine kann sehr viele Arten von Zeichen erkennen, von denen einige vielleicht den gleichen Namen haben.

Die OCR (Optical Character Recognition)-Maschine

Die optische Zeichenerkennung (Optical Character Recognition = OCR), die von einer neuen Generation von Lesemaschinen ausgeübt wird, vollzieht sich durch Filtern, Auswählen und eine Verminderung der in einem Zeichen auf Papier vorhandenen Einzelheiten, so daß sich eine ausreichende und sicher zutreffende Information ergibt. Der Filtervorgang kann mit Regeln verbunden werden, die entweder von uns festgelegt oder unter unserer Anleitung von der Maschine (aber nicht durch ihre eigene Anleitung) gefunden werden.

Eine OCR-Maschine muß verschiedene Aufgaben lösen. Sie muß jedes Schriftstück von einem Eingabefach an einen Platz innerhalb der Maschine befördern, wo es gelesen wird, von dort wieder in einen Ausgabebereich, der gleichzeitig eine Art Sortiervorrichtung darstellt. Eine gute Maschine benötigt wenigstens drei Ausgabefächer, zwei zum Sortieren und eines für abgewiesene (unlesbare) Schriftstücke, während für manche Anwendungsbereiche viel mehr Ausgabefächer verwendet werden. Der Umgang mit Papier ist schwierig und kann mehr als die Hälfte der Kosten für die Maschine verursachen. Die goldene Regel lautet: Wenn das Papier erst einmal erfaßt wurde, darf es so lange nicht mehr losgelassen werden, bis es fertig bearbeitet ist.

Das Abtasten der Lichtpunkte

An der Lesestation muß die Maschine die Information in elektrische Impulse umwandeln. Das System, das diese Aufgabe mit der größten Vielseitigkeit erfüllt, ist die Methode des Lichtpunktabtastens. Ein Lichtpunkt, in der Regel aus der Kathodenstrahlröhre, wird scharf auf das Schriftstück eingestellt. Das reflektierte Licht wird von einem Photoverstärker wahrgenommen. Solch ein Lichtpunkt kann sich sehr schnell bewegen und von Zeichen zu Zeichen springen oder ohne Verzug vom oberen zum unteren

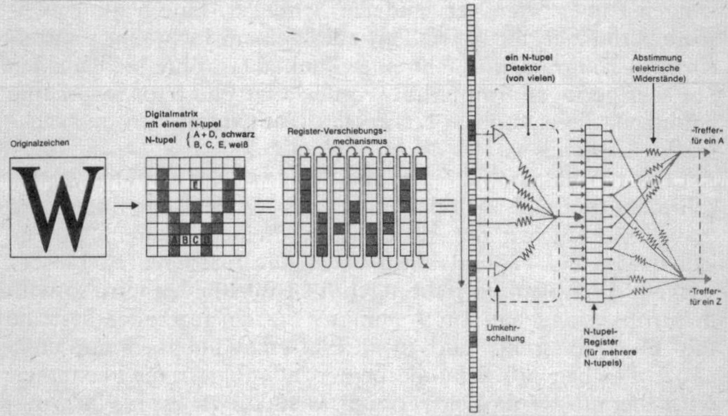

Das N-tupel-System sucht nach kritischen Anordnungen von Punkten, hellen oder dunklen, irgendwo in der Form des Zeichens. Hier wird ein Fünfpunkte-N-tupel, zwei schwarze Punkte und drei weiße, über eine digitale Matrix gelegt, die von einem W eingenommen wird. Viele N-tupel sind nötig, um ein gegebenes Zeichen zu erkennen. Ein O kann an dem Auftreten von abgerundeten schwarzen Linien erkannt werden sowie an dem freien Raum im Zentrum und dem Fehlen des »Schwanzes«, den das Q besitzt. Da die Anordnungen von Punkten, nach denen gesucht wird, sich an beliebigen Stellen des abzutastenden Zeichens befinden können, wird ein Streifen durch ein Verschieberegister geschoben, vorbei an einem festen N-tupel-Detektor. Demzufolge erstreckt sich die Suche nach dem N-tupel über das gesamte Feld. Identität wird durch elektronische Logik gefunden, die bestimmt, welches N-tupel zutrifft. Das Diagramm zeigt eine Bewertungsschaltung, die die Ausgaben aller N-tupel-Register kombiniert und den höchsten Übereinstimmungsgrad für – in diesem Fall – ein W anzeigt.

Blattrand. Ein gegebenes Zeichen kann mehrfach geprüft werden. Außerdem stehen verschiedene Abtastmethoden zur Verfügung. Die Lichtpunktabtastung in dem Lesegerät IBM 1287 kann so eingestellt werden, daß sie das nächste Zeichen oder den Rand eines Zeichens sucht. Findet das Gerät ein so weitgehend verstümmeltes Zeichen, daß es ihm, selbst nach mehrfachen Versuchen, keinen Sinn zuzuordnen vermag, dann kann es dem Bediener vorgeführt werden, damit er die richtige Bedeutung eintasten kann.
Da aber die Lichtpunktabtastung in Form der Aufeinanderfolge (sequentiell) arbeitet, muß die Abtastung schnell erfolgen, falls das Gerät schnell arbeiten soll. Der Phosphoreszenzstoff, der das Licht erzeugt, darf kein Nachleuchten zeigen, da dies den Lichtpunkt kometenähnlich verwischen würde. Die meisten der zur Zeit verfügbaren schnellen Phosphoreszenzstoffe senden Licht kurzer Wellenlängen (fast Ultraviolett, Blau und Grün) aus, so daß die Schriftzeichen vielleicht nicht lesbar sind. Tatsächlich wird ultraviolettes Licht von einigen Druckfarben und Tinten eher ausgestrahlt als absorbiert. Ähnliches gilt auch für die bei einigen Papiersorten verwendeten Aufheller. Eine blaue Kugelschreiberlinie ergibt in weißem oder gelbem Licht einen ausreichenden Kontrast, im Licht einer Punktabtaströhre jedoch einen nur sehr geringen. Immerhin wurden jetzt Phosphoreszenzstoffe gefunden, die eine gelbe Fluoreszenz bei extrem kurzem Nachleuchten aufweisen.
Ein Laser-Abtaststrahl könnte alle Vorteile einer Kathodenstrahlröhre besitzen und auch die Wahl einer Wellenlänge mit enorm gesteigerter Lichtstärke ermöglichen. Seine Kohärenz könnte jedoch von der Papierstruktur abhängige Interferenzeffekte bewirken. An Ablenkvorrichtungen für Laserstrahlen wird sowohl in Europa wie auch in den Vereinigten Staaten gearbeitet. Systeme mit Punktabtastung sind in ihrer Geschwindigkeit auf etwa 20000 Zeichen pro Sekunde begrenzt, infolge ihrer Flexibilität wird aber nur wenig Zeit verloren, wenn die zu lesende Information auf einem Schriftstück weit verstreut liegt.

Lesegerät mit lichtempfindlichen Halbleiterelementen

Eine andere Lösung des Problems wurde von der Firma Recognition Equipment Ltd. gefunden. In ihrem Lesegerät für Schriftseiten werden die Zeichen auf eine zweidimensionale Anordnung von lichtempfindlichen Halbleiterelementen (in Analogie zum Auge Retina genannt) projiziert. Dieses System kann auf dem Papier weitverstreute Gruppen von Zeichen nicht ohne Zeitverlust lesen. Da aber die »Retina« gleichzeitig aufnimmt, kann die Geschwindigkeit, mit der jedes Zeichen verarbeitet wird, sehr

hoch sein, im Prinzip bis zu 250000 Zeichen pro Sekunde, vorausgesetzt, daß man Zeichen mit einer solchen Geschwindigkeit anbieten kann. Das Papieranliefern wird hier zum zeitbegrenzenden Faktor.
Andere Versuche, das Schriftstück mit einer eindimensionalen Erkennungsvorrichtung abzutasten, wobei die Bewegung des Schriftstückes selbst die zweite Abtastrichtung liefert, wurden schon durchgeführt. Die eingesetzten Erkennungsvorrichtungen reichten von einer einfachen Reihe von Photozellen bis zu einer Fernsehkamera mit nur einer Abtastachse. (Letztere entwickelte die ICT für ihren OCR-Kopf und ihren universellen Papiertransport.)

Das integrierte Photomosaik

Ein sehr vielversprechendes Gerät ist das integrierte Photomosaik, in dem sowohl eine zweidimensionale Anordnung von lichtempfindlichen Einheiten als auch ein Teil der Lichtabtastschaltungen bei integrierter Schalttechnik auf einem einzigen Stück Silizium aufgebaut sind. Einige Firmen entwickeln solche Geräte. Das der Firma Plessey wurde in ein Lesesystem eingebaut. Es vereinigt die stattliche Zahl von 360 Photodioden und etwa 2000 anderen Bauteilen auf einem Siliziumplättchen von 10 × 3,5 mm. Solche Geräte werden sicher häufig für die optische Zeichenerkennung verwendet werden, besonders bei billigen Geräten von geringer Flexibilität und beschränktem Zeichenvorrat.

Mechanische Abtastsysteme

Mechanische Abtastsysteme, die mit der Nipkowschen Scheibe (einer mit einer Anzahl von Löchern versehenen rotierenden Scheibe) arbeiten, haben als Detektor einen Photoverstärker, der entweder direkt abtastet oder in Verbindung mit anderen Schlitzen als Stricherkenner dient. Diese Systeme wurden bei frühen Maschinen häufig benutzt. Ihr Nachteil liegt in den Schwierigkeiten, die mit sich drehenden mechanischen Systemen verknüpft sind, wie Lärm und geringer Maximalgeschwindigkeit des Lesens von nur einigen hundert Zeichen in der Sekunde. Der Vorteil liegt in der einfachen Bauweise.

Analoge und digitale Darstellungen

Alle diese Abtastsysteme können ein Abbild des abgetasteten Zeichens in analoger (einige Grauschattierungen) oder digitaler (schwarz/weiß) Form liefern. Die digitale Darstellung macht es möglich, einfachere binäre oder Zweistufenschaltungen für die spätere Verarbeitung zu verwenden. Hierfür sind jedoch schon frühe Entscheidungen in der Maschine notwendig, ob bestimmte Teile des Zeichens schwarz oder weiß sind. Eine solche Entscheidung bleibt unwiderruflich. Die Befürworter der analogen Darstellung glauben, daß solch eine Entscheidung und die Schwierigkeit, die Wechselstufe von schwarz zu weiß auszuwählen, zu einem zu frühen Verlust von zuviel Information führen. Wenn die Entscheidungsstufe zu hoch liegt, könnten Punkte, die weiß sein sollten, als schwarz bezeichnet werden. Liegt sie zu niedrig, könnten die grauen Punkte weiß genannt werden. Umgekehrt kann eine Analogmaschine zwei benachbarte graue Punkte für einen dunkleren Punkt halten, während nach einer binären Entscheidung die beiden grauen Punkte als weiß bezeichnet werden.

Zeichennormierung

Als nächste Aufgabe muß eine Lesemaschine die Schriftzeichen soweit wie möglich standardisieren. Ein Hauptverfahren besteht darin, das Zeichen in eine bestimmte Position einzuordnen. Das ist wesentlich, wenn das Erkennungsverfahren weitgehend aus einem Vergleich des gesamten Zeichenbildes mit allen anderen möglichen Formen im Speicher (Repertoire) des Gerätes besteht. Eine Analog-Maschine mit Retina kann eine Positionsstandardisierung dadurch erreichen, daß die Erkennungslogik auf verschiedene Positionen der Retina geschaltet wird, wenn auch hierfür komplizierte elektrische Schaltungen erforderlich sind.

Ein Lichtpunktabtastgerät kann so programmiert werden, daß es ein Zeichen sucht, seine Position und Größe bestimmt und es dann in einer standardisierten Art abtastet. Wenn eine digitale Darstellung des Zeichens bereits erhalten wurde, kann durch einen Satz von Verschieberegistern (die eine bestimmte Folge digitaler Signale enthalten können) die Positionsnormierung erfolgen. Ein digitales Zeichen, das in verschiedene Verschieberegister so eingegeben wurde, daß jedes nur einen Streifen des Zeichens enthält, kann sehr schnell aufwärts oder abwärts bewegt werden (mit zusätzlicher Kompliziertheit auch von Seite zu Seite), so daß jeder Schritt weniger als 10^{-6} Sekunden beansprucht.

Wie schon vorher erwähnt, besteht eine wesentliche Schwierigkeit darin, auch an Stellen mit Schmutzflecken oder schlechtem

Druck ein ausreichendes elektrisches Bild zu erhalten. Dies kann zu veränderten Strichbreiten führen oder Lücken in Teilen eines Zeichens zur Folge haben. Normierungsverfahren können zur Standardisierung der Strichbreite, zum Aussondern vereinzelter Flecken, zum Ausfüllen von kleinen Lücken innerhalb von Strichen oder zum Öffnen ausgefüllter Schlingen wie in der ›6‹ oder ›8‹ dienen.

Der Erkennungsmechanismus

Der wichtigste Teil einer Lesemaschine ist der Erkennungsmechanismus selbst. Beim Erkennen werden die Abmessungen eines unbekannten Zeichens mit dem Mustersatz all der Zeichen verglichen, die die Maschine erkennen kann. Zum eindeutigen Erkennen müssen zwei Kriterien erfüllt sein. Die Abmessungen des unbekannten Zeichens müssen denen des Musterzeichens in einem Ausmaß entsprechen, das über eine erlaubte Abweichung nicht hinausgeht. Zweitens müssen alle anderen möglichen Zeichen im Repertoire des Gerätes über ein anderes festgelegtes Maß hinaus vom zu erkennenden Zeichen abweichen. Man muß auch zwischen abgewiesenen Zeichen, also solchen, die die Maschine nicht erkennen kann, und Irrtümern, also Zeichen, denen die Maschine eine falsche Identität zuordnet, unterscheiden. Die Einschaltung verschiedener Merkmale beim Erkennungsprozeß macht es meist möglich, auch Irrtümer wie abgewiesene Zeichen zu behandeln, so daß eine genauere Einstellung der Maschine mehr Abweisungen aber weniger Irrtümer zur Folge hat.
Erkennungsverfahren, die möglicherweise auf trickreiche Art das ganze unbekannte Zeichen mit einer Menge markierter Zeichen vergleichen, können die Zeichen sofort nach der Normierung bearbeiten. Der einfache aber naive direkte Vergleich eines optischen Bildes mit einem anderen läßt sich in der Praxis nur schlecht anwenden, da manche Teile des Zeichens wichtiger als andere sind. Unvollkommenheit im Druck oder in der OCR-Maschine kann unterschiedliche Vergleichssignale auslösen, ähnlich wie sie sich beispielsweise durch die Unterschiede zwischen O und Q ergeben. Man hat dies durch den Entwurf einer »abwägenden Maske« auszuschalten versucht, indem mit Hilfe eines Rechners den verschiedenen Punkten in der Fläche des Zeichens unterschiedliches Gewicht beigelegt wird.

Das N-tupel

Geht man hier zur Grenze über, dann kommt man zum Prinzip des N-tupels, einer Sammlung von mehreren Punkten, die in bestimmten topologischen Beziehungen zueinander stehen, ähnlich einer Sternkonstellation. Jeder Punkt kann mit einem positiven oder negativen »Gewicht« versehen sein. Wird nun ein N-tupel über einem Zeichen plaziert, dann ergibt sich ein Übereinstimmungsgrad, der das Ausmaß der Übereinstimmung zwischen dem N-tupel und dem Schwärzungsgrad des Zeichens an den betreffenden Punkten angibt. Einige Punkte des N-tupels mögen für eine hohe Übereinstimmung schwarze Punkte erfordern, andere weiße. Frühe Lesemaschinen verwendeten Guckloch-Schablonen, die eigentlich große N-tupel darstellten, die das gesamte Zeichen bedeckten, eines für jede Eigenschaft. Heute wird mehr als nur ein N-tupel verwendet. Mit jedem wird das gesamte Zeichen abgetastet, und jede hohe Übereinstimmung wird aufgezeichnet. Diese N-tupel stellen eine Art Merkmalsgewinnung dar, wobei die Identität eines Zeichens davon abhängt, welche N-tupel hoch bewerten.

Die Cyclops-Lesemaschine

In der CYCLOPS-Lesemaschine, die von der Division of Computer Science of the National Physical Laboratory entwickelt wurde, werden zur Bildung des Übereinstimmungsgrades die Schwärzungsgewichte der einzelnen Punkte miteinander multipliziert. Um diese Multiplikation elektronisch durchzuführen, werden logarithmische Verstärker, Summen- und antilogarithmische Schaltkreise benötigt. Das ist bei hohen Geschwindigkeiten technisch schwierig, jedoch vermindert die Multiplikation die Möglichkeit irreführender Ergebnisse. Als Beispiel stelle man sich ein 3-tupel (N-tupel mit 3 Punkten) vor, in dem, um maximale Übereinstimmung zu erhalten, jeder Punkt schwarz sein muß. Die Skala der Schwärzung läuft von 1 (schwarz) bis 0 (weiß). Bei der Überlagerung eines Zeichens seien die Schwärzungsgewichte 0,9, 0,9 und 0,1, dann würde der additive Übereinstimmungsgrad 1,9 zu 3 oder 63,4 Prozent ausmachen. Der multiplikative Übereinstimmungsgrad aber betrüge 0,081 zu 1 oder 8,1 Prozent. Ein N-tupel, in dem ein Punkt nur 10 Prozent der erforderlichen Schwärzung aufweist, korreliert tatsächlich nicht gut zur geforderten Schwärze, und darum ist ein Übereinstimmungsgrad von 63,4 Prozent irreführend.

Bei einer Maschine, die reihenweise (sequentiell) abtastet, können die N-tupel-Detektoren dadurch wirken, daß ein Signal abwärts

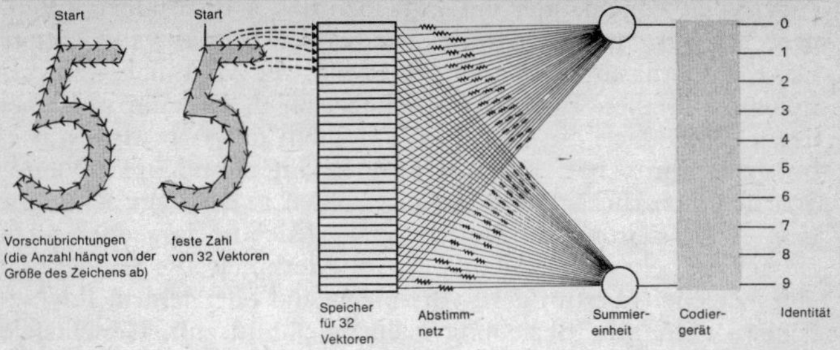

Das Erkennungssystem von handgeschriebenen Zahlen, das in den Mullard-Laboratorien entwickelt wird, tastet zuerst das unbekannte Zeichen ab, speichert Abtastdaten in einem Rechner und prüft dann dort die einzelnen Elemente der Reihe nach. Ein Lichtpunkt sucht das Blickfeld ab nach dem obersten linken Punkt des Zeichens. Von diesem Punkt an zeichnet die Untersuchung die Richtungen der Bewegungen auf, die der Punkt machen muß, um dem Rand des Zeichens zu folgen. Um das Ergebnis von der Größe und Lage des Zeichens unabhängig zu machen, wird die Zahl der Bewegungen dann auf eine bestimmte Anzahl von Vektoren (genau 32) normiert.

ausgesandt wird, entlang einem langen Schieberegister oder einer Verzögerungslinie, die sorgfältig ausgerichtete Abnahmepunkte enthält, wobei jeder einem Punkt des N-tupels entspricht. Anstatt die N-tupel dem Abbild des Zeichens in jeder möglichen Position zu überlagern, wird das Zeichen veranlaßt, sich über festsitzende N-tupel-Detektoren zu bewegen. In einer Maschine des parallelen Retina-Typs werden die N-tupel in verschiedenen Positionen mit der Retina verknüpft, und die zutreffenden werden durch den Positionsschaltkreis ausgewählt. Somit umfaßt das Prinzip der Korrelationsmessung zwischen den Punkten eines Zeichens und den Punkten eines gegebenen Buchstabenmusters den gesamten Bereich von der Korrelation des ganzen Zeichens bis zur Merkmalsgewinnung durch Korrelation verschiedener N-tupel und somit einer zweiten Vergleichsmöglichkeit zwischen den gefundenen Eigenschaften und denen, die alle Zeichen besitzen.

Die Auswahl der Merkmale

Merkmalsgewinnung, das ist schon gefühlsmäßig eine anziehende Vorstellung. Kleine Kinder haben eine bemerkenswerte Fähigkeit zur Verallgemeinerung im Erkennen von Mustern. Für ein Kind von ein oder zwei Jahren bleibt ein Ball ein Ball, gleichgültig ob er in Wirklichkeit eine Murmel, ein Fußball oder ein Farbkreis auf einem Blatt ist. Im Alter von vier Jahren konnten meine Kinder

Autotypen voneinander unterscheiden und a-Buchstaben erkennen, die verschiedene Größe, Form oder Schreibweise hatten. Das Kind lernt unbewußt, eine Struktur – die Merkmale – zu verstehen, die einen Buchstaben kennzeichnen. Es kann sich aber irren, sobald sich die Situation von allem unterscheidet, was es bisher erfahren hat. Drucker können auf dem Kopf stehende Schrift (auch rückwärts) lesen und sollten in der Lage sein, eine gespiegelte Zeitung zu lesen; für einen Laien ist das jedoch nicht einfach. Es geht nicht allein darum, ob Merkmale, die die Identität eines Zeichens bestimmen, vorhanden sind oder fehlen. Ihr Nebeneinander, ihre Beziehung zueinander und zum Gesichtsfeld sind ebenso wichtig. Zum Erkennen von Zeichen müssen Merkmale ausgewählt werden, mit denen die Klassen definiert werden können, in die wir die Zeichen einordnen wollen. Farbe ist gewöhnlich kein solches Merkmal, obwohl auf Bankauszügen die Farbe rot sehr bedeutsam ist!

Systementwickler haben sich bei der Merkmalsgewinnung auf einfallsreiche Vermutungen eingelassen, welche Merkmale nützlich seien, worauf dann erst eine sorgfältige Analyse der relativen Wichtigkeit folgte. Jedermann kann eine ganze Reihe von Merkmalen nennen, wie Enden von Linien, Schleifen, senkrechte Striche links usw., die eine vernünftige Beschreibung aller Schriftzeichen ergäben, wenn auch die Merkmale in der Praxis nicht leicht zu finden sind. Das Lesegerät IBM 1287 findet sie, indem es den Rand eines Zeichens verfolgt und dann die Reihenfolge der Richtungsänderungen auswertet, um Aussagen über bestimmte Merkmale zu machen. Sie können auch durch ein »Fernseh«-Abtasten der Linien quer über das Zeichen gefunden werden und zwar durch eine elektronische Prüfung der Signale von benachbarten Linien. Nachdem festgestellt ist, daß bestimmte Linien vorhanden sind, kann die Identität des Zeichens dadurch gefunden werden, daß die Merkmale ›abgewogen‹ und mit bekannten Zeichenformen wie bei den N-tupeln verglichen werden.

Auf dem Weg, Handschriften zu erkennen

Wir in den Mullard Research Laboratories verfolgen eine andere Vorstellung: Einem Rechner wird ein Zeichenvorrat, von dem wir hoffen, daß er typisch für die zu erwartenden Zeichen ist, und der in mit den Buchstaben- und Ziffernnamen benannte Klassen zerlegt ist, sowie eine Gruppe von Merkmalen (Maßen) eingegeben. Damit soll er zu jedem Merkmal bestimmte Ausprägungen (Meßwerte) festlegen (etwa zum Merkmal ›Schleifen‹ die Anzahlen 0, 1, 2). Mit diesen Meßwerten lassen sich Unterscheidungen treffen, die so miteinander kombiniert werden können, daß die vorgegebenen Klassen damit getrennt werden können. Wir hoffen, mit dieser Methode ein Erkennungssystem zu entwickeln, das auch handgeschriebenen Zeichen gewachsen ist.

Der Merkmalsraum

Um diese Idee weiter zu erklären, muß ich den Begriff des Merkmalsraums einführen. Man nehme an, daß einige Schachteln zu einer von zwei Gruppen A oder B gehören. Die Farbe der Schachteln variiert von Schwarz bis Weiß, und man kann die Schachteln wiegen. Es können nun Werte für den Schwärzegrad und das Gewicht bestimmt werden. Die Ergebnisse für alle möglichen Schachteln können dann in einer graphischen Darstellung mit den Achsen Schwärze und Gewicht aufgetragen werden. Sind die Merkmale geeignet ausgewählt, so werden sich alle Punkte in zwei Gruppen anhäufen, die mit den Gruppen A und B übereinstimmen. (Möglicherweise kommt es nun vor, daß die Schachteln, die heller in der Farbe, auch leichter im Gewicht sind.) Es ist nun vielleicht möglich, die Gruppen auf der graphischen Darstellung durch eine Linie, ja vielleicht sogar durch eine gerade Linie zu trennen. Das ist nun der springende Punkt bei der Gestalterkennung. Welche Merkmale muß man wählen, daß sie es uns ermöglichen, die Gestalten nach einfachen Kriterien – etwa einer geraden Linie – so zu trennen, wie man sie zu trennen wünscht. Wenn die Trennung der Gestalten schwierig ist, können wir andere Merkmale prüfen oder mehr als eine gerade Linie oder eine Kurve verwenden oder mehr Merkmale einführen.

Für die Zeichenerkennung müssen wir viel mehr als nur zwei Merkmale (Maße) verwenden, aber man kann sich noch vorstellen, daß die Werte von N Maßen auf einer N-dimensionalen graphischen Darstellung aufgetragen werden, die N gegenseitig rechtwinklige Achsen besitzt, jeweils eine für ein Maß. Wir versuchen, einen Minimalsatz von Maßen zu finden, so daß die verschiedenen Zeichen sich derart anhäufen, daß Dinge, die den gleichen Namen haben, auch dicht beieinander liegen. Dann verwenden wir eine (N-1)-dimensionale Ebene, um die verschiedenen Gruppen von Anhäufungen zu trennen, so wie wir eine eindimensionale Linie benutzten, um die Schachteln in zwei Gruppen zu scheiden.

Um die vier Buchstaben A-B-C-D zu unterscheiden, könnten wir nach einem Satz von Maßen suchen, die uns zu fragen gestatten: »Liegt unser Zeichen in Gruppe AB oder CD?« Und darauf: »Liegt es in AC oder BD?« Und gemäß den Antworten ist dann die Identität unzweideutig zu bestimmen. Es kann viel leichter sein, einen Satz von Maßen zu finden, um A von B abzugrenzen, als vielleicht einen anderen, unterschiedlichen Satz, der B von C abgrenzt usw. Das kann leichter sein, da jede Entscheidung nur zwei Klassen von Zeichen betrifft. Der Nachteil liegt dann aber darin, daß, anstelle von zwei, sechs Entscheidungen getroffen werden müssen. Wir können nun tatsächlich einen Rechner herausfinden lassen, ob die Fragen, die wir stellen wollen, einwandfrei und die verwendeten Maße adäquat sind. Wenn das zutrifft, kann der Rechner die Meßwerte festlegen, die die Ebenen im N-dimensionalen Merkmalsraum bestimmen, die die Gestalten so abgrenzen, wie wir es wünschen. Mit anderen Worten: Der Rechner kann bei einem geeigneten Satz von Maßen lernen, die Zeichen nach unserem Wunsch zu trennen. Wenn er dies getan hat, kann er den Bewertungsmechanismus (und damit die [N-1]-dimensionalen Ebenen) uns bekanntgeben, so daß wir ihn als ›hardware‹ bauen können.

32 Vektoren und die Schleifenzahl als Masse

Die Maße, die wir in den Mullard Laboratories verwenden, resultieren aus den Richtungen von 32 Vektoren, die von dem Weg eines Punktes stammen, der dem gesamten Umfang eines Zeichens, beginnend an der Spitze, entlangläuft, verbunden mit einer Auszählung der Schleifenzahl eines Zeichens. Jeder Vektor stellt die mittlere Richtung eines festen Bruchteils des Gesamtrandes dar, so daß unabhängig davon, wie groß oder klein das Zeichen ist, sich stets die gleiche Vektorenzahl ergibt. Die Ausrichtung des Zeichens wird gar nicht berücksichtigt. Die Meßdaten gelangen dann zur Eingabe in bewertende Schaltungen, die von einem Rechner angegeben wurden, nachdem er eine Anzahl von Musterzeichen bearbeitet und gelernt hatte, Entscheidungen der Art »Handelt es sich um A oder B?« zu treffen. Gegenwärtig befaßt sich die Maschine mit dem Erkennen der zehn Ziffern. Um das zu können, müssen 45 solcher Fragen beantwortet werden. Um bei der Antwort sicherzugehen, muß jede der Entscheidungen auf dem richtigen Weg erfolgen. Wenn zum Beispiel die Ziffer 5 erkannt werden soll, müssen alle Entscheidungen, die die 5 betreffen, bestätigen, daß es sich um die 5 handelt. Einige Entscheidungen, wie etwa »Ist es die 7 oder 8?«, werden als irrelevant weggelassen. Wenn aber eine relevante Entscheidung falsch gefällt wird, dann ist die Chance gering, daß alle anderen in einem anderen Satz übereinstimmend zu einer irrtümlichen Entscheidung führen.

Zukünftige Lesemaschinen

Ich habe absichtlich nur die Zeichenerkennung und die Lesemaschinen besprochen. Viele der von mir erwähnten Techniken werden auch beim allgemeineren Problem der Gestalterkennung in militärischen, medizinischen und gerichtlichen Bereichen angewandt. Die Holographie habe ich ausgelassen, denn ich bezweifle, daß sie jemals zu einer brauchbaren Technik für Lesemaschinen führt, obwohl sie etwa beim Erkennen von Fingerabdrücken vielleicht erfolgreich sein kann.

Ich glaube, daß in Zukunft Lesemaschinen sowohl des analytischen als auch des Retina-Typs nebeneinander ihre Berechtigung haben werden und daß die Fähigkeiten beider Typen noch erheblich verbessert werden können. Eine neue Maschinenkonzeption wird entstehen, bei der kleine Geräte, die großen Nutzen aus der integrierten Schalttechnik ziehen, sich an einem andern Ort als der zentrale Rechner befinden, mit dem sie aber durch Kabel verbunden sein werden, genauso wie die Datenendplätze der heutigen Time-Sharing-Systeme. Diese dezentralen Lesevorrichtungen werden wahrscheinlich die Lesetätigkeit nicht vollständig ausführen. Sie werden ein Abtastgerät mit einfacher Papiertransportmöglichkeit besitzen und die Messungen vornehmen, die das zentrale Erkennungsgerät benötigt. Das zentrale Gerät wird jedoch sehr schnell arbeiten und deshalb viele Satellitenanschlüsse haben. Das System wird sowohl mit Kursivschrift wie mit Blockschrift fertig werden, so daß Unterschriften von Personen weiterhin als Berechtigungsnachweis für viele Geschäftsabwicklungen verwendet werden können, wobei jedoch die Identifizierung sich automatisch vollzieht. Die Bandbreitenansprüche eines solchen Systems werden kaum größer sein als die eines normalen Telefons, da ja nur die Meßergebnisse eines Zeichens, nicht aber das Zeichen selbst übertragen werden.

1964 sagte Professor Oliver Selfridge vom Massachusetts Institute of Technology zu mir: »Warum arbeiten Sie an der Zeichenerkennung? Das Problem ist doch gelöst.« Meiner Meinung nach befinden wir uns erst am Anfang und müssen noch lernen, praktische Geräte zu bauen, die wirklich lesen können.

Weitere Literatur:

Character Recognition. British Computer Society, 1967.

Lawrence A. Fieldman: A Survey of the Character Recognition Field. In: Datamation 12, Februar 1966.

Nils J. Nilsson: Learning Machines. Mc Graw-Hill Systems Science Series.

P. Saraga, J. A. Weaver und D. J. Woollons: Optical Character Recognition. In: Philips Technical Review 1967, Nr. 5, 6 und 7.

George Nagy: State of the art in pattern Recognition. In: Proceedings of the IEEE 56, 5. Mai 1968.

IEE/NPL Conference on pattern Recognition, Juli 1968. Conference Publication Nr. 42, Institution of Electrical Engineers, London.

Menzel, E.: Informationstheorie in der Optik. In: Nachrichtentechnische Ztschr. 16, 1963, S. 226–229.

Steinbuch, K./Kazmierczak, H.: Grundlagen und Anwendungen der automatischen Zeichenerkennung. Jahrbuch des elektr. Fernmeldewesens 1960/61, S. 315–381. Heidekker, Bad Windsheim 1962.

Maschinen, die sprechen

Von John Nicholas Holmes

John Nicholas Holmes ist höherer Forschungsbeamter (Principal Scientific Officer) an der Sprechkundeabteilung der Post (Joint Speech Research Unit) in Eastcote, Middlesex, wo er seit 1952 arbeitet.

Ein tieferes Verständnis der menschlichen Sprache hat zu Maschinen geführt, die bereits in Gebrauch sind und auf Fragen sprechend antworten. Die Fragen können ihnen aber nicht in gleicher Weise eingegeben werden. Maschinen, die normale, fließende menschliche Sprache verstehen, lassen sich vielleicht niemals bauen.

In Stanley Kubricks Film »2001: Odyssee im Weltraum« ist ein sprechender Rechner einer der Hauptdarsteller. Beim gegenwärtigen Stand der Wissenschaft ist nicht das Sprechen des Rechners das bemerkenswerteste, sondern die Tatsache, daß er überlegen kann, was er sagt, daß er zuhören kann und die Antworten versteht, die er erhält, ja sogar Gemütserregungen zeigen kann. Maschinen, die jeden Satz ebenso gut sprechen wie der erwähnte Rechner, können bereits heute gebaut werden, vorausgesetzt, daß man auch eine Einrichtung mitbaut, die bestimmt, was sie sagen sollen. Bevor ich jedoch die Arbeitsweise der Sprechmaschinen beschreibe, muß ich zunächst den Bereich der Maschinentypen abgrenzen, die berechtigterweise unter dem Titel dieses Aufsatzes zusammengefaßt werden können.

Das Hi-Fi-Gerät als Sonderfall

Die wichtigste Vorbedingung für Sprechmaschinen ist, daß man ihnen sagen muß, was sie sprechen sollen. Mit anderen Worten: sie müssen eine Art von Steuerinformation erhalten. Das Erfüllen dieser Bedingung mag manchem schwierig erscheinen, sie ist aber bereits im normalen Rundfunkgerät vorhanden. Die Steuerinfor-

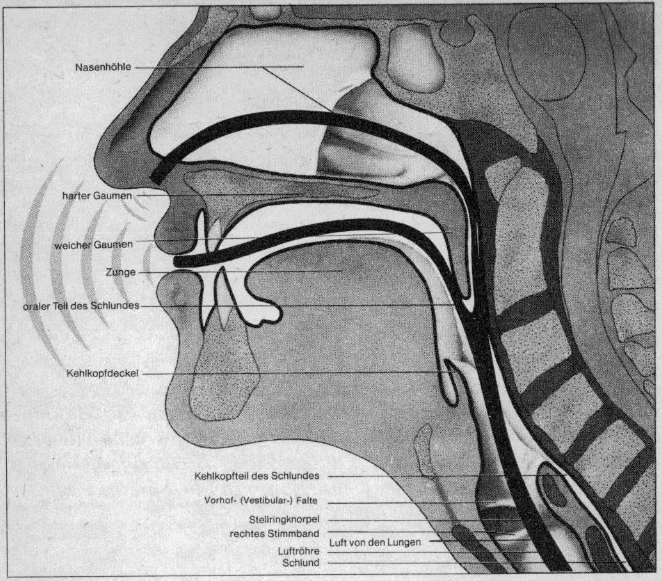

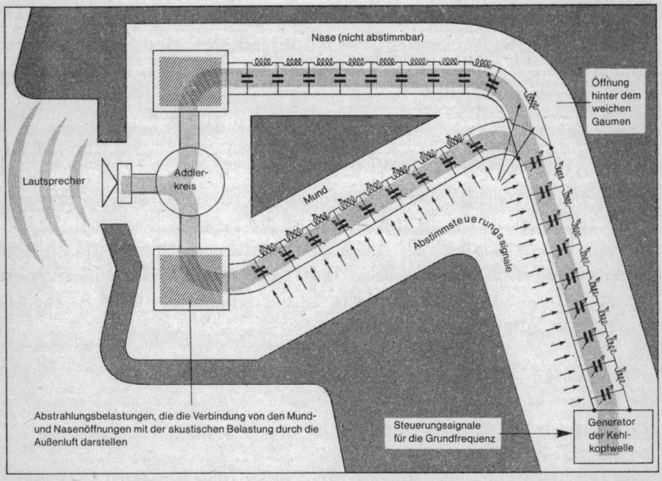

Menschliche Sprache (obere Abbildung) wird durch zwei Grundmethoden erzeugt. Stimmhafte Laute, die alle Vokale und Konsonanten wie l, m oder n einschließen, entstehen durch die vibrierenden Stimmbänder. Stimmlose Laute, wie s und f, werden an einer Verengung im Mund erzeugt. Dieser Querschnitt zeigt, wie schwer der Versuch ist, die fast unendlich variable mation ist hier die akustische Wellenform des ursprünglichen Tones, der auf eine Rundfunk-Trägerwelle moduliert wurde. Trotzdem erscheint es wenig sinnvoll, einen Rundfunkempfänger als »Sprechmaschine« zu bezeichnen. Ein Hi-Fi-Rundfunkgerät versucht, auch die feinen Einzelheiten der Tondruckwellen der Sprache wiederzugeben. Um dem Gerät diese Leistung zu ermöglichen, bedarf es einer Menge Informationen. Die normale Informationseinheit – eine binäre Ziffer oder »bit« – ist die Informationsmenge, die erforderlich ist, um eine ja/nein-Frage zu beantworten. Wenn eine Sprechwelle so verschlüsselt ist, daß sie durch eine Folge von binären Ziffern wiedergegeben wird (zum Beispiel durch eine Puls-Code-Modulation, wie es bei einigen Teilen der neuesten Telefonsysteme der Fall ist), dann muß die Informationsfolge bei etwa 20000 bit pro Sekunde liegen, um eine auch nur verhältnismäßig schlechte Telefonqualität zu erreichen. Für eine Hi-Fi-Qualität der Sprache sind mindestens 100000 bit pro Sekunde erforderlich. Da jedoch Rundfunkgeräte einfach eine Annäherung an die ursprüngliche Schallwelle wiedergeben, sind sie ebenso gut geeignet, andere Töne, wie etwa Musik, zu erzeugen.

Zwei Grundbedingungen der Sprechmaschine

Der Begriff ›Sprechmaschine‹ wird vorzugsweise auf Geräte beschränkt, die zwei Bedingungen erfüllen: 1. Sie brauchen viel weniger Steuerinformation, als für die vielen Einzelheiten der Wiedergabe einer Sprachwelle nötig wäre. 2. Sie können nur sprachartige Laute erzeugen. Die Steuersignale für eine solche Maschine könnte man dadurch erhalten, daß die Sprache eines menschlichen Sprechers automatisch analysiert wird. In diesem Fall kann die Sprechmaschine als Empfängerende eines ziemlich komplizierten Telefonsystems dienen. Der Hauptvorteil eines derartigen Systems besteht darin, daß die Steuersignale nur einen Teil der in der ursprünglichen akustischen Welle enthaltenen Information übertragen müssen. Soweit es nur auf den Sinn der Nachricht ankommt, ist nahezu alles an der ursprünglichen Schallwelle überflüssig (redundant). Das kann erhebliche Einsparungen

menschliche Sprache in einem Sprachsynthesator nachzuahmen. Eine Lösung des Problems besteht darin, elektrische Schwingungskreise als ein Analogon für eine dynamische Artikulation bei der Stimmbildung zu bauen (untere Abbildung). Die einzelnen Werte in den verschiedenen Abschnitten dieser Übertragungslinie stellen die Abmessungen entsprechender Teile des menschlichen Sprachbildungsweges dar. Nur wenige Sprachsynthesatoren verwenden dieses System, und zwar nur für besondere Forschungszwecke. Ein etwas gebräuchlicherer Typ einer Sprechmaschine wird auf Seite 83 gezeigt.

bei Telefonverbindungen über große Entfernungen bringen. Andererseits können die Steuersignale auch auf anderem Wege, etwa durch einen Rechner, erzeugt werden. Dann aber braucht der Text der von der Maschine gesprochenen Nachricht niemals vorher von einem menschlichen Wesen ausgesprochen worden zu sein.

Es gibt einen Sprechmaschinentyp, der die beiden geschilderten Bedingungen erfüllt und außerdem im Entwurf sehr einfach ist. Dieser Maschinentyp enthält einen kleinen Schatz von Wörtern, die ursprünglich von einem menschlichen Sprecher eingesprochen und als aufgezeichnete Schallwellen in der Regel auf einer Art Magnettrommel gespeichert sind. Die Steuerinformation bedient Schalter, die die wieder abzuspielenden Wörter auswählt. Besteht der Wortschatz einer solchen Maschine aus 64 (2^6) Wörtern, so werden sechs bit Information benötigt, um das nächste Wort zu bestimmen. Beträgt die Sprechgeschwindigkeit drei Wörter pro Sekunde, so ergibt die Informationsquote des Steuersignals 18 bit pro Sekunde. Damit ist also die erste Bedingung für eine Sprechmaschine eindeutig erfüllt. Die zweite Bedingung, daß nur sprachähnliche Töne erzeugt werden sollen, wird dadurch erfüllt, daß die in der Maschine aufgenommenen Töne auf Sprachlaute beschränkt sind.

Maschinen mit gespeicherter Sprache

Dieser Maschinentyp wird vielerorts bereits praktisch benützt. Eines der bekanntesten Beipsiele ist der Zeitansagedienst, der von den meisten Telefonämtern angeboten wird. In jüngerer Zeit wurde dieses Prinzip auch von den Rechner-Herstellern ausgenutzt, damit bestimmte Fragen mit Hilfe eines normalen Telefonnetzes beantwortet werden können. Auf diese Weise können die Börsenmakler in New York die neuesten Börsenkurse erfahren. Sie wählen die Telefonnummer eines Rechners und dann weitere Ziffern, um die Codenummer der entsprechenden Aktie zu erreichen. Der Rechner sucht in seinem ständig ergänzten Speicher den Preis und gibt mit Hilfe dieser Art von Sprechmaschine die gesprochene Antwort aus.

Maschinen mit aufgezeichneter Sprache eignen sich sehr gut für einfache Ankündigungen. Sie sind auch billig, wenn die Anzahl der verschiedenen Mitteilungen begrenzt bleibt. Für eine normale, fortlaufende Sprache sind sie jedoch nicht geeignet. Denn einmal wird der Speicherraum für alle aufgezeichneten Wörter teuer, wenn der Umfang einer Mitteilung zunimmt. Zum anderen wird für eine normale, flüssige Aussprache jedes Wort in vielen verschiedenen Satztypen benötigt, mit verschiedener Betonung und somit unterschiedlichen Stimmhöhen. Außerdem gibt es in einer fließenden Rede keine Lücken zwischen den Wörtern. Das Ende eines jeden Wortes hängt schon irgendwie mit dem Anfang des nächsten zusammen und beeinflußt so die Klangfarbe in einer vom Zusammenhang abhängigen Weise. Aus diesen Gründen kann man aufgezeichnete menschliche Sprachlaute nicht für allgemeinere Mitteilungsarten benutzen. Dann verwendet man besser Maschinen, die irgendwie die menschliche Stimmbildung nachmodellieren. Solche Maschinen, die anstatt der Wiedergabe aufgezeichneter Sprache eine synthetische Sprache erzeugen, sind allgemein als ›Sprachsynthesatoren‹ bekannt.

Die Sprachsynthesatoren

Die Geschichte der Sprachsynthesatoren ist erstaunlich alt. Die frühesten Modelle versuchten natürlich, die menschliche Stimme mit Gebläsen, Blasinstrumenten und Resonanzräumen nachzuahmen. Ihre ›Steuersignale‹ wurden von Hand eingegeben, indem, ganz typisch, eine Reihe von Hebeln bedient wurde. Eine der bekanntesten dieser frühen Maschinen hat Wolfgang von Kempelen gegen Ende des 18. Jahrhunderts konstruiert. Ihre Leistung soll bemerkenswert gut gewesen sein, wenn auch viele Laute nicht befriedigend erzeugt wurden.
Im Laufe der Jahre experimentierten noch viele andere mit akustischen Modellen. Einer der ersten, der die volle Bedeutung der akustischen Resonanz bei der Spracherzeugung erkannte, war Sir Richard Paget. In den Jahren nach 1920 zeigte er, daß gute Vokaltöne erzeugt werden können, wenn in den in einer Kunststoffmasse ausgesparten Hohlräumen durch Orgelpfeifen Schwingungen erzeugt werden. Er konnte auch einige einfache Sätze bilden (wie etwa ›Hallo, London, are you there?‹ oder ›Leila, I love you‹), indem er seine Hände zu entsprechenden Hohlräumen formte und sie so bewegte, daß er von einem zum andern Sprachlaut kam.
Alle diese akustischen Modelle der menschlichen Sprache leiden jedoch daran, daß es beinahe unmöglich ist, in einem mechanischen Modell die genaue Steuerung zu wiederholen, die im Unterbewußtsein von der Tätigkeit der Muskeln in Zunge, Lippen und Kehlkopf ausgeht. Wie so oft beim menschlichen Körper ist auch die Vielfalt der Spracherzeugung sehr groß und die Anzahl der Variablen und Variationsmöglichkeiten astronomisch. Aus diesem Grunde wurde die Entwicklung von Maschinen, die gut sprechen, erst mit elektronischen Techniken praktisch durchführbar. Sie können den notwendigen Komplexitätsgrad viel eher erreichen als jedes erdenkbare handgemachte mechanische System.

Das Erzeugen stimmhafter und stimmloser Laute

Die menschliche Sprache wird von zwei verschiedenen Arten von Schallquellen erzeugt. Die sogenannten ›stimmhaften‹ Laute entstehen als summendes Geräusch, das von den vibrierenden Stimmbändern erzeugt wird. Diese sind keine richtigen Bänder, sondern Sehnenfalten, die sich quer über den oberen Teil der Luftröhre ziehen. Die Stimmbänder bilden zusammen mit den dazugehörigen Knorpelteilen und Muskeln den Kehlkopf. Der Raum zwischen den Bändern wird Stimmritze (Glottis) genannt. Während des normalen Atmens wird die Stimmritze von elastischen Knorpeln offengehalten. Um Sprachlaute zu erzeugen, werden die Bänder ziemlich dicht zusammengezogen und Luft aus den Lungen zwischen ihnen durchgepreßt. Der Luftstrom wird in der engen Öffnung zwischen den Bändern beschleunigt und dann, sobald er den größeren Schlundraum erreicht, wieder verlangsamt. Die Stimmritze verhält sich also wie eine Venturidüse, und der sich ergebende Druckabfall an der Verengung veranlaßt die Bänder, sich einander zu nähern, wodurch die Strömung gestoppt wird. Luftdruck und Spannkräfte bewirken dann wiederum ein Auseinanderweichen, wobei abermals mehr Luft hindurchtreten kann. Der Vorgang wiederholt sich mit einer Häufigkeit, die hauptsächlich vom Luftdruck aus den Lungen und von den auf die Bänder ausgeübten Muskelspannungen abhängt.

Die Wiederholungszahl, die in der Regel zwischen 50 und 400 pro Sekunde liegt, hat einen wesentlichen Einfluß auf die wahrnehmbare Tonhöhe. Wenn es möglich wäre, jemandem den Kopf abzunehmen und den gerade über den Stimmbändern entstehenden Tönen zu lauschen, würde das summende Geräusch so klingen, als ob man auf einem papierumwickelten Kamm bliese. Rhythmus und Intonation der Sprache wären wohl vorhanden, aber sonst wäre sie unverständlich. Dieses Summen wird zum Erzeugen aller stimmhaften Laute ausgenützt, wozu die Vokale und Konsonanten wie etwa l, r, m und n gehören.

Die andere Art von Schallquelle, die zum Erzeugen der ›stimmlosen‹ Laute dient, entsteht durch die Turbulenz der Luft, wenn diese durch irgendeine schmale Verengung im Mundraum gepreßt wird. Ein gutes Beispiel hierfür ist das zischende Geräusch beim Bilden der Laute s oder f. Einige Laute wie stimmhaftes s und w bedürfen gleichzeitig beider Schallquellen.

Frequenzen und Schallenergie

Beide Grundschallquellen liefern Energie über einen weiten Frequenzbereich. Bei den Stimmbandlauten verteilt sich diese Energie auf die Grundschwingung und eine große Zahl von Obertönen, die bis zu Frequenzen von mehr als 5000 Hertz eine beachtliche Energie enthalten. Die stimmlosen Laute haben keine Grundschwingung, somit verteilt sich auch ihre Energie kontinuierlich im Frequenzbereich und tritt nicht nur bei bestimmten Obertonfrequenzen gesondert auf.
Der Ton dieser beiden Grundquellen wird in den Stimmtrakt, bestehend aus Mund, Kehle und Nase, weitergeleitet. Die akustischen Resonanzen dieses Traktes verstärken einige Frequenzanteile, wodurch sich die Schallenergie auf wenige Frequenzbänder konzentriert. Diese Energiekonzentrationen sind als ›Formanten‹ bekannt. Ihre Frequenz und Stärke hängen von der besonderen akustischen Konfiguration beim Sprechen im jeweiligen Augenblick ab, womit die Stellungen von Zunge, Lippen, Kiefern und weichem Gaumen gemeint sind. Natürlich sind es die Bewegungen dieser Organe, die bestimmen, was wir sagen. Im Gegensatz dazu bestimmt das Verhalten der Stimmbänder den Tonfall. Auf ihnen beruht, wie wir etwas sagen, und weniger der eigentliche Inhalt einer Mitteilung.

Die Formanten und das Spektrogramm

Da die Formanten bei der Spracherzeugung sehr wichtig sind, muß man sie näher untersuchen. Ein nützliches Gerät für diesen Zweck ist der Spektrograph. Sein Spektrum ist der Bereich der Stimmtonfrequenzen. Das Gerät kann auf Papier aufzeichnen, wie sich die Energieverteilung in diesem Frequenzbereich zeitabhängig ändert. Um diese Darstellung zu erhalten, werden zunächst auf eine Magnettrommel wenige Sekunden eines Sprechvorgangs aufgezeichnet, so daß ein wiederholtes Abspielen möglich ist. Auf der gleichen Achse wie die Magnettrommel befindet sich noch eine weitere Trommel, die mit stromleitendem Papier umhüllt ist. In Kontakt mit dem Papier befindet sich eine Schreibnadel, die an einer von der Trommel über ein Getriebe bewegten Schraubspindel befestigt ist. Wenn die Nadel unter eine ausreichende elektrische Spannung gesetzt wird, verbrennt der sich bildende Funke die Papieroberfläche und färbt sie schwarz. Bei jeder Trommelumdrehung bewegt sich die Schreibnadel um 0,25 mm weiter, so daß sie die gesamte Papierfläche überstreichen kann. Die Bewegung der Schreibnadel wird nun außerdem dazu benutzt, die Abstimmung eines elektrischen Filters zu variieren, der aufeinanderfolgende Frequenzbänder aus dem aufzuzeichnenden Sprechsignal auswählt. Die Stromstärke aus dem Filter steuert die der Nadel mitgegebene Spannung und damit auch das Ausmaß der Schwärzung auf dem Papier. Als Ergebnis erhält man eine Darstellung, die, von der Trommel abgewickelt, in der horizontalen Achse die Zeit und in der vertikalen Achse die Frequenz anzeigt. Zu jeder Zeit und bei jeder Frequenz wird die zugehörige Tonintensität durch den Schwärzungsgrad des Papiers angezeigt.

Obwohl diese ›Spektrogramme‹ aus der Schallwellenform gewonnen werden und darum auch keine Information enthalten können, die in der Welle nicht vorhanden ist, zeigen sie die Information in viel brauchbarerer Form. Die Frequenzen und Intensitäten der Formanten sind wahrscheinlich die wichtigsten akustischen Eigenschaften der Sprache, da sie in engen Beziehungen zu den Bewegungen der Stimmorgane stehen. Die Schallwellenform enthält die Anteile jedes Formanten, die alle zusammengenommen das komplizierte Schallwellenbild ergeben, das visuell nicht leicht zu interpretieren ist. Auf einem Spektrogramm sind die Formanten jedoch klar erkennbar. Es ist wichtig für das Spektrographenfilter, das die Frequenzanteile trennt, die richtige Bandbreite auszuwählen. Wenn das Band zu breit eingestellt ist, ergibt sich keine ausreichende Auflösung zum Abtrennen der Formanten. Ist es zu eng, dann wird das Filter so langsam auf Veränderungen des Eingabesignals reagieren, daß die Darstellung der Zeitachse zu verschwommen erscheint, um den Effekt der Stimmtraktbewegungen anzuzeigen.

Es gibt zwischen diesen beiden Extremen einen Bereich möglicher Bandbreiten, in dem gute Darstellungen erreicht werden können. Die tatsächlich benutzten Bandbreitenwerte hängen von dem Verwendungszweck der Darstellung ab. Am engen Ende der ausnützbaren Bandbreite (etwa zwischen 25 und 50 Hz) wird das Filter eng genug sein, um die einzelnen Obertöne von der Grundfrequenz stimmhafter Laute zu trennen. Das Bild wird somit Intonationsveränderungen klar erkennen lassen. Andererseits können vorhandene Intonationsmuster die Aufmerksamkeit von Formantenbewegungen ablenken, wobei die enge Bandbreite des Filters eine geringe zeitliche Verwischung von sich schnell ändernden Tönen bewirkt. Liegt die Bandbreite zwischen 200 und 300 Hz, werden im Normalfall die einzelnen Obertöne nicht abgetrennt, so daß das Formantenmuster deutlicher erkennbar wird. Die schnellere Zeitreaktion eines solchen Filters kann auch schnelle Veränderungen der Toneigenschaften aufzeichnen. Mit dieser Filterbandbreite ist die Zeitreaktion tatsächlich schnell genug, um die Wirkung einzelner Luftstöße aus der Stimmritze auf den Stimmtrakt zu erkennen, was sich in der Darstellung als senkrechte Streifung präsentiert. Der Wert von Spektrogrammen für das Planen von Sprachsynthesatoren ergibt sich aus der Tatsache, daß auf Anhieb auf Spektrogrammen deutlich zu sehende Unterscheidungen im Sprechton auch deutlich zu hören sind. Unterscheidungen, die nicht leicht zu erkennen sind, werden vom Zuhörer kaum bemerkt. Ist also die Qualität einer synthetischen Sprache schlecht, dann kann ein Vergleich ihrer Spektrogramme mit denen der natürlichen Sprache wahrscheinlich den Ort der Unzulänglichkeit aufzeigen und bei einer Verbesserung helfen.

Das Modell

Ein Sprachsynthesator muß die verschiedenen Funktionen des menschlichen Sprechsystems in einem Modell nachbilden. In einem elektrischen Modell werden die Stimmbänder durch einen Pulsgenerator ersetzt. Turbulenzgeräusch wird von einem Rauschgenerator geliefert, Resonanzen werden in einem elektrischen Resonanzsystem erzeugt. Obgleich ein derartiges Modell vielerlei getrennte Eingabesignale benötigt, um seine verschiedenen Eigenschaften zu steuern, bleibt die Gesamtmenge der notwendigen Steuerungsinformationen meist gering, und zwar im Bereich von 500 bis 5000 bit pro Sekunde. Das liegt daran, daß die Arbeitsgeschwindigkeit des Modells mit der Geschwindigkeit der menschlichen Artikulationsbewegungen vergleichbar sein muß. Diese Bewegungen sind, verglichen mit der Luftdruckveränderung bei einer akustischen Sprechwelle, sehr langsam. Es ist daher auch entsprechend weniger Information für ihre Bestimmung notwendig.

Das Artikulationsanalogon

Viele verschiedene Techniken stehen für die Konstruktion eines Modells für das Resonanzsystem zur Verfügung. Die Auswahl hängt von dem Verwendungszweck ab, für den die Sprechmaschine vorgesehen ist. Dient die Sprechmaschine dem Forschungszweck, unsere Kenntnis von der Bedeutung verschiedener Artikulationsmöglichkeiten der menschlichen Sprache zu erweitern, dann ist eine möglichst genaue Übereinstimmung zwischen den Teilen im Modell und im menschlichen System sehr wichtig. In diesen Fällen ist es üblich, sich den Stimmtrakt so vorzustellen, als bestünde er aus einer Anzahl kurzer, miteinander verbundener Rohrabschnitte, jeder mit einem geeignet gewählten Querschnittsbereich. Jeder Abschnitt kann von einer Selbstinduktionsspule und einem Kondensator mit zweckmäßigen Werten elektrisch recht gut dargestellt werden. Der Modellstimmtrakt bildet

somit einen ungleichförmigen elektrischen Übertragungsweg. Nachteilig ist, daß 30 oder mehr Übertragungskreise für ein gutes Modell erforderlich sind. Die Werte der Bauteile eines jeden Kreises müssen dynamisch gesteuert werden, um den Abmessungen des Stimmtraktes an bestimmten Punkten zu entsprechen.
Trotz dieser Schwierigkeit konnte ein solcher Modelltyp, bekannt als ›Artikulationsanalogon‹, für Forschungszwecke bereits vielseitig verwendet werden. Die erste Sprechmaschine, die nach diesen Grundsätzen arbeitete und vollständige Sätze zuwege brachte, war von George Rosen am MIT im Jahr 1957 entwickelt worden und wurde als DAVO (Dynamic Analog of the Vocal tract) bekannt. Der Einfachheit halber enthielt der künstliche Stimmtrakt der Maschine von Rosen nur 13 Abstimmkontrollen. Das Steuerungssystem für die Werte der Komponenten konnte nur ziemlich einfache Bewegungen des Stimmtraktes wiedergeben. Angesichts dieser Einschränkungen war die sich ergebende Sprechqualität doch ziemlich gut.

Sprechmaschinen mit einfachen Resonanzsystemen

Soll der Zweck einer Sprechmaschine darin bestehen, als Sprachausgabe eines Rechners zu dienen, dann ist die Einfachheit der Steuerungssignale die wichtigste Modelleigenschaft. Die genaue Übereinstimmung mit den Artikulationsfunktionen der menschlichen Sprache wird nebensächlich. In einem solchen Modell können die verschiedenen Resonanzweisen des Stimmtraktes jeweils durch einen elektrischen Resonanzkreis dargestellt werden. Die Kreise können so miteinander verbunden werden, daß das vollständige Resonanzsystem entsteht. Da es im Normalfall nur vier oder fünf Resonanzen innerhalb des Frequenzbereiches gibt, bei denen deutlich Energie nachgewiesen wird, benötigt dieses System nur wenig Steuerungssignale. Solche Modelle sind bis jetzt als praktisch verwendbare Ausgabegeräte für Rechner noch nicht auf dem Markt erschienen, obwohl sie in den Laboratorien vieler Länder zur Erforschung der notwendigen Steuerungstechniken verwendet werden und die Durchführbarkeit dieser Methode der Rechnerausgabe hinreichend demonstriert worden ist.
Die erste öffentliche Vorführung einer völlig synthetischen Wortbildung unter Verwendung eines einfachen Resonanzgerätes erfolgte wahrscheinlich durch Walter Lawrence im Jahr 1952 in der Institution of Electrical Engineers. Die einzigen Steuerungssignale bestanden in drei Formantfrequenzen und einer elementaren Spezifizierung der Eigenschaften der Schallquelle. Die Signale wurden von einem optischen Gestalterkennungsgerät erzeugt, in dem gezeichnete Muster abgetastet wurden, die auf den beobachteten

Spektrogrammeigenschaften der menschlichen Sprache beruhen. Systeme dieser Technik sind viel einfacher auszuführen als die direkten Analoggeräte der Stimmbildung. Sie sind daher auch in solchen Teilgebieten der grundlegenden Sprechforschung weit verbreitet, wo eine enge Beziehung zu den Artikulationsbewegungen weniger wichtig ist.

Die Vocoder

Eine dritte Art von Sprechmaschine ist als Teil eines Telefonsystems vorgesehen. In diesem Fall wird eine Sprechmaschine verwendet, da sie durch eine viel niedrigere Informationsquote (weniger bit pro Sekunde) gesteuert werden kann, als zur Übertragung der ursprünglichen Sprachwelle erforderlich wäre. Die bessere Ausnutzung der Übertragungskanäle führt zu weniger und billigeren Kabeln und anderer Telefon-»hardware«. Sprachübertragungssysteme dieser Art sind als Analysis/Synthesis-Systeme oder Vocoder (aus voice coder) bekannt. Sie wurden schon im Jahre 1939 von Homer Dudley von den Bell Telephone Laboratories beschrieben. Die wichtigste Eigenschaft dieses Sy-

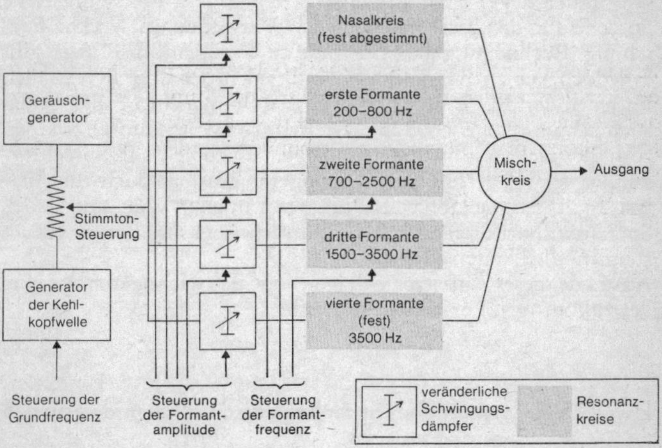

Ein Resonanzsynthesator ist der gebräuchlichste Typ einer Sprechmaschine. Er eignet sich gut für einen weiten praktischen Anwendungsbereich. Die Zahl der bereits eingesetzten Geräte liegt zwischen 50 und 100. Dieses vereinfachte Blockdiagramm zeigt die Grundanordnung in einer derartigen Maschine. Die meisten wirklichen Kreise sind wesentlich komplizierter und können in Einzelheiten abweichen.

stems besteht in seiner Fähigkeit, die Steuerungssignale von der menschlichen Sprache automatisch abzuleiten, besonders von der schnellen, wenig sorgfältigen Sprache einer normalen Unterhaltung.

In Dudleys ursprünglichem Vocoder wurde die Resonanzwirkung des Stimmtraktes grob durch zehn Bandfilter mit aneinander grenzenden Bandpässen erzielt, die den gesamten Sprachfrequenzbereich überdeckten.

Die Verstärkung jedes Synthesefilterkanals wurde dynamisch durch einen Modulator bewirkt, der seinerseits durch ein Signal gesteuert wurde, das aus einer Messung der Signalamplitude in einem Analysefilter stammte, in das die Sprachwelle eingegeben worden war. Dieser »Kanal-Vocoder« zeigt weder eine enge Übereinstimmung mit der physiologischen noch mit der Resonanzstruktur des Stimmtraktes. Er bildet jedoch Spektrumgipfel aus, die sich verhältnismäßig gut an die anfänglichen Eingabesignale angleichen. Die Einfachheit der Ableitung der Steuerungssignale von der natürlichen Sprache hat das Analysis/Synthesis-Telefonsystem zum einzigen weithin verwendeten gemacht. Ein gut konstruierter Vocoder mit einer ausreichenden Anzahl von Kanälen (etwa 20 bis 30) kann eine Sprechqualität ergeben, die für den normalen Telefongebrauch völlig ausreicht.

Diese drei grundverschiedenen Typen von Sprachsynthesatoren sind in der Regel die geeignetsten Gerätetypen, um synthetische Sprache für die drei verschiedenen Verwendungszwecke: Forschung, Rechnerausgabe, Telefonie zu erzeugen. Im Prinzip gibt es jedoch keinen Hinderungsgrund, jeden der drei Typen auch für jeden der drei Zwecke zu benutzen. In manchen Fällen ist das auch schon geschehen. Einfache Resonanzsynthesatoren werden zum Beispiel weithin für grundlegende Studien zur Sprechforschung verwendet, in einem geringeren Ausmaß auch zur Analysis/Synthesis-Telefonie. Laboratorien in aller Welt sind dabei, Sprachsynthesatoren aller Arten zu verbessern und bessere Steuerungsmöglichkeiten aufzufinden.

Am Ende dieses Aufsatzes will ich einige der wichtigeren Aspekte der zukünftigen Forschung besprechen.

Zwei Ziele synthetischer Sprache: Verständlich und natürlich

Wesentlich für die synthetische Sprache ist ihre Verständlichkeit; es gibt nur geringe Verwendungsmöglichkeiten für nicht eindeutig verständliche Sprache. Eine zweite wichtige Eigenschaft ist die ›Natürlichkeit‹. In den meisten Fällen sollten Zuhörer die Sprache so empfinden, als wäre es menschliche Sprache. Eine mechanische Qualität von der Art des ›Doktor X‹ scheint in vielen Zuhörern

ungünstige psychologische Reaktionen auszulösen, insbesondere, wenn die offensichtlich synthetische Sprache ihnen Befehle erteilt. Sowohl im Hinblick auf Verständlichkeit wie Natürlichkeit kann das Problem in zwei Bereiche gegliedert werden: den Entwurf der Sprechmaschine und die Versorgung mit geeigneten Steuerungssignalen. Steht das hinreichend empfindliche Gerät eines Sprachsynthesators zur Verfügung, ist eine gute Verständlichkeit leicht zu erreichen, wenn die Steuerungssignale so sorgfältig abgestimmt sind, daß jede Sprechmitteilung gebildet werden kann. Nichtsdestoweniger können sich noch Schwierigkeiten in der Verständlichkeit ergeben, wenn die Maschine ihre Steuerungssignale aus menschlicher Sprache gewinnen oder sie automatisch aus einem schriftlichen Mitteilungstext erarbeiten muß.
Was die Natürlichkeit betrifft, so habe ich noch von keinem einzigen Beispiel synthetischer Nachahmung der natürlichen Sprechweise gehört, die so gut gewesen wäre, daß die Zuhörer unter scharfen Bedingungen die Sprechquelle nicht richtig hätten bestimmen können. Diese Bedingungen können etwa darin bestehen, daß in gleichen Zeitabschnitten und in unmittelbarer Aufeinanderfolge über ausgezeichnete Kopfhörer natürliche und synthetische Sprache angeboten wird. Andererseits wurde im Königlichen Institut für Technologie in Stockholm schon im Jahre 1961 eine synthetische Sprache erzeugt, die über ein Lautsprechersystem von hoher Qualität in einen leicht hallenden Raum ausgestrahlt wurde und nur von einem sehr kleinen Teil der Zuhörer von der natürlichen Sprache unterschieden werden konnte. Der letzte Teil der Entwicklung zur Vollkommenheit verläuft langsam.
Bei der Auswahl von Modellen des menschlichen Kehlkopfes und des Stimmtraktes wurden viele Möglichkeiten erprobt, wobei die meisten auch ausgeschöpft wurden. Ein Beispiel für eine schwer nachzuahmende Eigenschaft, deren Wirkung auf die Tonqualität noch nicht völlig erforscht wurde, ist die Schwingung der Stimmbänder. Zunächst ist der Luftstrom aus dem Kehlkopf ein einfaches Muster von wiederholten Luftstößen, ›Impulsen‹ in einer gebräuchlichen elektrischen Bezeichnungsweise. Manchmal haben die Impulse jedoch eine ziemlich komplizierte Form. Sie verändern sich beträchtlich von einer Sekunde zur anderen selbst beim gleichen Sprecher. Noch größer wird die Variationsbreite bei verschiedenen Sprechern. Das Ausmaß, in dem sich die aufeinanderfolgenden Impulse verändern, und das Intervall, in dem die Wiederholungsquote ›zittert‹, hängen daher sehr vom Sprecher ab. Manche Forscher haben deshalb angenommen, das genaue Nachahmen eines jeden Zitterns sei eine wesentliche Eigenschaft der Natürlichkeit. Die Beweise für diese Vermutung scheinen jedoch nicht schlüssig zu sein. Das Haupthindernis, die Bedeutung aller Aspekte der Stimmbandtätigkeit endgültig bestimmen zu

können, besteht einfach in der gewaltigen Menge notwendiger experimenteller Synthese- und Abhörtests. Heute können die Rechnertechniken zur Simulierung der Sprechsyntheseeinrichtungen verwendet werden, was eine Menge von besonderen elektronischen Geräten erübrigt. Diese Entwicklung hat die Arbeit im Vergleich zu den vorausgegangenen Jahren sehr erleichtert. Es bestehen kaum mehr Zweifel daran, daß schon bald eine ziemlich vollkommene synthetische Sprache erzeugt werden kann.

Der sprechende Rechner

Von allen Sprechmaschinen hat der sprechende Rechner wohl die größte volkstümliche Anziehungskraft. Wie schon erläutert, kann eine solche Maschine gebaut werden, wenn sie die aufgezeichneten Wörter menschlicher Sprecher benutzt. Das hat aber einen beschränkten Bereich möglicher Mitteilungen zur Folge. Wenn ein Gerät eine natürlich klingende, flüssige menschliche Sprache ohne stark eingeschränkten Mitteilungsgehalt erzeugen soll, kann dies nur durch synthetische Sprache geschehen und zwar mit Hilfe einer Steuerungsmethode ›Sprachsynthese durch Regeln‹. Die vom Gerät verlangten Mitteilungen müssen in der Lautschrift des Textes und in einer zusätzlichen Information über den erforderlichen Tonfall und Rhythmus bereits bestimmt sein. Eine Reihe von Regeln wird nun dazu verwendet, um die Steuerungssignale aus der Textinformation zu erhalten. Die Qualität der Sprache, die sich dabei ergibt, hängt fast nur davon ab, wie gut die Regeln das zum Ausdruck bringen, was beim menschlichen Sprechen wirklich geschieht.

Verhältnismäßig grobe Regeln wurden sowohl in den Bell Telephone Laboratories wie in unserem JSRU-Labor vor mehr als 5 Jahren ausgearbeitet. Diese Regeln führten zu einer Sprache, die ziemlich verständlich war, jedoch einen stark mechanischen Klang hatte. Neuere Arbeiten in vielen Labors zielen darauf hin, die Regeln besser den komplexen Wechselwirkungen zwischen benachbarten Sprachlauten anzupassen. Auch soll der Rhythmus und der Tonfall der natürlichen Sprache automatisch bestimmt werden. Auf diesem Gebiet sind Rechner wieder ein wesentliches Hilfsinstrument, das eine leichte und schnelle Versuchsreihe gestattet. Sie haben den Weg für einen bedeutenden Fortschritt in den nächsten zwei oder drei Jahren geöffnet.

Auf die wirklich schwierigen Probleme der Sprechforschung, die in der Vervollkommnung einer Unterhaltung zwischen Mensch und Maschine liegen, trifft man nicht, wenn man nur Maschinen herstellt, die sprechen. Wenn auch die vollständige Verwirklichung solcher Maschinen noch einer Anzahl von Jahren bedarf, so ist doch diese Richtung der Verständigung jetzt möglich. Die schwierige Aufgabe besteht darin, eine Maschine zu bauen, die zuverlässig normale, flüssige menschliche Sprache versteht. Praktisch wird das, wie Professor D. B. Fry vom University College, London, im April 1968 sagte, niemals möglich sein. Er kann gut recht haben.

Weitere Literatur:

Gunnar Fant: Acoustic Theory of speech Production. Mouton, s'Gravenhage, 1960.

James L. Flanagan: Speech analysis synthesis and perception. Springer Verlag, 1965.

J. N. Holmes, I. G. Mattingly und J. N. Shearme: Speech synthesis by Rule. Language and Speech 7, 3, Juli–September 1964.

R. J. Halsey und J. Swaffield: Analysis Synthesis Telephony with special reference to the Vocoder. In: Journal of the Institution of Electrical Engineers 1948, 95. S. 391.

Meyer-Eppler/Endres: Automatische Spracherkennung und synthetische Sprache. In: Taschenbuch der Nachrichtenverarbeitung, hrsg. v. K. Steinbuch, 1967^2, S. 787–814.

Meyer-Eppler: Synthetische Sprache, a. a. O., S. 843–856.

Zwicker/Hess/Terhardt: Erkennung gesprochener Zahlworte mit Funktionsmodell und elektronischer Rechenanlage. Kybernetik 3, 1966/67, S. 267–272.

Maschinen, die spielen und planen

Von Donald Michie

Professor Donald Michie ist Leiter der Gruppe für Experimentelle Programmierung und Professor für Maschinelle Intelligenz in der Abteilung für Maschinelle Intelligenz und Wahrnehmung an der Universität Edinburgh. Er befaßte sich früher mit Genetik und Immunologie, jetzt arbeitet er an mechanisiertem Lernen.

Um einfache Spiele wie ›Wolf und Schaf‹ zu spielen, muß eine Maschine nur richtig programmiert sein, aber um Schach zu spielen, muß sie vorausplanen können. Maschinen mit dieser den Menschen auszeichnenden Fähigkeit können schon heute mit Turnierspielern konkurrieren.

Pläne zur Konstruktion von Maschinen, die den Menschen nachahmen, sind nichts Neues. Folgender besonders interessanter Zeitungsausschnitt aus dem ›Scotsman‹ vor hundert Jahren kam mir kürzlich unter die Augen:

Der Dampfmensch

»EIN DAMPFMENSCH – Der ›Newark Advertiser‹ (New Jersey) beschreibt die ganz ungewöhnliche Erfindung einer mit Dampf betriebenen Maschine, die einige der wichtigsten menschlichen Funktionen auszuüben vermag. Sie kann nämlich aufrecht stehen, auf Befehl in jede Richtung und mit fast jeder Geschwindigkeit gehen oder laufen, dabei eine Last hinter sich herziehen, deren Gewicht die Kraft dreier starker Zugpferde auf eine harte Probe stellen würde. Damit dieser ›Riese‹ durch seine seltsame Erscheinung nicht die Pferde scheu macht, beabsichtigt sein Erfinder, ihn zu bekleiden und ihn soweit wie möglich der übrigen Menschheit anzugleichen. Die Kessel und alle erhitzten Teile werden in Filz- oder Wolldecken eingehüllt. Hosen, Jacke, Weste nach modern-

stem Schnitt sind vorgesehen. Müssen Kohlen eingefüllt werden, was alle zwei oder drei Stunden nötig ist, hält der Fahrer die Maschine an, steigt von seinem Sitz, knöpft ›Damels‹ Weste auf, öffnet eine Tür, schaufelt das Brennmaterial ein, knöpft die Weste zu und fährt wieder los.«
Dieser Plan eines Automaten ist von den Vorstellungen über Bewegung und Kraft beherrscht, die im Mittelpunkt der Technik des 19. Jahrhunderts standen. In unserem Jahrhundert dreht sich die Technik immer mehr um den Begriff der Information, und von den menschlichen Fähigkeiten ist es nicht mehr die Kraft der Muskeln, sondern die des Geistes, die die Maschinenbauer herausfordert.

Vorausschau und Vorhersage von Konsequenzen – das Schachspiel

Spiele, die geistige Übung erfordern und von Menschen zur Unterhaltung erfunden wurden, versorgen den Entwicklungsingenieur für Maschinenintelligenz mit idealem Material. Bei Programmierungsaufgaben der Art, einen Rechner Dame, Schach, Kalah oder Go spielen zu lassen, werden alle geistigen Fähigkeiten ins Spiel gebracht, mit denen wir uns brüsten. Die spezifische Fähigkeit des Menschen, die ich unter diesen besonders hoch einstufen würde, ist das Vorausschauen und das Vorhersagen der Konsequenzen, die bestimmte Entscheidungen nach sich ziehen. Diese Tätigkeit wird gewöhnlich ›Planung‹ genannt, und der Entwurf und die Erprobung von Maschinen, die spielen und planen können, ist das zentrale Interesse aller Laboratorien der ganzen Welt, die sich der Maschinenintelligenz verschrieben haben.
Während des Krieges gehörte ich zu Max Newmans Gruppe in Bletchley, die an Prototypen jener Konstruktion arbeitete, die wir heute den ›elektronischen Digitalrechner‹ nennen. Alan Turing, einer der Begründer der mathematischen Theorie der Berechenbarkeit und der erste Verfechter der Idee, eine denkende Maschine zu bauen, die ebenso intelligent wie der Mensch ist, war einer von denen, mit denen ich am meisten in Kontakt kam. Er war auch sehr an Schach interessiert. Aber die Grundlagen des Spiels fesselten ihn so stark, daß er taktischen Einzelheiten nie lange seine Aufmerksamkeit schenkte. Da ich in Bletchley zu den wenigen gehörte, die etwa ebenso mittelmäßig spielten wie er, wurde ich sein regelmäßiger Spielpartner. Nach dem Kriege befaßten wir uns mit einigen Versuchen, Schach zu mechanisieren, was, glaube ich, die frühesten durchgeführten Ansätze auf diesem Gebiet waren.
Damals maßen wir in unseren Diskussionen eine beträchtliche Be-

deutung der Tatsache bei, daß selbst eine nichttriviale Denkaufgabe – und Schach zu spielen ist sicher eine solche – überzeugend mechanisiert werden konnte. Zurückblickend verstehe ich nicht mehr ganz, warum wir dies für so wichtig hielten. Die Lösung von Differentialgleichungen und das Aufstellen der zu einer Matrix inversen Matrix bilden ebenso nichttriviale geistige Aufgaben, und doch gibt es Algorithmen, sie zu lösen – d. h. die Aufgaben können klar formuliert werden und ihre Lösung vollzieht sich durch eine Folge spezifizierter Operationen. Niemand zweifelte selbst in den vierziger Jahren, daß in diesen Bereichen der numerischen Mathematik die meisten Menschen vom Rechner ausgestochen würden. Folglich kann die Entdeckung von ebenso weitreichenden Algorithmen für nichtnumerische Aufgaben wie Schach logischerweise keine neue Gewißheit vermitteln.
Diese Auffassung hat sich durchgesetzt. Das Greenblattsche Schachprogramm, das jetzt in Amerika erprobt wird, ist in Fachkreisen unter dem Namen ›MacHack‹ bekannt und besitzt das Leistungsniveau eines guten Turnierspielers. Aber niemand feiert MacHack als die erste intelligente Maschine der Welt. Ganz zu Recht, denn MacHack eignet sich ebensowenig zur Lösung von Differentialgleichungen, wie sich irgendein Differentialgleichungsprogramm zum Schachspielen eignen würde. Das menschliche Denkvermögen ist nicht so sehr durch speziellen Scharfsinn für eine besondere Aufgabe ausgezeichnet, als dadurch, daß es in fast allen Dingen eine plausible Treffsicherheit aufweist. Dementsprechend stellen wir unsere Kritik an der Idee einer intelligenten Maschine zurück und warten, bis eine Maschine auftaucht, die die Wendigkeit und das einordnende Verhalten besitzt, die wir bei unseren Arbeitspartnern voraussetzen. Ich selbst glaube, daß wir nur noch ein paar Jahre auf eine solche Maschine zu warten brauchen.

Maschinenintelligenz

Maschinenintelligenz dreht sich nicht um Schach oder um irgendeine spezielle geistige Aufgabe. Sie betrifft das, was aus einzelnen Aufgaben verallgemeinert werden kann. Dazu gehören Prozeduren, die anfänglich auf problemorientierter Basis entwickelt wurden, aber das Samenkorn der Allgemeinheit enthalten. In diese Kategorie fallen verschiedene Bearbeitungstechniken von ›Bäumen‹, die im Zuge der Aufgabe entwickelt wurden, Maschinen zu Spielpartnern in Gesellschaftsspielen zu machen. Dazu gehören grundlegende Planungsfähigkeiten: Etwa die Konstruktion möglicher Folgestellungen durch Vorausschau, verbunden mit der Einschätzung der Wünschbarkeit dieser Stellungen auf

* Time-Sharing-Systeme und Programmiersprachen zum Dialogführen
* Lernen durch Abspeichern
* Lernen durch Versuch und Irrtum
* Lernen durch Verallgemeinerung
* Elementares logisches Schließen über Tatsachen einer einfachen Welt
* Baumbearbeitung und automatisches Problemlösen
* Maschinelles Beweisen von Sätzen
* Beweisen von Sätzen in Verbindung mit schwierigerem Problemlösen
* Finden von verbesserten Formulierungen für das zu lösende Problem
* Wieviel Bibliotheksprogramme sind zur Bildung einer Meinung nötig?
* Unterhaltung mit der Bibliothek
* Sprachliche Fertigkeiten: Syntax und Semantik
* Assoziatives Abspeichern und Wiedergewinnen
* Sinnesorgane: Gestalterkennung
* Forschendes Verhalten und Theoriebildung

Die Entwicklungsthemen dieser Liste müssen gründlich durchforscht werden, bevor intelligente Maschinen gebaut werden können. Der erste Punkt betrifft die Natur der erforderlichen Technologie: er ist ein wesentliches ›Sprungbrett‹ für die Entwicklung adaptiver und problemlösender Rechnerprogramme. Der letzte Punkt führt ins Reich der Roboter – intelligenter Maschinen, die sehen, fühlen und sich umherbewegen können.

Grund von Näherungsregeln für strategische Bewertung. Ziel der Forschung auf dem Gebiet der Maschinenintelligenz ist das Zusammenbinden aller wesentlichen allgemeinen Komponenten des Erkennens in eine einzige Programmbibliothek, die im Maschinenspeicher in der Weise verfügbar ist, daß die Maschine, auf viele Quellen gestützt, Fragen des Menschen logisch zusammenhängend beantworten kann. In der beigefügten Übersicht sind die Themen aufgezählt, die ich als das Minimum dessen erachte, was gründlich durchforscht werden muß. Jedes dort genannte Thema stellt eine eigene Entwicklungsaufgabe dar, deren Lösung vorliegen muß, bevor die einzelnen Teile zu einem Ganzen zusammengefügt werden können, von dem zu hoffen ist, daß es eine fruchtbringende intelligente Unterhaltung mit uns ermöglicht.
Der Hauptantrieb zur Erforschung der Maschinenintelligenz ist technischer Natur: Wir wollen eine in vielerlei Hinsicht menschenähnliche Maschine bauen. Gleichzeitig darf man hoffen, daß dabei Nützliches für den Gehirnforscher abfällt. Ein treffendes Beispiel für diese Art Abfall liefert unser neugewonnenes Verständnis für die Prinzipien des Vogelfluges, insbesondere für die anatomischen Veränderungen, die – wie wir aus fossilen Funden wissen – im Lauf der Evolution eingetreten sind. Dieses Verständnis verdanken wir weitgehend der Arbeit von John Maynard

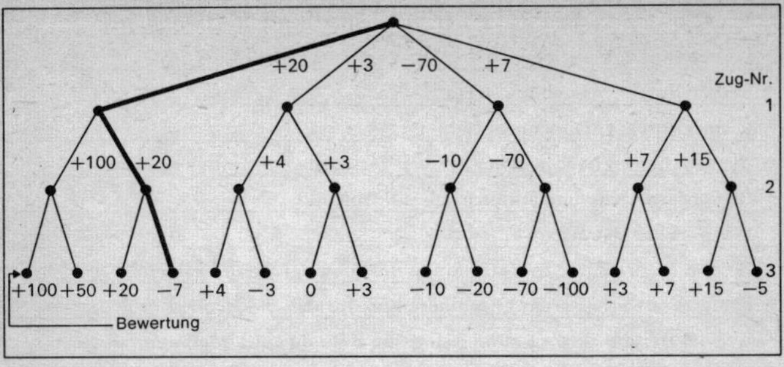

Die ›Baumbearbeitungstechnik‹, die eine Maschine befähigt, mögliche Folgezustände zu bewerten und dadurch vorauszuplanen, wurde im Zuge der Aufgabe entwickelt, Maschinen zu Spielpartnern in Gesellschaftsspielen zu machen. Die Bewertungen, die im Bilde für die Stellungen bei Zug 3 berechnet wurden, werden im Baum zurückübertragen, um den besten nächsten Zug zu erhalten.

Smith, der auf die technischen Begriffe der Rückkopplung und aerodynamischen Instabilität, die auf Vögel und andere Flugtiere anwendbar sind, dadurch gekommen war, daß er im Krieg als Flugzeugkonstrukteur gearbeitet hatte.

›Lernen durch Abspeichern‹ und ›Lernen durch Verallgemeinerung‹

Lernen durch Abspeichern ist wahrscheinlich die einfachste Fähigkeit, die zum Erkennen gehört. Ich werde illustrieren, wie ein Trick aus einem Spezialprogramm zur Gestaltung eines Mehrzweckprogramms verwendet werden kann.

A. L. Samuels lernendes Programm für das Damespiel spielt gegenwärtig schon auf einem ansehnlichen Bezirksmeisterschaftsniveau; vom Rang eines Weltmeisters ist es jedoch nach Samuels Ansicht noch weit entfernt. Ein Grundzug in Samuels Programm ist die Bewertung jeder Stellung auf dem Brett mit Hilfe eines ›Gewinnchancenpolynoms‹, durch dessen Terme verschiedene strategische Eigenschaften der Stellung zum Ausdruck gebracht werden, wobei durch Koeffizienten Gewichte verteilt werden. Dabei werden zwei Lernmechanismen parallel angewandt: ›Lernen durch Abspeichern‹ und ›Lernen durch Verallgemeinerung‹.

Der erste Mechanismus basiert auf einem auf Magnetband gespeicherten Katalog von früher vorgefundenen Stellungen. Jede Stellung wird mit ihrem mit Hilfe des Gewinnchancenpolynoms er-

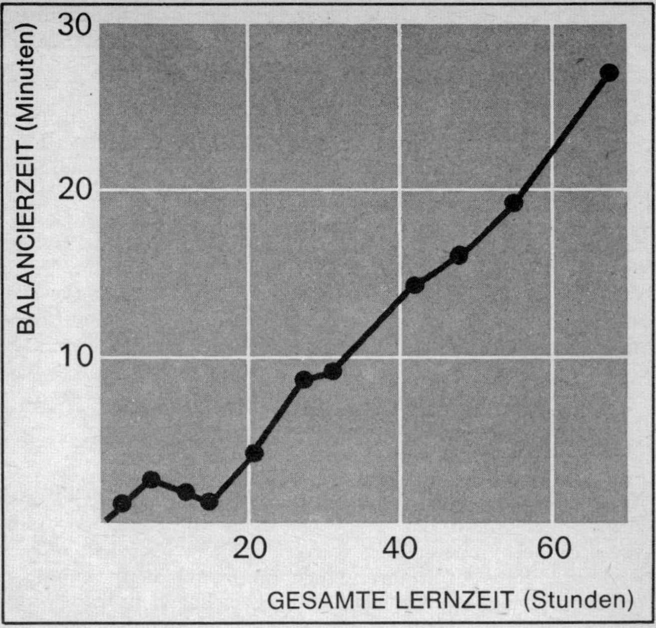

Durch Versuch und Irrtum kann ein Rechner lernen, eine Stange auf einem Motorfahrzeug zu balancieren. Die Aufgabe läßt sich ihrer Struktur nach als das Erlernen eines Spiels auffassen, eines Spiels gegen die Natur, wobei der Rechner zunächst gar nichts über seinen Gegner weiß. Mit zunehmender Lernzeit läßt sich der Zeitpunkt, wo die Stange herunterfällt, hinausschieben.

rechneten Wert in den Katalog eingefügt. Der Wert einer schon aufgetretenen Stellung braucht nicht neu berechnet zu werden, sondern kann dem Katalog verhältnismäßig rasch entnommen werden; muß er berechnet werden, wird das aus der Angabe der Stellung und ihrem Wert bestehende Paar ans Ende des Katalogs angefügt. Ein Auffrischungs- und Vergessens-Mechanismus ist eingebaut, wonach häufig auftretende Stellungen an die Spitze gesetzt werden und die am seltensten vorkommenden aus dem Katalog gestrichen werden, wenn die Speicherökonomie es erfordert. Dieses einfache System des Lernens durch Abspeichern bewirkt, daß Stellungsbewertungen mit wachsender Geschwindigkeit erfolgen, da immer mehr Erfahrungen sich auf dem Magnetband anhäufen. Dadurch wird Zeit frei, um die Vorausanalyse weiter nach vorn zu treiben, woraus Spielstärke und andere Lerneffekte von subtilerer Art gewonnen werden.

Eine zweite Illustration liefern Arbeiten von R. A. Chambers und mir. Hier hat sich das Lernen durch Abspeichern erstaunlich wirksam bei der Aufgabe gezeigt, einen Rechner zu befähigen, daß er eine schwierige Steuerungsaufgabe meistern kann: Eine Stange auf einem motorgetriebenen Fahrzeug soll im Gleichgewicht gehalten werden, und zwar unter den Bedingungen eines ›schwarzen Kastens‹. Die Aufgabe hat – wie allgemein adaptive Steuerungsaufgaben – die gleiche formale Struktur wie die Aufgabe, ein Spiel spielen zu lernen, hier ein Spiel gegen die Natur als Spielpartner. Die gegnerische ›Strategie‹ ist dabei durch die kausalen Gesetze festgelegt, die die Reaktionen des instabilen Systems auf die Steuerungssignale bestimmen. Die Steuerungssignale sind als die von uns gemachten ›Züge‹ zu denken, und die Folge der Zustandssignale entspricht der Folge der ›Stellungen auf dem Brett‹, die in einer Partie des Spiels auftreten.

Das ›Multi-Pop-System‹

Was wir jetzt brauchen, ist ein Weg, diese einfachen Gedanken so zu verallgemeinern, daß sie der geistigen Ausrüstung von Universalrechnern hinzugefügt werden können. Wir hätten gern Rechner, die aus der Erfahrung nicht nur dann lernen, wenn sie so unübliche Dinge tun wie Stangen im Gleichgewicht halten, sondern selbst dann, wenn sie die Durchschnittsaufgaben gewöhnlicher Arithmetik erledigen.
Gegenwärtige Programmiersprachen wie z. B. ALGOL sehen das Definieren mathematischer Funktionen vor (mit allerdings mehr oder weniger unbeholfenen Einschränkungen, die ich hier nicht erörtern will). Aber solche Sprachen sehen keinen Automatismus vor, der berücksichtigen würde, daß das Resultat durch Aufruf aus dem Speicher rascher als durch neue Berechnung erhalten werden könnte, wenn eine Funktion ein zweites Mal auf ein gegebenes Argument angesetzt wird. Die Mittel, jede Funktion zu einer ›Memo-Funktion‹ mit zugehörigem Speicherplatz zu machen, sind jetzt in unserem ›Multi-POP-System‹ in Edinburgh vorgesehen. Auf entsprechende Anweisung im Programm wird einer Funktion Speicherplatz für eine spezifizierte Zahl von Werten zugewiesen. In das System sind auch Automatismen eingebaut, analog zu Samuels ›Auffrischen‹ und ›Vergessen‹. Die beobachtete Wirkung dieser Erleichterungen geht in die erwartete Richtung: Mit zunehmender Erfahrung beim Gebrauch einer gegebenen Funktion vollzieht der Rechner seine Aufgabe schneller und schneller. Die selbstverbessernde Wirkung erweist sich als wesentlich, und Geschwindigkeitserhöhungen um das Zehnfache sind in geeigneten Fällen leicht erreichbar.

Das Problemlösen auf zwei Ebenen

Jetzt möchte ich die Automation von geistigen Prozessen untersuchen, die über die gewöhnliche Arithmetik hinausgehen. Meine Bemerkungen über das Bearbeiten von Graphen und das Problemlösen werde ich auf einen Problemkreis einschränken, der nach allgemeinen Richtlinien zuerst von Alan Newell und Herbert Simon am Carnegie Institute of Technology behandelt worden ist. Diese Probleme lassen sich mit Hilfe einer abgegrenzten Menge einzelner Zustände und eines Regelbuchs darstellen. Das Regelbuch gibt eine Reihe von Operationen an – ›zugelassene Züge‹ –,

Das Schiebespiel veranschaulicht die Behandlung von Problemen, die sich durch eine bestimmte Menge diskreter Zustände und ein Regelbuch darstellen lassen. Probleme dieser Art können durch einen gerichteten Graphen repräsentiert werden, dessen Knotenpunkte die Zustände und dessen Pfeile die Transformationen darstellen.

durch die bestimmte Zustände in andere überführt werden können. Zum Beispiel sind in dem hier abgebildeten Achter-Schiebespiel die Operationen Verschiebungen individueller Plättchen. Obwohl es sich um einen eingeschränkten Problemkreis handelt, ist er doch reich genug, um formale Darstellungen einer breiten Mannigfaltigkeit von Problemen zu liefern. Die Aufgabe besteht jeweils darin, eine Folge von Übergängen (Transformationen) zu finden, die von einem Anfangszustand zu einem Zielzustand führen. Der Zielzustand ist entweder durch eine explizite Beschreibung oder durch eine Eigenschaft gekennzeichnet, die er besitzen soll.

Die als Problemlösen bekannte Tätigkeit kann in zwei Ebenen aufgeteilt werden. In der höheren Ebene werden verbesserte Darstellungen des zu lösenden Problems gesucht. Das bedeutet im allgemeinen das Ersetzen eines ›Problemgraphen‹ durch einen anderen Graphen mit weniger Knotenpunkten. Der Problemgraph ist ein Diagramm, in dem die im Problem vorkommenden Zustände durch Knotenpunkte und die Transformationen durch Pfeile zwischen den betreffenden Punkten repräsentiert werden. Beim Achter-Schiebespiel kann man z. B. Symmetrieklassen statt individueller Stellungen als Zustände betrachten. Eine andere Reduktion bei diesem Spieltyp könnte darin bestehen, einfache Züge des Regelbuches durch zusammengesetzte zu ersetzen – hier z. B. durch die acht ›Viererschübe‹. (Ein Viererschub ist eine auf eine Ecke begrenzte zyklische Folge von vier einfachen Zügen, durch die die drei Plättchen in dieser Ecke umgeordnet werden. Mit Hilfe dieser Operationen lassen sich Identifizierungen von Zuständen festlegen, die die Anzahl der Knotenpunkte des Problemgraphen um den Faktor 9 reduzieren, d. h. auf diejenigen Punkte, die Stellungen mit ›leerem Zentrum‹ repräsentieren.) Auf diese höhere, mit der Problemdarstellung befaßte Ebene werde ich nicht weiter eingehen. Auf diesem Gebiet hat Saul Amarel von der Radio Corporation of America Bedeutendes geleistet.

Bewertungs- und Entwicklungsprozedur

Die niedrigere Ebene des Problemlösens betrifft das, was man mit dem Graphen tut, wenn man ihn einmal hat. J. E. Doran und ich haben einen einfachen Bearbeitungs-Algorithmus in Gestalt eines Rechnerprogramms, des ›Graph Traverser‹, entwickelt. Um den Graph Traverser arbeiten zu lassen, muß der Anwender ihm Definitionen für zwei seiner Funktionen eingeben. Diese sind:

1. die ›Bewertungsprozedur‹, die – angewandt auf einen Zustand – ein Maß liefert, mit dem – wenn auch unvollkommen –

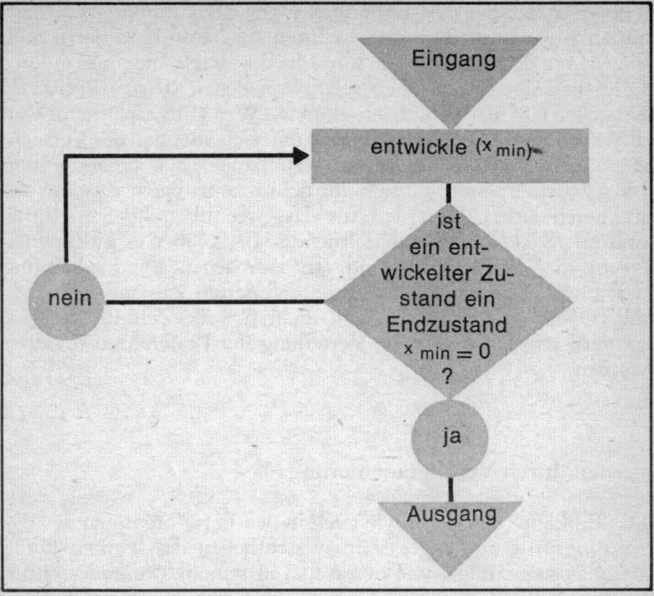

Bearbeitungsalgorithmus des Graph Traverser.
Der Graph Traverser ist ein Rechnerprogramm, mit dem Probleme, die durch einen Graphen darstellbar sind, gelöst werden können. ›Entwickle‹ heißt: Wähle aus dem Regelbuch eine Operation aus, wende sie auf den fraglichen Zustand an und bewerte den so erzeugten Folgezustand. x_{min} bezeichnet den minimal bewerteten Zustand aller dem Programm momentan bekannten Zustände, das ist der günstigste Zustand.

abgeschätzt werden soll, wie weit der Zustand vom Ziel entfernt ist;
2. die ›Entwicklungsprozedur‹, die – angewandt auf einen Zustand – eine Operation auswählt und mit dieser einen Folgezustand liefert.

Die Entwicklungsprozedur umfaßt das Regelbuch, die Bewertungsprozedur umfaßt dagegen alle erreichbaren Informationen und Begriffe über wünschenswerte und nicht wünschenswerte Merkmale von Zwischenzuständen.
Das eigentlich Interessante an der Idee des Graph Traverser liegt in der Möglichkeit, seine eigene Bearbeitungsstrategie dadurch zu verbessern, daß er die sich ansammelnden Problemerfahrungen auswertet. Entwicklungs- und Bewertungsprozedur stellen zwei getrennte Orte dar, an denen Lernfähigkeit eingeführt werden kann. Die Entwicklungsprozedur baut eine Bevorzugungsskala auf, nach der Operationen ausgewählt werden. Der Graph

Traverser hat bei den bisherigen Versuchen immer nach dem Zufall ausgewählt; in seiner nächsten Ausbaustufe soll er jedoch die Menge der Operationen umordnen können, indem er auf der Liste diejenigen nach oben setzt, von denen sich rückblickend feststellen läßt, daß sie auf dem direkten Weg zum Ziel liegen. Von dieser sehr einfachen Lernmethode unterscheidet sich der Versuch, einen ›plausiblen Zuggenerator‹ zu bauen, der abhängig von Merkmalen arbeitet, die sich aus dem momentanen Zustand abstrahieren lassen. So etwas tut das Greenblattsche Schachprogramm MacHack auf nichtlernender Basis, aber es gibt keinen Grund, den Vorgang nicht adaptiv zu machen. Die Einordnung der durch abstrahierte Merkmale definierten Zustandsklassen in die Bevorzugungsskala braucht nicht für alle Zeit fest zu sein, sondern würde durch neue Verteilung der Präferenzen revidiert werden.

Lernen durch Verallgemeinerung

Das Problem, das hierin wie auch in den Lernvorgängen der Bewertungsprozedur liegt, ist im wesentlichen das ›Lernen durch Verallgemeinerung‹, wie es Samuel in seinem Dameprogramm genannt hat. Sein Gewinnchancenpolynom setzt sich aus gewichteten Termen zusammen, die verschiedene strategische Stellungsmerkmale messen; die Aufgabe des Programms besteht darin, diese Gewichte so zu verteilen, daß die Spielfähigkeit verbessert

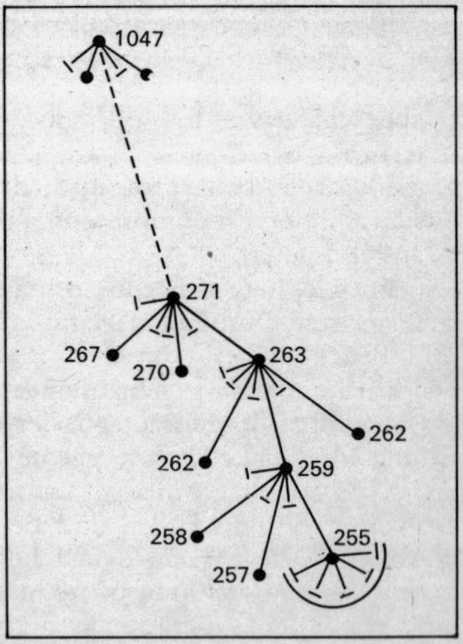

Schematische Darstellung der vom Graph Traverser verwendeten Bearbeitungsmethode. Wenn alle von einem Punkt ausgehenden Pfeile blockiert sind, d. h. nicht zu Punkten mit niedrigeren Bewertungen führen, bricht die Bearbeitung an dieser Stelle ab und die Äste werden wieder zurückverfolgt.

wird. Die Frage ist, ob die Möglichkeit besteht, Samuels Methode unseren Zwecken so anzupassen, daß die Bewertungsfunktion des Graph Traverser ebenfalls die Form eines Polynoms aus gewichteten Termen annimmt. Der Kerngedanke ist, daß mit fortschreitender Bearbeitung die Erfahrungen in Form eines ›Bearbeitungsbaums‹ angesammelt werden, wobei die Knotenpunkte mit den Werten der Bewertungsfunktion markiert werden. Die Bewertungsfunktion ist ›gut‹, wenn die Differenzen zweier Werte mit den Abständen der zugehörigen Knotenpunkte im Problemgraphen korrelieren. Im übrigen kann das Programm die gespeicherten Aufzeichnungen ›wiederkäuen‹, um die Gewinnchancenfunktion so zu regulieren, daß diese Korrelation besser wird. R. Ross und ich haben diese Idee in vorläufigen Versuchen mit Schiebespielen erprobt und erhielten vielversprechende Ergebnisse.

Der intelligente Roboter

Warum überquerte die Henne die Straße? Tatsächlich gab es drei Hennen. Die erste war eine Uhrwerkshenne, und sie überquerte die Straße, weil ihr Besitzer sie aufgezogen und in die entsprechende Richtung gesetzt hatte. Die zweite Henne überquerte die Straße, weil ein Experimentalpsychologe eine raumorientierte Bewegung einer bestimmten Verhaltensklasse beobachten wollte: Der Ausgangspunkt der Henne lag im Dunkeln, die andere Seite der Straße war erleuchtet. Die visuelle Wahrnehmung des Lichtes zusammen mit Tastwahrnehmungen an den Beinen, die Fortbewegungsreflexe auslösen, genügten, daß eine Kette von Reaktionen ablief, die die Henne die Straße überqueren ließ. Die dritte Henne überquerte die Straße, um auf die andere Seite zu gelangen. Dieses Verhalten bei einem zu einer so unvernünftigen Gattung gehörenden Wesen erklärt sich damit, daß diese Henne ein intelligenter Roboter war. Ein solcher Roboter kann nach einem internen Modell der externen Wirklichkeit handeln, wobei er abwechselnd induktiv das Modell verbessert und deduktiv nach dem Modell die Folgen seiner Handlungen voraussieht.
Mein Kollege, der Ingenieur-Psychologe Richard Gregory, weist darauf hin, daß diese vorhersagende Verarbeitung gespeicherter Information eine Möglichkeit darstellt, die von der realen Umwelt mitgeteilte Redundanz auszuwerten. Er zählt die folgenden Vorteile auf, die ein Roboter von der Art der dritten Henne besitzt:

1. Er kann eine hohe Leistung bei beschränkter Informations-Übertragungsgeschwindigkeit erreichen ... Der Gewinn ergibt sich daraus, daß die Objekterkennung – die immer redun-

dant ist – nur die Identifikation gewisser Schlüsseleigenschaften bei jedem Objekt erfordert ...

2. Die Voraussicht ist bei ihm wesentlich. Unter geeigneten Umständen kann die Reaktionszeit Null werden.
3. Er kann bei zeitweisem Ausbleiben jeglicher Eingabe weiter funktionieren – z. B. das Notenblatt umdrehen, blinken oder hupen beim Fahren ...
4. Er kann weiter funktionieren, wenn die Eingabe sich in ihrer Art ändert. Das läßt sich auch bei Tieren beobachten: Haben Ratten einmal gelernt, durch ein bestimmtes Labyrinth zu laufen, dann können sie diese einmal gelernte Art des Durchlaufens auch beibehalten, wenn keins der Sinnesorgane – Gesicht, Geruchssinn, Bewegungsempfindung usw. – das vertraute Labyrinth wahrnimmt.
5. Je höher die Redundanz der internen Modelle ist, desto besser kann der Roboter Signale vom störenden ›Rauschen‹ unterscheiden. Die Signale können mit minimaler Sinnesinformation angesprochen werden. Das bedeutet, daß die Modelle das Verhältnis Signal zu Rauschen wesentlich verbessern können.
6. Wenn eine auftretende Situation den Situationen ähnlich ist, für die das Modell entwickelt wurde, wird das Verhalten des Roboters im allgemeinen angemessen sein. Dies ist in der Sprache der Experimentalpsychologie ein ›positiver Übungstransfer‹.

Als Nachteile nennt Gregory:

1. Wenn die momentane Situation zwar eine hinreichende Ähnlichkeit mit vergangenen Situationen aufweist, deren Auswahl und Kombination zum internen Modell beigetragen haben, sich aber in entscheidender Hinsicht von dieser (Situation) unterscheidet, dann wird das System durch sein Modell systematisch in die Irre geführt. Das ist ›negativer Transfer‹.
2. Interne Modelle machen die Systeme wesentlich konservativ – sie sind träge gegenüber jedem Wechsel –, denn interne Modelle spiegeln die Vergangenheit wider, nicht die Gegenwart.

Das ›interne Modell‹

Gregorys Begriff des ›internen Modells‹ ist zerlegbar in interpretierende Modelle, nach denen die Gestalten der wahrgenommenen Reize auf ›Merkmale‹ und ›Objekte‹ reduziert werden, und vorhersagende oder planende Modelle, nach denen die wahrscheinlichen Folgen möglicher Handlungen dadurch berechnet werden, daß die Interpretationen der laufenden Sinneswahrnehmungen mit den gespeicherten vergangenen Wahrnehmungen verglichen werden. Das unten stehende Diagramm, aus dem her-

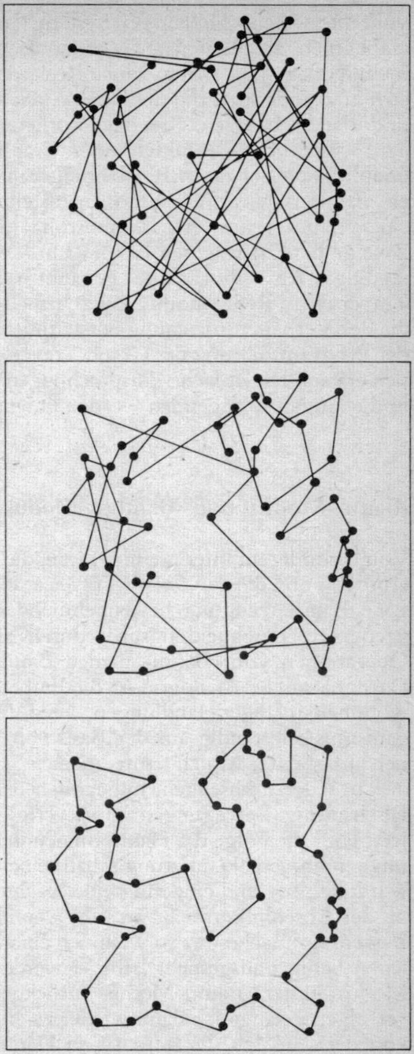

Das Problem des Handelsreisenden – eine Anzahl von Städten auf möglichst kurzem Weg zu verbinden – kann vom Graph Traverser gelöst werden. Abgebildet sind drei aufeinanderfolgende Problemlösungen. Der erste Zustand ist zufallserzeugt, der zweite ist auf halbem Weg erreicht worden, der dritte ist die endgültige Lösung.

vorgeht, welche Stellen im System Gregorys interne Modelle einnehmen, zeigt eine enge Verwandtschaft zu dem Schema, das mein Kollege J. E. Doran seinen Rechnersimulationen von Robotern zugrunde legt, die die Fähigkeiten des Erforschens, Lernens und Planens besitzen. Gregorys Vorhersagemodell ähnelt in einigen wesentlichen Punkten dem Graph Traverser. Wenn der Graph Traverser einen Bearbeitungsbaum wachsen läßt, benutzt er ein internes Modell zur Planaufstellung; wenn er aber statt eines Baumes nur ein Bambusrohr (das Knoten, aber keine Zweige besitzt) wachsen lassen kann – was ich an anderer Stelle ›bedingte Auswahlstrategie‹ genannt habe –, arbeitet der Graph Traverser im Reflexmodus. Zwischen Gregorys Formulierungen, die der Verhaltensforschung entstammen, und denen, die wir bei der Programmierung des Graph Traverser geprägt haben, stellen sich erstaunlich einfache Entsprechungen heraus. Die am stärksten in die Augen springenden werden unten aufgezählt.

›Baum-Modus‹ und ›Bambus-Modus‹

Von besonderem Interesse sind Ideen, die wir gerade in Versuchen erproben und die den Graph Traverser in den Stand setzen sollen, seine Baumerzeugung bei zunehmender Erfahrung mit immer strengeren Beschneidungsprozeduren zu verbinden, bis seine Operationen vom Baum- in den Bambus-Modus umschlagen. Das biologische Analogon ist die Einbettung in feste Ketten gewohnheitsmäßiger Handlungen, deren Verhaltensstruktur der Organismus selbständig auf der Basis von Versuch und Irrtum für sich ausarbeitet. Als ich lernte, meinen Schlips zu binden, geschah dies in einer mühseligen, unbeholfenen Prozedur, in der ich oft falsch anfing, Bewegungen zurückverfolgte und Versuche aufgab. Jetzt läuft die Folge der Hantierungen in reibungsloser Gleichförmigkeit ab, jede Hantierung schafft einen neuen Zustand, der für sich unfehlbar und eindeutig eine Nachfolge-Hantierung auslöst, bis der Abschluß erreicht ist. Nur wenn ich eine ernstlich falsche Bewegung mache – etwa wenn ich einen ungewöhnlich beschaffenen Schlips ausgesucht habe –, werde ich aus dem ›Bambus-Modus‹ in den ›Baum-Modus‹ zurückgeworfen. Durch Zurückverfolgen gelange ich dann wieder zu einem vertrauten Zustand, von dem aus ich die stereotypen Hantierungen und damit die Herrschaft wiedererlange.
Das Zusammenfassen in größere Einheiten zur Ausnutzung der Redundanz wird von George Miller ›Blocken‹ (chunking) genannt. Ein Extremfall hierfür im sprachlichen Verhalten ist der Gemeinplatz, dessen großer Nutzen in nervenökonomischer Hinsicht in dem von Gemeinplätzen beherrschten Sprechen des nor-

malen Bürgers offensichtlich wird. Geblockt werden können sowohl Eingabe- wie Ausgabefolgen. Das Blocken bei der Ausgabe entspricht den ›zusammengesetzten Zügen‹ oder ›Makrozügen‹, die manchmal in der Literatur über automatisches Problemlösen auftauchen.

Der Familienroboter zum Unterhalten, Diskutieren und Erziehen

Was hier berichtet wurde, blieb teilweise im Unbestimmten. Die Zeit der Allgemeinheiten geht indessen ihrem Ende zu, seit Laboratorien in verschiedenen Teilen der Welt, einschließlich dem von S. Rosen, der zu diesem Buch den Beitrag ›Maschinen, die intelligent handeln‹ beisteuert, sich auf die konkrete Aufgabe einlassen, intelligente Roboter zu bauen. In unserem eigenen Laboratorium

Erforschen und Lernen

von Lebewesen	von Maschinen
Zustand der Umgebung	Zustand des Problems (z. B. Stellung des Achter-Schiebespiels)
wahrgenommener Zustand	Knotenpunkt im Problemgraphen
Vorrat an Handlungen	Menge der Operationen
Lust-Unlust-Assoziationen	Bewertungsfunktion
Vorhersage-Modell	Entwicklungsfunktion des Graph Traverser
Verwendung eines internen Modells zur Aufstellung eines Plans	Anwendung der Entwicklungsfunktion, um ein Stück des Bearbeitungsbaums wachsen zu lassen
Auswahl einer Handlung	Ausdrucken eines Teilweges mit dem Verfahren der ›dynamischen Beschneidung‹
Kette von Reflexreaktionen	bedingte Auswahlstrategie

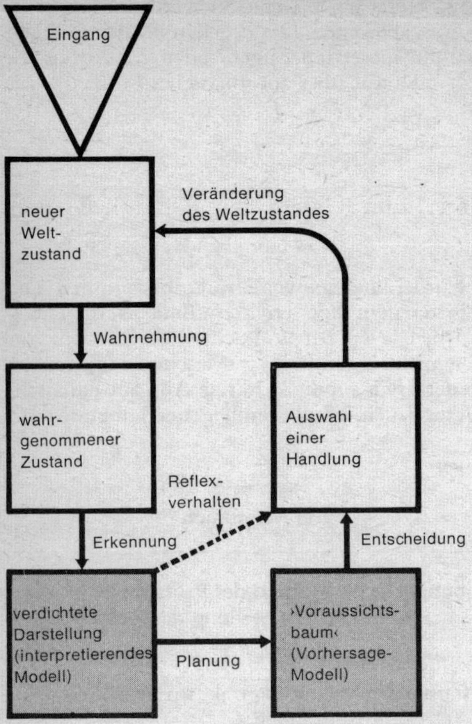

Arbeitszyklus eines intelligenten Roboters in schematischer Darstellung. Es wird gezeigt, wie der Roboter mit seiner Umgebung zusammenwirkt. Der Roboter handelt auf Grund eines internen Modells der externen Wirklichkeit (graue Kästen). Dieses interne Modell setzt sich zusammen aus einem interpretierenden Modell, das die wahrgenommenen Reize auf Merkmale und Objekte reduziert, und einem Vorhersage-Modell, das die Interpretation mit gemachten Erfahrungen zusammenbringt, um die wahrscheinlichen Folgen möglicher Handlungen zu bestimmen. Der kurze Weg vom Erkennen zum Handeln (gestrichelter Pfeil) betrifft Fertigkeiten, die entweder ›angeboren‹ oder durch die Praxis automatisch geworden sind.

planen wir, einen Frederick zu bauen: Family Robot for Entertainment, Discussion and Education, the Retrieval of Information and the Collation of Knowledge (Familienroboter zum Unterhalten, Diskutieren und Erziehen, zur Informationswiedergewinnung und Wissensaufbereitung). In wenigen Jahren wird der Leser mit Recht unzufrieden mit Behandlungen dieser Themen sein, die nicht über Heldentaten von Gehirn, Augen und Gliedern existierender Maschinen berichten, die durch des Verfassers eigenes Laboratorium als Versuchsfeld wandern. In dieser Zeit wird man, glaube ich, gewisse grundlegende Fähigkeiten aufgedeckt haben, die allen solchen Maschinen gemeinsam sind. Dazu gehören Lernen durch Abspeichern, Verallgemeinern, Aufbauen von Voraussichtsbäumen, Baum-zu-Bambus-Umwandlung und das induktive Verbessern von Vorhersageregeln auf Grund eines sich vergrößernden, durch vergangene Wahrnehmung gewonnenen Erfahrungsschatzes. Während die ersten Untersuchungen über diesen Forschungsgegenstand im Rahmen von Versuchen gemacht wurden, Rechner Gesellschaftsspiele spielen zu lassen, wird die wachsende Planungsfähigkeit intelligenter Maschinen zunehmend dem ›Spiel gegen die Natur‹ gewidmet sein.

Weitere Literatur:

Doran, J. E.: New Developments of the Graph Traverser. Machine Intelligence 2, S. 119–135, hrsg. von E. Dale und D. Michie, Oliver and Boyd, Edinburgh 1968.

Doran, J. E.: Experiments with a Pleasure Seeking Automation. Machine Intelligence 3, S. 195–216, hrsg. von D. Michie. Edinburgh University Press, Edinburgh 1968.

Doran, J. E.: Planning by Generalization in a Simulated Robot. Machine Intelligence 4, hrsg. von D. Michie. Edinburgh University Press, Edinburgh 1968.

Gregory, R. L.: On How so Little Information Controls so Much Behaviour. Bionics Research Reports 1, Department of Machine Intelligence and Perception, University of Edinburgh 1968.

Michie, D.: Game Playing and Game Learning Automata. Advances in Programming and non-numerical Computation, S. 183–196, hrsg. von L. Fox Pergamon, London 1966.

Michie, D.: Memo Functions and Machine Learning. Nature 218, S. 19–22, 1968.

Michie, D./J. G. Fleming/J. V. Oldfield: A Comparison of Heuristic, Interactive and Unaided Methods of Solving a Shortest-Route Problem. Machine Intelligence 3, S. 245–255.

Miller, G. A.: Human Memory and the Storage of Information. IRE Transactions on Information Theory IT-2, S. 128–137, 1956.

Samuel, A. L.: Some Studies in Machine Learning Using the Game of Checkers. IBM Journal of Research and Development 3, S. 210–229, 1959.

Samuel, A. L.: Programming Computers to Play Games. Advances in Computers 1, S. 165–192, Academic Press, London 1960.

Samuel, A. L.: Some Studies in Machine Learning Using the Game of Checkers. II: Recent Progress. IBM Journal of Research and Development 11, S. 601–617, 1968.

Smith, J. M.: The Importance of the Nervous System in the Evolution of Animal Flight. Evolution 6, S. 127–129, 1952.

Shubik, M. (Hrsg.): Spieltheorie und Sozialwissenschaften. S. Fischer, Frankfurt/M. 1965.

Maschinen, die Maschinen steuern

Von Stafford Beer

Stafford Beer ist Entwicklungsleiter der International Publishing Corporation (IPC). Als Wegbereiter für die Unternehmensforschung in der Industrie war er verantwortlich für den Aufbau der größten Unternehmensforschungsgruppe (der Firma United Steel). Später gründete er SIGMA (Science In General Management), wo er leitender Direktor war, bevor er in die Firma IPC eintrat.

In modernen Fabriken werden Werkzeugmaschinen von anderen Maschinen gesteuert, die ihrerseits wieder Maschinen einer höheren Stufe unterstehen. In Zukunft wird diese Infrastruktur die grundlegende Steuerungseinheit einer Befehlshierarchie sein, die sich von der Werkstatt bis zum Vorstandszimmer erstreckt.

Maschinen werden von Menschen erfunden, und Menschen haben sich wesentlich auf Maschinen übertragen. Denn die Maschine beginnt mit der Nachahmung einer menschlichen Fähigkeit, spätere Maschinenformen erweitern diese in irgendeiner Weise. Die frühesten Maschinen übernahmen die Fähigkeit des Menschen, kräftig zu sein, und verstärkten dann seine Kraft. Ein Hebel ist in diesem Sinne bereits eine Maschine und wird zum Kraftverstärker, wenn der Drehpunkt näher zum angehobenen Gegenstand wandert. Ein Flaschenzug überträgt Hubkraft – und verstärkt sie, wenn eine gut berechnete Gruppe von Flaschenzugrollen benutzt wird.

Auf die Maschinen, die zur Kraftübertragung und Kraftverstärkung bestimmt waren, folgten die mit mechanischer Fortbewegungsfähigkeit. Das Bewegen von schweren Lasten auf rollenden Stämmen war eine Art Vorläufer des Räderfahrzeugs, das des Menschen eigene Kraft auf die Bewegung übertrug, eine Kraft, die zu ihrer Zeit durch Einbau von Maschinen jeder Art verstärkt wurde. Eine weitere menschliche Fähigkeit, die wohl schon früh die Aufmerksamkeit auf sich gelenkt hat, war das »Genausein«. Eine Vorrichtung zum Halten eines Werkstücks liegt am Anfang einer Evolutionskette, die schließlich zur Werkzeugmaschine führt, so daß die Fähigkeit zur Genauigkeit abermals verstärkt wird. Und plötzlich – früh im Verlauf der Zivilisation – kommen wir von der Verstärkung der Kraft und der Bewegung zu der Steuerung.

Steuerungskontrollen

Die Mechanisierung von Werkzeugen zum Genausein stellt, wie zum Beispiel bei der Revolverdrehbank, folgende Probleme: Wie kann man eine Folge von genauen Tätigkeiten steuern, wie kann man sie von einem Werkstück zum nächsten neu einstellen und wie kann man in diese Folge eingreifen? Diese Art von Wendigkeit bei der schwierigen Fertigung von Werkstücken ist ebenfalls eine menschliche Fähigkeit. Es handelt sich um eine Kontrolltätigkeit auf höherer Stufe, für die der Körper nicht nur die gut mit Nerven versorgten Finger und die sicher arbeitenden Reflexbögen des autonomen Nervensystems benötigt, sondern auch das Gehirn. Dieses Gehirn ist (für diese Zwecke) eine Abschätzeinrichtung, die Handlungsfolgen ordnet und zusammenstellt, sie aber auch umstellt, um sie an eine neue Reihe von Bedingungen anzugleichen. Die Maschine, die diese menschliche Fähigkeit übersetzt, ist ein Elektronenrechner.

Die rechnergesteuerte Werkzeugmaschine

Eine rechnergesteuerte Werkzeugmaschine ist vielleicht das erste echte Beispiel dafür, daß eine Maschine eine andere steuert. Und dies, weil die Stufe der von dem Rechner ausgeübten Steuerung auf einer anderen Ebene liegt als die von der Maschine selbst erfolgende Steuerung. Die Steuerungsaufgabe der letzteren besteht darin, die mechanische Energie gemäß ihrem Auftrag genau anzuwenden. Die Steuerungsaufgabe des Rechners hat es mehr mit der Handlungsabfolge der Werkzeugmaschine zu tun. Dieses Verhalten ist völlig anders als das von Knöpfen, Wahlscheiben und Servoantrieben, die wesentlicher Teil einer handbedienten Maschine sind. Es ist auch völlig anders als das Verhalten eines Maschinisten, dessen Steuerungsfähigkeit eine Funktion der gesteuerten Maschine ist (der Maschinist regelt die Maschinengeschwindigkeit ohne weiteres; Maschine und Maschinist wirken in der gleichen Steuerungsdimension).
Die Maschinensteuerung, mit der wir vor allem vertraut sind, auch wenn sie sehr kompliziert ist, ist entweder ein Teil oder eine

Funktion der Maschine selbst. Es handelt sich um das, was der Maschine ermöglicht, ihre Aufgabe auszuführen. Hier aber sprechen wir von verschiedenen Steuerungsdimensionen und haben dabei eine wesentliche Eigenschaft der Steuerungsprinzipien dargelegt, die mit jedem großen System verknüpft ist. Es ist der Begriff der Hierarchie.

Der Aufbau der Befehlshierarchie in drei Stufen

Für das einfache Betreiben einer Werkzeugmaschine ist ein inneres Befehls- oder Steuerungssystem notwendig; es ist Teil der Maschine. Soll eine Werkzeugmaschine aber wirkungsvoll arbeiten, so ist noch eine zweite Befehlsebene notwendig. Die menschliche Fähigkeit zum Bestimmen der Handlungsabfolge muß übernommen oder übersetzt werden. Wenn man sich eine Fabrik, voll von rechnergesteuerten Werkzeugmaschinen, vorstellt, so wird sich schnell das Problem der nächsthöheren Ordnungsstufe stellen. Es geht darum, ihre Folge festzulegen. Die Lösung hierfür zieht eine dritte Steuerungsstufe nach sich. Hier wird nun interessanterweise die menschliche Fähigkeit überfordert. Menschen selbst können diese Aufgabe nicht ausführen. Sie können die Arbeit in einer Fabrik auf einer Art Gantt-Karte oder einem Flußdiagramm planen und eine mögliche Antwort finden. Sie können aber nicht den einzig optimalen Plan für die Maschinenausnutzung im Hinblick einmal auf die Materialvorräte und andererseits auf die Aufträge erarbeiten. Das Auffinden eines vorgegebenen Optimums erfordert fortgeschrittene mathematische Verfahren und eine Rechenkapazität, die über der des menschlichen Gehirns liegt. Damit haben wir einen Punkt erreicht, an dem die Maschinen, die nur die menschliche Steuerfähigkeit zur Abfolgebestimmung übertragen, unzureichend sind und in Verstärker umgewandelt werden müssen.
Wiederum bietet sich als Lösung der Elektronenrechner an, der jetzt aber schon auf einer noch höheren Stufe in der Befehlshierarchie arbeitet. Es ist ein Rechner, der die Rechner steuert, die die Werkzeugmaschinen steuern. Die Befehlshierarchie hat sich auf eine dritte Ebene ausgeweitet.

Der dem Menschen überlegene Rechner

Was ist das dann für eine Maschine, die eine Maschine steuert, die wiederum eine andere Maschine steuert? Wenn sie die Fähigkeiten des menschlichen Gehirns in mancher Hinsicht in den Schatten stellt, welche menschliche Fähigkeit muß sie dann verstärken? Die einfachste Antwort auf die zweite Frage, die ohne Wortklauberei gegeben wird, lautet, daß sie Intelligenz verstärkt. Was die erste Frage anbetrifft, so ist ein moderner Rechner (einschließlich der angeschlossenen Speicher) größer als ein menschliches Gehirn, er kann mehr als die 10^{10} Entscheidungselemente des Gehirns enthalten und er hat ein stärkeres Gedächtnisvermögen mit zuverlässigerem Zugriff. Während überdies das Gehirn als Rechner im Millisekundenbereich (10^{-3}) arbeitet, kann ein Rechner als Gehirn im Nanosekundenbereich (10^{-9}) arbeiten. Die normale Arbeitsgeschwindigkeit eines Rechners ist also eine Million mal so schnell wie die eines Gehirns. Ein Rechner besitzt nicht nur Vorteile, aber immerhin diese; außerdem bedarf er weder des Schlafens noch des Ausruhens. Natürlich muß er vor allem nach einem »genetischen« Vorbild gebaut und so programmiert werden, daß er aus seiner eigenen Erfahrung Nutzen zieht. Das gleiche gilt auch für ein Baby.

Die ›kybernetische Fabrik‹

Aus Gründen, die sich bald zeigen werden, möchte ich die bis jetzt besprochene Anordnung als System Eins benennen (siehe Abbildung S. 110). Es besteht erstens, in der Ebene A, aus einer Gruppe von »Handlungs«-Maschinen, mit denen wir arbeitsmäßig vertraut sind und die ihre innere Steuerung besitzen. In der Ebene B liegt zweitens die Rechnersteuerung, die die Art der Handlungsabfolge bestimmt, was die Handlungsmaschine vielseitig macht. Drittens befindet sich in der Ebene C die Rechnersteuerung, die zur Folgebestimmung der Abfolgebestimmer in der Lage ist. System Eins ist somit der Grundbaustein für eine bald üblich werdende industrielle Organisation. Es hat bereits eine Hierarchie mit drei Befehlsebenen, ist selbst aber nur die erste Ebene für eine weitere Hierarchie mit fünf Rangebenen, die zur Leitung eines Betriebes erforderlich ist.

Eine moderne Fabrikanlage besteht aus Maschinen mit eigenen (Ebene A) Steuerungsvorrichtungen. Wenn ihre Fähigkeiten von rechnergesteuerten Aufsehern (Ebene B) geleitet werden, besteht ein ausreichendes elektronisches Erkenntnisvermögen über die Vorgänge in der Fabrikanlage, um damit die Eingabevorrichtungen eines Oberaufsehers in der Ebene C zu füttern. Dieses Stadium der Verwirklichung einer »kybernetischen Fabrik« ist selten erreicht worden. Ausnahmen sind vielleicht bei der Öl-, bei der chemischen und der Automobilindustrie zu finden. Es spricht nichts Wesentliches dagegen, die ziemlich schwierige geschäftliche Produktionssteuerung nach System Eins arbeiten zu lassen. Das ist

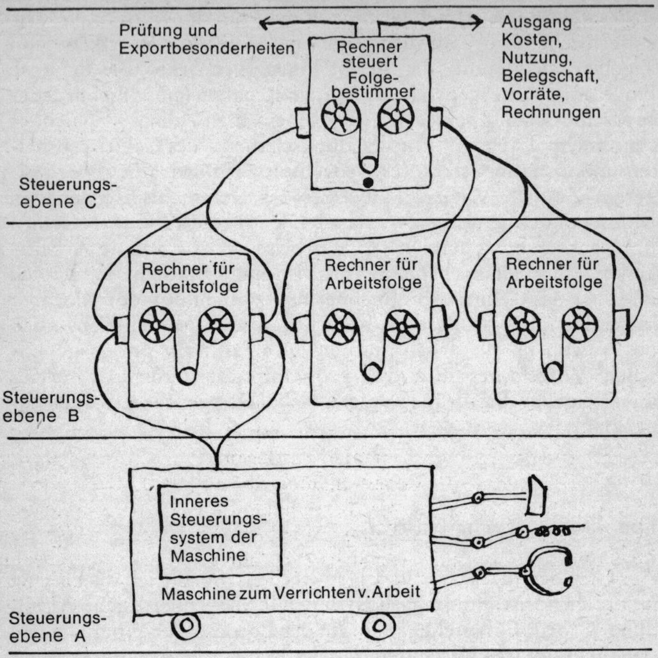

Der kybernetische Grundbaustein für eine moderne Industrieorganisation, System Eins, besteht in einer Drei-Ebenen-Befehlshierarchie. Er besteht aus einer Reihe von ›Handlungsmaschinen‹ (Werkzeugen), die ihre eigenen inneren Steuerungsvorrichtungen (Ebene A) haben. Darauf folgen die Rechnersteuerungen, die erforderlich sind, um die verschiedenen Tätigkeiten der Arbeitsmaschinen untereinander abzustimmen und ihnen dadurch Flexibilität zu geben (Ebene B). Schließlich gibt es weitere Rechnersteuerungen, die die Reihenfolge der Folgebestimmer festlegen (Ebene C).

auch der industrielle Ort, wo sich die Sache auszahlt. Wie schon früher erwähnt, liegt das Problem, den Materialbedarf einer Fabrik den auszuführenden Aufträgen richtig anzupassen, jenseits der menschlichen Gehirnleistung, wenn es optimal gelöst werden soll. Rechner sind dazu aber sicherlich in der Lage.

Mathematisches Programmieren in System Eins

System-Eins-Rechner (Ebene C) verlangen einen genauen Informationsdienst (von der Ebene B) über die ablaufenden Tätigkeiten. Sie benötigen auch verbessernde Programme, die zu zwei

Funktionen fähig sind. Die erste Funktion (mathematisches Programmieren) betrifft die Eingangs/Ausgangs-Analyse. Bei einem gegebenen Bedarfs- und Auftragsvolumen soll der Bedarf den Aufträgen am besten angepaßt werden. Welches ist dabei die Lösung, die am meisten Kosten spart? Die wissenschaftlichen Techniken zur Durchführung dieser Aufgabe sind wohlbekannt. Die fehlenden Glieder ergeben sich in der Praxis gewöhnlich in den Übertragungskanälen zwischen den Steuerungsebenen B und C. Sie können aber ebenfalls eingerichtet werden.

Statistisches Programmieren in System Eins

Die zweite Funktion (statistisches Programmieren) betrifft die Wechselwirkungen nicht etwa von festgelegten Mengen, sondern von Wahrscheinlichkeiten. Zum Beispiel gibt es eine meßbare Größe für die Möglichkeit, daß ein besonderes Ersatzteil in der Fabrik benötigt wird. Es besteht auch eine ebenso meßbare Größe für die Möglichkeit, daß das betreffende Ersatzteil verfügbar sein wird. Die Wechselbeziehung zwischen diesen beiden Größen sorgt für eine optimale Vorratshaltung unter einem vorgegebenen Risiko, daß der Vorrat ausgeht. Auch hier sind die erforderlichen wissenschaftlichen Techniken wohlbekannt. Das fehlende Glied scheint diesmal (unglücklicherweise) das Verständnis der leitenden Personen zu sein.

Ich versuche weder die Liste der typischen Leitungsprobleme in diesem Bereich noch die Anwendung der verfügbaren Techniken der Unternehmensforschung, sie zu lösen, hier erschöpfend zu besprechen. Die zwei soeben besprochenen Funktionen sind sehr wichtig, da die meisten Probleme beim System Eins sich als eine Art Verschmelzung zwischen äußerster Optimierung und der Berechnung von Risiken herausstellen. Das Diagramm Abb. S. 111

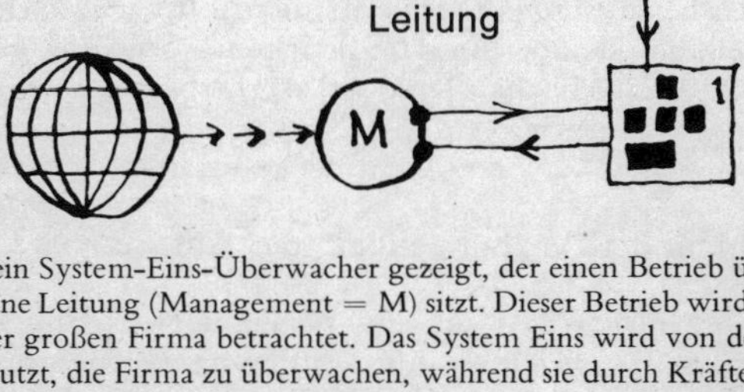

Es wird ein System-Eins-Überwacher gezeigt, der einen Betrieb überwacht, in dem eine Leitung (Management = M) sitzt. Dieser Betrieb wird als Abteilung einer großen Firma betrachtet. Das System Eins wird von der Leitung dazu benutzt, die Firma zu überwachen, während sie durch Kräfte »beschossen« wird, die in der für sie relevanten Außenwelt (Globus links) entstehen.

zeigt, wie ein System Eins in einem Betrieb arbeitet, in dem eine Betriebsleitung (Management) sitzt. Im Hinblick auf den Rest der vorliegenden Abhandlung wird dieser Betrieb als eine Abteilung der Firma betrachtet, mit deren Gesamtüberwachung wir uns befassen werden.

Das Problem der Auswahl und Programmierung der Informationen

Der Grund für die unglaubliche Einfachheit dieses Diagramms liegt darin, daß vom Standpunkt der Gesamtgeschäftsleitung diese spezielle Abteilung autonom handelt. Aber für die Leiter dieser Abteilung ist es darum kein weniger schwieriges Problem. Obwohl ich bereits dargelegt habe, daß es schon ausreichende wissenschaftliche Techniken zur Bewältigung des Kontrollkreises in dem Diagramm gibt, bleibt wenigstens noch ein anderes Hauptproblem, dem wir noch etwas mehr Aufmerksamkeit schenken müssen. Man beachte die beiden runden Flecken, von denen die Steuerungsdaten ausgehen und die die Rückinformation aufnehmen. Dies sind die Umsetzer. Ein Umsetzer ist eine Vorrichtung, die umwandelt und überträgt. Innerhalb des Abteilungskreises können viele Ereignisse stattfinden. Wie soll nun eine Information hierüber auf die System-Eins-Steuerung übertragen werden?
Die Ereignisse selbst müssen aufgezeichnet, verschlüsselt und in eine für eine Datenverarbeitungsanlage lesbare Form übertragen werden. Wenn die Steuerung arbeitet, erfordern ihre Anweisungen eine Rückübersetzung in die Welt der Ereignisse, womit sich ein weiteres Problem der Übersetzung und Übertragung ergibt. Insoweit System Eins ein Rechner ist, müssen die Ereignisse auf die eine oder andere Weise elektronisch aufgezeichnet werden. Wenn man nur Angaben von Maschinen übertragen will, ist das Problem verhältnismäßig einfach, da man sich wahrscheinlich etwas ersinnen kann, um den Zustand von Maschinen aus ihren eigenen, inneren (Ebene A) Steuerungskreisen abzulesen. Wenn jedoch Menschen die Ereignisse hervorrufen, müssen sie so eingewiesen werden, daß sie über ihr Tun berichten – etwa mit Hilfe von Tastaturen, die auf Lochkarten oder Magnetbänder schreiben.

Das Problem der ›Verbundenheit‹ der Abteilungen

Die gesamte Firma setzt sich aus Abteilungen zusammen, von denen jede durch ein System Eins im Einsatz gesteuert wird. Das Diagramm in Abb. S. 113 zeigt eine Firma mit fünf Abteilungen,

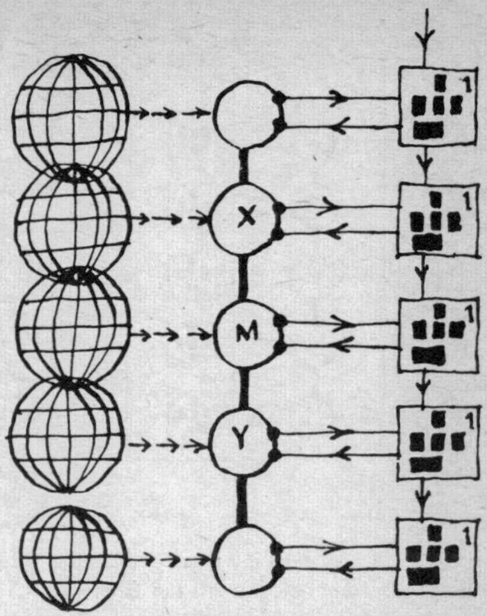

Eine kybernetische Gesellschaft setzt sich aus Abteilungen zusammen, bei denen jede durch ein eigenes System Eins überwacht wird. Es ist die »Verbundenheit« zwischen den Abteilungen (dicke Linie), die die Gesellschaft zu einer Einheit macht. Die Abteilung M sucht ihre Leistung zu verbessern, indem sie sich mit der eigenen äußeren Umwelt abstimmt, von der sie »beschossen« wird (angedeutet durch unterbrochene Pfeile). Die Abteilung M wird aber auch durch Anweisungen der obersten Unternehmensleitung (Firmenebene) beeinflußt und durch Eingaben aus den beiden benachbarten Leitungseinheiten (X und Y). Ohne zusätzliche Überwachungseinrichtungen kann das ganze Leitungssystem in Schwingung geraten.

von denen jede ihre System-Eins-Steuerung, ihre eigenen Probleme der Übertragung und ihre eigenen besonderen Kontrolltechniken besitzt. Was vereinigt nun diese getrennten Abteilungen zu einer Firma?
Es muß die »Verbundenheit« zwischen den Abteilungen sein, die eng oder locker sein kann. Eine enge Verbundenheit ist bei den Industriearten, die – wie etwa die Stahlindustrie – ihre Produkte von einer Abteilung in die nächste weiterleiten, zu beobachten. Die Eisenherstellung ist eine Sache für sich. Das Eisen aber wird an den Stahlhersteller weitergegeben und dieser wiederum muß das Produkt walzen und nochmals walzen. Eine lockere Verbundenheit ist zwischen Abteilungen zu beobachten, wenn die Produkte sich völlig unähnlich sind und wenn das Unternehmen verschiedene Märkte beliefert. In diesem Fall besteht wohl nur eine rein finanzielle Bindung zwischen den Abteilungen. Der Zusammenhalt der Firma ist dann weithin nur eine psychologische Angelegenheit – das Bild eines Unternehmens, das von oben herab vergrößert wurde.

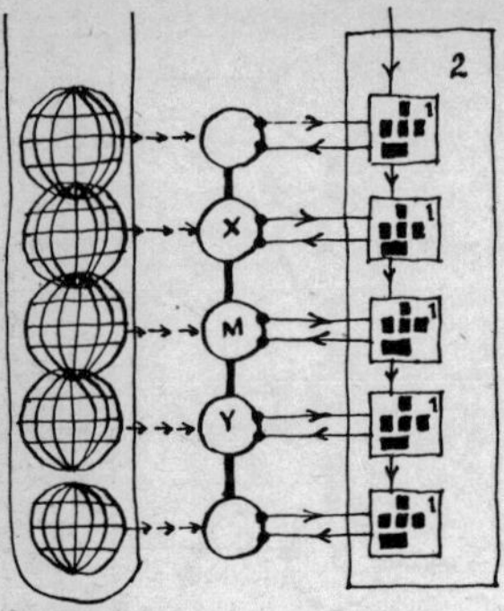

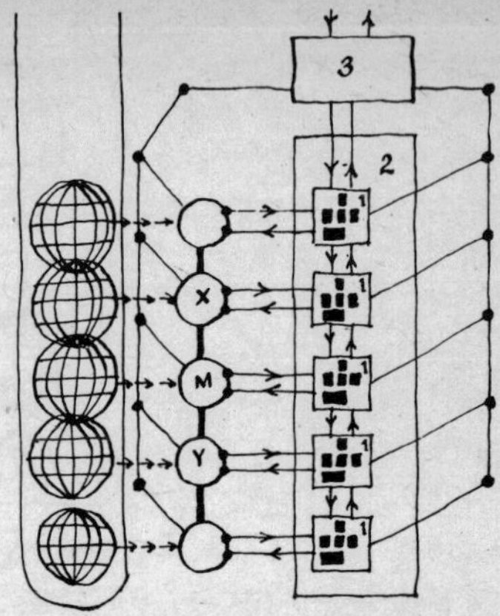

Links: Das System Zwei sorgt für eine Dämpfungswirkung auf die System-Eins-Überwacher, die auf der Ebene der Abteilungsleitung arbeiten. Es verhindert, daß die Abteilungen in unkontrollierte Schwingung geraten. Eine derartige Anordnung, nämlich eine Kontrollvorrichtung, die die Veränderlichen innerhalb vorgeschriebener Grenzen hält, wird Homöostat genannt.

Rechts: Das System Drei hat die Aufgabe, alle entsprechenden Daten über die Handlungen der Gesellschaft in einer Eingangs/Ausgangs-Matrix zu sammeln, wo sie dann untersucht und verbessert werden können im Hinblick auf die Gesamtziele der Gesellschaft. Besondere Informationen über die Ereignisse in den Abteilungen und über das, was im System Eins geschieht, sind erforderlich. Daraus erklärt sich das Netzwerk, das diese mit dem System Drei verbindet.

Wie auch immer die Verbindung aussehen mag, sie muß vorhanden sein, wie es die kräftige Verbindungslinie in Abb. S. 113 andeutet. Nun begegnet uns ein sehr wichtiges Steuerungsphänomen. Man betrachte die Einheit M, mit der begonnen wurde und die von dem anfänglichen System Eins gesteuert wird. Sie versucht ihre Tätigkeit bezüglich einer Außenwelt zu optimieren, was im Diagramm als »Beschuß« der Einheit durch unterbrochene Pfeile angedeutet wird. Im ganzen gibt es noch zwei andere Eingabearten. Die erste besteht in einer Reihe von Anweisungen durch die Firmenleitung, wie die Einheit sich verhalten soll (diese Eingabe wurde im Diagramm der Abb. S. 111 besonders angedeutet). Die zweite Eingabeart besteht aus Meldungen aus den zwei benachbarten Leitungseinheiten (X und Y im Diagramm der Abb. S. 113).

Wechselwirkung und ›Schwingungs-Gefahr‹

Die Schwierigkeit besteht nun noch darin, daß die X- und Y-Eingaben ihrerseits nicht nur schwierig und verwickelt sind, sondern auch das Ergebnis von aktiven Optimierungsverfahren ohne Beziehung zur Einheit M sind. Alle drei Abteilungen verhalten sich gemäß der Theorie der Steuerungssysteme, ähnlich wie man es auch bei mechanischen Servogeräten beobachten kann. Man kann ein unvermeidbares Ergebnis voraussagen. Die zentrale Einheit M möchte die erhaltenen X- und Y-Optimierungen miteinander abstimmen, sie will andererseits ihr eigenes Optimum produzieren und beginnt nun ihrerseits sowohl die X- wie auch die Y-Tätigkeiten immer wieder zu beeinflussen. Das aber wird das Gleichgewicht der X- und Y-Lösungen stören, die sich nun wieder ändern, um noch einmal die Einheit M zu belästigen. Kurz gesagt, das gesamte System wird in Schwingung versetzt.
Wenn das innerhalb einer Werkzeugmaschine geschieht, wird es »Jagen« genannt. Tritt dieser Zustand bei einem Menschen auf, was manchmal auf einem Schaden im Kleinhirn beruhen kann, wird diese Krankheit mit Tremor oder Ataxie bezeichnet. Dieser Schaden kann auch bei Geschäftsleitungen in bestimmten Situationen leicht auftreten: wenn zum Beispiel das Warenlager aus ganz ähnlichen Gründen außer Kontrolle gerät. Um diese Art von Schwingungen zu steuern, brauchen wir eine Befehlseinheit höherer Ordnung: das System Zwei. Es handelt sich um einen Überwacher, der Schwingungen im System Eins im Rahmen einer Gesamtstrategie dämpfen kann (siehe Abb. S. 114).

Der ›homöostatische‹ Betrieb

Vom Standpunkt der Firmenleitung aus befinden sich die fünf Abteilungen nun in einem stabilen Zustand. Jede reagiert auf den »Beschuß« der Außenwelt und paßt sich gleichzeitig sowohl den Absichten der Firma (die von oben kommen) als auch den durch die Schwesterabteilungen hervorgerufenen Umständen an, und zwar mit Hilfe von System Zwei. Ein Kybernetiker nennt eine solche Anordnung einen »Homöostaten«. Das bedeutet, daß eine Regelung vorhanden ist, die die maßgeblichen Variablen eines Systems innerhalb physiologischer Grenzen halten kann. Die Fähigkeit des menschlichen Körpers, seine eigene Temperatur ziemlich konstant zu halten, wirkt homöostatisch. So kann auch ein Kontrollsystem in einer Firma wirksam werden, das den Ertrag des investierten Kapitals auf, sagen wir, 15 Prozent hält.
Es sei hier noch vermerkt, daß eine Kontrolle in einem großen System sich vorwiegend um Stabilität kümmert und weniger

um ein beständiges Streben nach hohen Gewinnen oder anderen Maximalleistungen. Die Firmenleitung ist aber trotz ihrer Bejahung einer gewissen Stabilität doch an bestimmten Zielen interessiert. Ihre Einflußmöglichkeit auf den Homöostaten ist in Abb. S. 114 links als eine von oben kommende Linie erkennbar. Diese Anweisungen müssen nun zusammen mit einem Blick aus höherer Warte auf die Umwelt, in der sich die Firma befindet, weiter nach unten erklärt werden. Das ist die Aufgabe von System Drei (Abb. S. 114 rechts).

Wiederum begegnet man einer Sprache höherer Ordnung und Kontrollbegriffen, die nicht in die Systeme der unteren Ordnungen passen. Die Abteilungseinheiten sind dabei, ihr Bestes innerhalb der ihnen vom System Zwei auferlegten Grenzen zu tun. Sie erreichen dabei ein homöostatisches Gleichgewicht. Im Licht der für das System Drei anfangs verfügbaren Kenntnis muß aber mehr als nur dies getan werden.

Die Entwicklung von zwei Befehlsachsen in System Drei

Die Aufgabe von System Drei besteht darin, die entsprechenden Angaben über die Firmenvorgänge in eine Eingangs/Ausgangs-Matrix zu übertragen, die im Sinne der Gesamtabsichten der Firma geprüft und verbessert werden kann. Hierzu ist eine ganz bestimmte Information über die Vorgänge in den Fertigungsabteilungen und ihren System-Eins-Steuerungen erforderlich. Es gibt natürlich einen aufsteigenden Strom von Information (siehe Abb. S. 114 rechts), der die oberste Leitung über den Stand der Dinge informiert. Es muß dabei bemerkt werden, was außergewöhnlich ist: Tatsächlich sind Systeme Eins und Zwei Filter. Sie übertragen nicht alles, was sie wissen. Wenn sie das täten, würden die oberen Befehlsebenen des Betriebes darin ertränkt. Deshalb hat man die wichtige Vorstellung einer zweidimensionalen Kontrolltätigkeit eingeführt. Es gibt eine zentrale Befehlsachse, die nun in unseren Diagrammen als senkrechte Säule erscheint, und eine horizontale Befehlsachse, die über eine andere Reihe von Kriterien wirksam wird.

Die Techniken in der Spitze von System Drei

Die für das System Drei verfügbaren wissenschaftlichen Techniken sind vorwiegend die modernen Formen der Eingangs/Ausgangs-Analyse, die mit der linearen Programmierung begann. In diesem Bereich können wir uns zum erstenmal mit der Firma als

Ganzem befassen. Große Reihen von simultanen Gleichungen müssen also gelöst werden, die bestimmte Vorratsquellen bestimmten Zielen zuordnen müssen. Aus der großen Zahl möglicher Lösungen müssen die ausgewählt werden, die den Gesamtabsichten der Firma am besten entsprechen. Aus der Berechnung sollte sich eine homöostatische Strategie für die Firma als Ganzes ergeben. Diese setzt den inneren Homöostaten zu der Umgebung der Firma in Beziehung und zwar durch ihre spezifischen Methoden. Insbesondere können hierdurch so ärgerliche Probleme wie die Aufteilung und Zuordnung der Gesamtvorräte auf die Abteilungseinheiten und die Verrechnungspreise, die im inneren Verkehr auftreten, gelöst werden. Diese und ähnliche Fragen sollten der Gesellschaft zu einer integrierten Aktivität verhelfen, normalerweise wirken sie aber trennend.

Drei Arten von Information

Für das System Drei sind dreierlei Arten von Information verfügbar. Es gibt Daten, die sich von unten über den inneren Homöostaten der Gesellschaft ergeben. Sie werden entweder durch die Filter des Systems Zwei geleitet oder, wo eine besondere Verrichtung betroffen ist, durch die eigenen »Antennen« des Systems Drei. Dann gibt es eine absteigende Information von der Firmenleitung (wobei etwas benutzt wird, was wir bald System Fünf nennen werden), indem die Information durch eine Stabsfunktion, System Vier genannt, gefiltert wird. Und drittens gibt es noch eine gemeinsame Information von der Außenwelt, die besonders durch die Tätigkeit des Systems Vier gesammelt und verarbeitet werden muß.

Marketing der Gesamtfirma

Dieses Bild wird durch das Diagramm in Abb. S. 118 verdeutlicht. Es ist vielleicht aber noch nicht klar, wie sich die Einwirkung der Welt auf die Gesamtfirma von ihrer Einwirkung auf die einzelnen Abteilungen unterscheidet. Es gibt wenigstens zwei wichtige Punkte, an denen man den Unterschied erkennen kann. Der erste ist die Absatzpolitik (Marketing). Das Marketing der Firma selbst unterscheidet sich nämlich vom Marketing der Firmenprodukte in ihren einzelnen Abteilungen. Zum Beispiel kann eine Abteilung mit anderen größeren Gesellschaften in Beziehung treten, auch mit Exportmärkten und darüber hinaus mit der Regierung – in beschränktem Ausmaß und auf bestimmten eigenen Wegen.

Immerhin kann es die Firma als Ganzes betreffen. Das zweite Unterscheidungsmerkmal bei der Firmengesamtaktivität sind die Finanzen, ihr gesamtes Investitionsprogramm, ihre Beziehung zum Rohstoffmarkt usw. Diese Transaktionen mit der Umgebung müssen mit Hilfe von System Vier erfolgen.

Steuerung der Finanzen und der Absatzpolitik in System Vier

Wir sind in System Drei dem spezialisierten Modell der Firma begegnet. Hier folgt ein weiteres Modell. Dieses Modell befaßt sich auch mit Investitionen, aber nicht von dem inneren Eingangs/Ausgangs-Standpunkt. Es befaßt sich mit dem Geldmarkt: dem Beschaffen von Geld, den Firmenbeteiligungen, der Beziehung der ausgeschütteten Gewinne zu den zurückgestellten Gewinnen und dem In-Rechnung-Setzen von alledem auf die Preise in einem jeweiligen Anteil. Die Abb. S. 120 gibt das wirkliche Gespräch mit einem Rechner in dieser Überwachungsstufe wieder. Das Modell im Rechner wird nicht zur direkten Steuerung der Unternehmenshandlungen verwendet, auch nicht einfach, um gespeicherte Information abzufragen, und gewiß nicht, um Optima zu berechnen. Es dient als Gesprächspartner. Die verantwortlichen Führungskräfte auf Ebene Vier, darunter zum Beispiel der Finanzdirektor, können ein langes Rechnergespräch mit diesem Modell des Unternehmens halten und damit gut die zukünftigen Finanzentwicklungen im voraus planen. Wie aus dem hier wiedergegebenen Ausgabeabschnitt zu ersehen ist, wird der Rechner um mögliche Entscheidungen bitten, sie dann auf das Modell anwenden und die Folgerungen ausarbeiten. Daraufhin kann der Leiter um neue Entscheidungen gebeten werden. Es ist

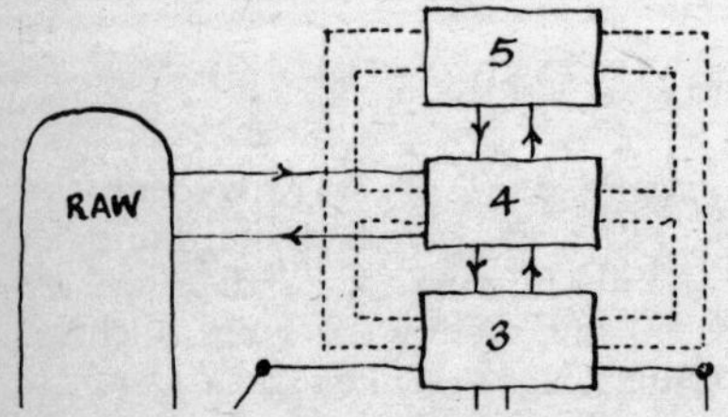

Das System Vier sammelt und verarbeitet Informationen aus der Außenwelt, soweit sie die Gesellschaft insgesamt betreffen. Die relevante Außenwelt (RAW) auf dieser Ebene unterscheidet sich von den Außenwelten, die die von System Eins gesteuerten Abteilungen »beschießen«. Das System Vier befaßt sich mit den Marktproblemen der Firma selbst, mit ihrem Investitionsprogramm, nicht aber mit einzelnen Produkten.

auch möglich, daß er darauf hingewiesen wird, seine alten abzuändern.
System Vier sitzt direkt in der zentralen Befehlsachse der Firma. Als eine Konsequenz unseres Modells ergibt sich, daß die Stabsfunktion nicht, wie immer von der Leitung geglaubt wird, in der Beratertätigkeit besteht, auf die sich die Inhaber von Stabsstellen manchmal zurückziehen. Man betrachte folgende Behauptung: »Weg A führt zum Ruin, vermute ich, und Weg B ist höchst profitbringend. Aber wählen Sie nur. Ich maße mir nicht die Rolle des Leiters an.« Das kann sicherlich nicht als »Rat« bezeichnet werden, da es bereits eine verborgene Entscheidung enthält. Ein großer Teil der berufsmäßig geleisteten Dienste ist von dieser Art, wenn sie auch nicht so einfach zu durchschauen sind. Man sollte diesen Beitrag zur Leitung als das anerkennen, was er in Wirklichkeit ist.

Die zwingende Hierarchie der Kontrollsysteme ohne Ende

Die frühere Begründung für die Notwendigkeit einer Hierarchie von Kontrollsystemen gilt theoretisch absolut. Es gibt also immer noch einen Überwacher höherer Ordnung als gerade den, den man bespricht. Ganz strenggenommen ist es auch nicht möglich, überhaupt irgendwo aufzuhören. Man muß das nächsthöhere Übertragungssystem erschaffen oder zumindest betrachten. Das ist aber genauso, als erklärte man, die Abteilung einer Firma sollte sich daran erinnern, daß sie Teil der Firma ist; die Firma sollte sich dann daran erinnern, daß sie Teil einer Industrie ist. Dann gibt es noch die Nation, den Kontinent und die Welt . . . In der Arbeitswirklichkeit muß man irgendwo ein Ende finden. Eine Firma, die sich ihrer Verantwortlichkeit gegenüber der Rasse allzu bewußt ist, würde bald bankrott gehen. Die Firma nimmt eine willkürlich abgegrenzte Reihe von Sozialsystemen an, in der auch sie ihren Platz hat. In ähnlicher Weise hört jede Steuerungshierarchie willkürlich auf, wenn sie eine ›Endautorität‹ erkennt.
Für die leitenden Direktoren der Firma arbeitet System Fünf genauso gut wie die von ihm abhängigen Systeme Eins bis Vier. Die leitenden Männer müssen eine Wirtschaftspolitik betreiben, die beinahe an Philosophie grenzt oder zumindest in mancher Hinsicht den praktischen Plänen, die von System Vier betrachtet werden, überlegen ist. Von System Vier selbst werden sicherlich gewisse Probleme an die Leitung weitergehen, die sich zwar darüber informieren wird, sie sich aber nicht zu eigen macht.

Die für System Fünf geeignete Art von Rechnersteuerungstheorie beruht noch auf einer dritten Art eines Firmenmodells und einer neuen Reihe von Verfahrenstechniken. Um zu wiederholen: Das System Drei schließt ein Modell der Kostenberechnung ein und das System Vier die Modelle der Finanzen und Absatzpolitik. Das Modell für System Fünf sollte jedes Merkmal der Gesellschaft in seiner Umgebung berücksichtigen, das für eine langfristige Zukunftsbetrachtung wichtig erscheint. Das Modell sollte dazu in der Lage sein, über völlig neue Ansätze in der Firmenpolitik nachzudenken. Die Technik zum Betreiben eines solchen Modells besteht in einer äußerst schnellen Simulation. Man nehme an, daß bestimmte Grundeigenschaften eines Betriebes, so wie sie bekannt sind, verändert werden – eine Veränderung des Fabrikortes, das Verschmelzen mit einer anderen Firma oder die Entwicklung von neuen Geräten mit einer ganz neuen Technik. Was würde wahrscheinlich geschehen? Die Zukunft ist niemandem bekannt, und der Sinn, in dem die Wissenschaft voraussagen kann, unterscheidet sich völlig von Wahrsagerei. Wir wissen nicht, was geschehen wird, aber wir können vorbereitet sein, um dem Bereich von wahrscheinlichen Ereignissen Grenzen zu setzen.
Daraus folgt, daß wir unsere Absichten gegenüber Kombinationen von möglichen Zukunftsereignissen testen können, oder es tun könnten, wenn wir die Zeit hätten. Wir selbst nennen das eine künstliche Voraussage. Wir fragen, was wahrscheinlich geschehen würde, wenn wir das täten und prüfen dann das wahrscheinliche Ergebnis unserer eigenen nächsten Antworten usw.
Die Aufgabe besteht also, wie ich wiederholen möchte, nicht

```
 DO YOU WANT TO CHANGE YOUR MIND ABOUT THIS DIVIDEND?
         ANS=NO
 CASH FLOW EXCEEDS YOUR INVESTMENT PLANS BY    .57 MILLION
 PLEASE STATE WHAT YOU WANT TO ADD TO TRADE INVESTMENTS
         EXT=5.7
 TOO BIG - TRY AGAIN
         EXT=.57
 MAKE ANY CHANGES YOU REQUIRE THEN TYPE 'DO PART 5Ø
-DO PART 5Ø
 DO YOU WISH TO MAKE ANY CHANGES IN REVENUE INVESTMENT?
         ANS=NO
```

Ein Dialog zwischen einem Rechner und einem System-Vier-Direktor befaßt sich mit der Untersuchung von möglichen finanziellen Alternativen, die die Gesellschaft verfolgen kann. Der Rechner stellt Fragen und der Finanzdirektor beantwortet sie mit Hilfe einer Tastatur.

darin, Ereignisse vorauszusehen, sondern mögliche Entwicklungen vorauszuplanen.
Mit den modernen, schnellarbeitenden Rechnern steht uns die Zeit zur Verfügung, Experimente zu wiederholen, die sich über Kombinationen von möglichen Ereignissen erstrecken. Wir suchen dabei einen Verlauf, der unter ganz bestimmten Kriterien uns am wenigsten schaden wird. So besteht die Aufgabe nicht darin, ein Wissen über die Zukunft vorzutäuschen, das wir nicht haben, sondern den Bereich der Möglichkeiten zu umschreiben. Viele mathematische Techniken stehen zur Verfügung, wenn uns erst einmal ein Modell des Systems Fünf zur Verfügung steht, vorausgesetzt, daß wir es in Betrieb setzen können. Man hat es jedoch schon in vielen Industriewerken in Gang gesetzt.

System Fünf in der Forschung

Tatsächlich ist das System Fünf schon oft geplant und auch gebraucht worden, nicht aber in der Rolle eines Systems Fünf, sondern als ein entscheidendes Mittel für die Forschung. Das gleiche gilt auch für das System Vier und für das System Drei. Was bis jetzt noch nicht genau erkundet wurde, ist die Wechselbeziehung zwischen diesen drei Modelltypen einer Firma (siehe die punktierten Linien in der Abbildung auf Seite 118) oder ihr Verhalten bei Eingaben aus wirklichen Lebensbedingungen, wie sie ja für die gesamte Theorie vorgesehen sind. Die normale Praxis bei der Arbeit in der Unternehmensforschung besteht darin, synthetische Daten zu verwenden, um die Modelle in Betrieb zu setzen. Dabei werden historische Daten nach statistischen Stichprobenprogrammen regeneriert. In einer fünfrangigen Hierarchie von Steuerungssystemen von der Art der beschriebenen Modelle jedoch würden diese andauernd durch wirkliche Daten aktiviert, nämlich von der Information, die durch die Firma fließt.
Da sich jeder Typ der fünf Systeme als arbeitsfähig erwies, sollte es auch möglich sein, die gesamte Anordnung gemeinsam in Gang zu setzen. Und das ist kein entfernter Traum. Das erfordert eine leitende Einsicht in Auftrag und Ausführung. Es erfordert viel Arbeit für den Einsatz der Rechner. Aber dies oder etwas Ähnliches wird auch geschehen. Woher kommt das Vertrauen, das hinter dieser Behauptung steht?

Die fünf Systeme spiegeln die ›Kybernetik des Menschen‹

Die Antwort ergibt sich aus den Untersuchungen der Kybernetik. Die Wissenschaft der Steuerung untersucht komplizierte Systeme, indem sie die Steuerungsfunktionen heraussucht, die sie lebensfähig machen. Das hier kurz beschriebene Modell ist das kybernetische Modell einer lebensfähigen Steuerungsorganisation: es ist in seinem Ursprung ein Modell des menschlichen Nervensystems. Und so arbeitet es: Die Abteilungen der Gesellschaft sind die Hauptorgane des Körpers (Leber, Herz, Lunge usw.). Das System Zwei ist das Rückenmark und das System Eins sind die Wirbelabschnitte des Rückenmarks, die über Reflexbögen arbeiten. Das System Drei ist das autonome Nervensystem, und seine für bestimmte Zwecke vorgesehenen Eingaben und Ausgaben, die beschrieben wurden, sind die sympathischen und parasympathischen Nervenleitungen. Das Kontrollzentrum des Systems Drei liegt im Körper in dem hinteren Teil des Gehirns (Brücke, verlängertes Rückenmark und Kleinhirn). Das System Vier ist der

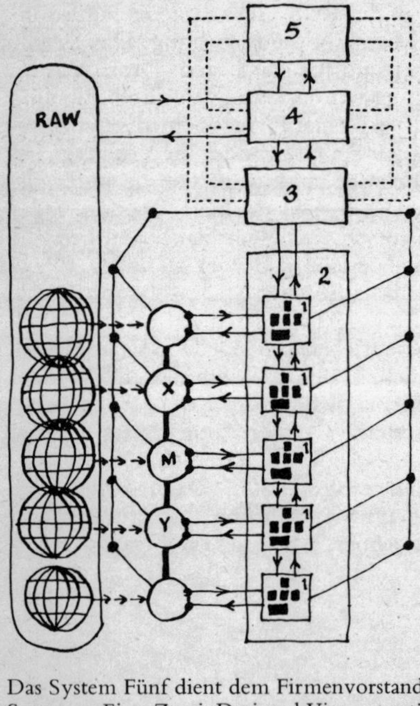

Das System Fünf dient dem Firmenvorstand, der auch von den abhängigen Systemen Eins, Zwei, Drei und Vier unterstützt wird. Das von System Fünf benutzte Rechnermodell sollte jede Eigenschaft der Firma und ihrer Umgebung enthalten, die auf lange Sicht für die Firma relevant ist.

mittlere Teil des Gehirns, durch den alle Gefühlsempfindungen auf ihrem Weg von den Sinnesorganen kommen. Das System Fünf ist die Hirnrinde selbst.

Diese kurze Erklärung mag die gesamte Theorie leichter verständlich machen oder nicht. Sie zeigt immerhin die Möglichkeiten kybernetischen Denkens an. Außerdem sind lebensfähige Systeme ähnlich aufgebaut wie das hier beschriebene, gleichgültig, ob es sich um physikalische, biologische, soziale oder ökonomische handelt. Das liegt daran, daß es in der Natur allgemeine Gesetzmäßigkeiten für die Steuerung gibt, die universell gelten. Jedes lebensfähige System ist ein Modell von jedem anderen. Ich behaupte also nicht, daß eine Firma in der Weise arbeiten sollte; ich behaupte, daß jede Firma tatsächlich in der Weise arbeitet. Ich habe hier eine systematische Erklärung angeboten, wie das zustande kommt. Was wir völlig verstehen, können wir auch sicher automatisieren. Es gibt keine technologischen Probleme mehr, es gibt nur noch Strukturprobleme (die durch die Kybernetik gelöst werden können) und Finanzierungsprobleme (die mehr Zeit in Anspruch nehmen können).

Es muß noch ein letztes Geheimnis erläutert werden. Wenn lebensfähige Systeme so funktionieren (und das Diagramm auf Seite 122 zeigt ein vollständiges Bild), dann sollte sicherlich das fünfrangige Modell benutzt werden, um für die Abteilungssteuerung zu sorgen, statt eines dreirangigen Modells, das zu Beginn vorgeschlagen wurde. Das ist wohl wahr. (Wenige Geheimnisse klären sich so schnell auf wie die, die in Wirklichkeit überhaupt nicht existieren.) Wir haben angefangen, indem wir über Maschinen sprachen, die auf drei Kontrollebenen arbeiten – A, B und C. Aber bei Betrachtung der oberen Führungsschichten sind wir auch noch auf Systeme Vier und Fünf gekommen. Wie wir jetzt wissen, gibt es für diese auch automatisierte Ausführungen. Es sind somit wirklich fünf Systeme. Ich kann daraus nicht weniger machen, und es scheint keine Notwendigkeit für mehr zu bestehen.

Wir können somit mit einem kybernetischen Betrieb rechnen, einem Betrieb, dessen Steuerungsstruktur vollständig verstanden und automatisiert werden wird. Sie wird aus Maschinen bestehen, die Maschinen steuern, die Maschinen steuern, die Maschinen steuern, die Maschinen steuern, die ihre eigene innere Steuerung haben. Wir wissen das von dem neurophysiologischen Modell. Das habe ich (um mit einer persönlichen Bemerkung zu enden) in beträchtlichen mathematischen Einzelheiten im Verlauf von über 20 Jahren entwickelt. Nur enge Freunde dürfen es als eine leichtfertige Analogie bezeichnen.

Weitere Literatur:

Stafford Beer: Kybernetik und Management. S. Fischer, Frankfurt 1963.
B. H. P. Rivett und R. L. Ackoff: A manager's guide to operational research. John Wiley, London 1963.
W. Ross Ashley: Design for a Brain. Chapman and Hall, London, 1954.
Stafford Beer: Management Science. Aldus Books, London 1967.
Stafford Beer: Decision and control. John Wiley, London 1966.
Churchman/Ackoff/Arnoff: Operations research. Eine Einführung in die Unternehmungsforschung. Oldenbourg, Wien/München 1961.

Maschinen mit Persönlichkeit

Von John C. Loehlin

Dr. John C. Loehlin ist außerordentlicher Professor für Psychologie und Rechnerwissenschaft an der Universität von Texas in Austin. Neben seiner Arbeit über Rechnermodelle mit Persönlichkeit und Denkvermögen untersuchte er vielfältige variable Methoden in der menschlichen Verhaltensgenetik.

Jetzt können Rechnermodelle gebaut werden, die viele Merkmale einer menschlichen Persönlichkeit einschließlich Liebe, Furcht und Ärger haben. Sie können Meinungen vertreten, eine Geisteshaltung entwickeln und auf andere Maschinen und menschliche Persönlichkeiten einwirken.

Die nächstliegende Frage ist das »Warum?« Maschinen, die denken, laufen, sprechen oder lesen, sind offensichtlich imstande, sehr nützliche Aufgaben für uns durchzuführen. Aber Maschinen mit Persönlichkeit? Warum sollte sich denn irgendwer (wenn der sich nicht gerade Frankenstein nennt) mit solchen Dingen herumschlagen?
Zunächst mag nur die Freude daran Pate gestanden haben. Es können jedoch wenigstens drei weitere Gründe genannt werden, Gründe für einen möglichen Lohn solcher Bemühungen. Ich betone möglichen Lohn, denn keine dieser Konstruktionen wurde bis jetzt über die ersten vorsichtigen Anfangsschritte hinaus fortentwickelt.

Drei Gründe für diese Konstruktion

An erster Stelle dient die Konstruktion einer Persönlichkeitsmaschine zum Testen theoretischer Hypothesen von Vorgängen, die der Persönlichkeitsbildung zugrunde liegen. Ein solches Gerät kann aber auch zum Erkunden von Folgerungen aus Alternativhypothesen über solche Vorgänge verwendet werden. Also eignet

sich die Maschine oder das Modell dafür, Begriffe zu klären oder aufzudecken.
Zweitens könnte eine Maschine, die zum Nachahmen eines einzelnen Individuums bestimmt ist, auch gewisse Vorhersagemöglichkeiten besitzen. Wenn die Hauptansichten, Geisteshaltungen, Konflikte, Hoffnungen und Ängste einer Person in ein nachgebautes Modell (wahrscheinlich in Form eines Rechnerprogramms) eingebracht werden können, sollte es möglich sein, ihr Verhalten in bestimmten Situationen oder beim Gegenüberstellen mit anderen Personen, die in ähnlicher Weise dargeboten werden, vorauszusagen. Traditionelle psychologische Anwendungsversuche solcher Vorhersage haben einen ziemlich begrenzten Erfolg gehabt. Wenn, wie vermutet, der Grund hierfür in der Unfähigkeit liegt, in großem Umfang wesentliche Informationen über ein Einzelwesen und seine Situation festzustellen und zu übertragen, so wird vielleicht eines Tages das ausführliche Rechnermodell einer Person für einen klinischen oder erzieherischen Psychologen so nützlich sein wie ein ähnliches Modell schon jetzt für einen Wirtschaftler oder Verkehrstechniker, und das mit einer im wesentlichen ähnlichen Begründung.
Eine dritte mögliche Verwendung bietet die Maschine als erzieherische Hilfe. Studenten, die sich in Tätigkeiten einüben, die Geschick im Umgang mit anderen Menschen erfordern, hätten für einen solchen Übungspartner – besonders in den ersten Stadien ihrer Ausbildung – schon eine gute Verwendung. Ein solches Gerät könnte zum Beispiel beim Ausbilden von Psychotherapeuten Vorteile bieten. Zunächst könnte der Ausbilder seine pädagogischen Ziele an idealen Praxisbeispielen demonstrieren und wäre nicht auf tatsächliche Fälle angewiesen, in die immer irrelevante Faktoren hineinspielen. Zudem dürfte der Übende auch Fehler machen, sogar schwere, ohne daß vielleicht einem Menschen dadurch ein dauernder psychischer Schaden zugefügt wird. Außerdem könnte der »Patient« – so oft wie nötig – in seinen Anfangszustand wieder zurückversetzt werden, was dem Lernenden die Erprobung einer Anzahl verschiedener Behandlungsmethoden beim gleichen Problem gestattet. Dieses Erfahrungssammeln ist bei menschlichen Patienten unmöglich. Bei ihnen kann man niemals wissen, ob ein Verfahren, das beim zweiten Versuch mißlang, nicht beim ersten vielleicht doch geholfen hätte. Die Praxis an einem künstlichen Gerät muß natürlich durch die praktische Erfahrung an wirklichen Menschen ergänzt werden, was aber in einem späteren Ausbildungsstadium geschehen könnte, wenn das Risiko einer Fehlbehandlung geringer ist.

Persönlichkeitsmaschine als Rechnerprogramm

Nachdem wir optimistisch in die Zukunft geblickt haben, in der Ergebnisse offenkundig zu erwarten sind, möchte ich mich jetzt wieder der gegenwärtigen noch ziemlich beschränkten aber vielversprechenden Arbeit zuwenden, die beim Bau von Persönlichkeitsmaschinen bereits geleistet wurde. Diese »Maschinen« sind alle, soweit mir bekannt, Programme für Rechner gewesen. Eine Rechnersprache ist ein viel geschmeidigeres und angenehmeres Umgangsmaterial als die »hardware« von Dioden und Transistoren. Es scheint auch keineswegs vordringlich, Modelle in Draht und Metall zu verwirklichen, bevor sie nicht in Programmform zufriedenstellend arbeiten. Für viele Anwendungen wird dieser letzte Schritt vielleicht niemals nötig sein.

Von dem etwa halben Dutzend Rechnermodellen, die sich mit Persönlichkeitsvorgängen befassen und die bereits so weit gediehen sind, daß sie in Druckschriften beschrieben werden, will ich mich auf zwei Programme konzentrieren, die sich in manchen Beziehungen unterscheiden und somit einen Eindruck von der Vielfalt in diesem Bereich vermitteln. Das eine ist mein eigenes Modell, Aldous. Das andere ist das Modell einer neurotischen Persönlichkeit, das von dem Psychoanalytiker Kenneth Mark Colby an der Stanford-Universität gebaut wurde.

Das Modell Aldous

Aldous, so benannt zu Ehren von Aldous Huxley und seiner »Schönen neuen Welt«, stellt ziemlich einfach und stark schematisiert einige jener Vorgänge dar, von denen man annimmt, daß sie eine Persönlichkeit ausmachen. Die wichtigsten Unterprogramme von Aldous sind Erkennen, Gemütsempfindung, Handlungsauswahl, Selbstprüfung und Lernen. Aldous hat zwei Gedächtniseinrichtungen: ein kleines Augenblicksgedächtnis und eine viel umfangreichere, fortdauernde Erinnerung. Er war ursprünglich im Sommer 1960 in der Maschinensprache für einen ziemlich kleinen Rechner programmiert worden. Später wurde das Programm mit geringen Abänderungen in die Programmiersprache FORTRAN übersetzt.

In Betrieb genommen, reagiert Aldous auf Eingaben mit Furcht, Ärger oder Zuneigung. Er veranlaßt Handlungen wie Rückzug, Angriff, Annäherung, Zwiespalt oder Gleichgültigkeit. Mit der Zeit entwickelt er eine bestimmte und allgemeine Haltung gegenüber den Dingen, mit denen er in Beziehung getreten war. Seine »Persönlichkeitszüge« oder sein spezifisches Reaktionsmuster können verändert werden, indem verschiedene Konstanten als Para-

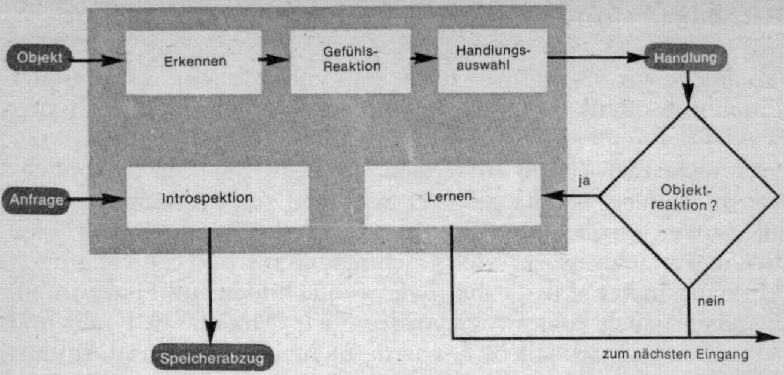

Aldous ist das Rechnermodell einer Persönlichkeit. Mit Hilfe von fünf Hauptunterprogrammen, die im grauen Rechteck zu sehen sind, erkennt er ein Objekt, reagiert darauf mit Furcht, Ärger oder Zuneigung und legt Handlungen fest, die durch Rückzug, Angriff, Annäherung, Konflikt oder Gleichgültigkeit bestimmt sind. Das äußere Unterprogramm »Objektreaktion« sorgt für eine Rückkoppelung aus der Umgebung nach den Handlungen von Aldous. Manchmal lernt er und verändert seine Haltungen. Das Unterprogramm »Introspektion« berichtet über sein Augenblicksgedächtnis.

meter in seine Unterprogramme eingegeben werden. So können Varianten von Aldous erzeugt werden, die bereitwillig oder zögernd auf Gefühlserregungen reagieren, die vorwiegend auf die abstrakten oder konkreten Merkmale einer Situation ansprechen, die von einer früheren Erfahrung oder der augenblicklichen Stimmung beherrscht werden usw.

Das Wirken von Aldous besteht, allgemein gesagt, darin, gegenüber den Objekten in seiner Umgebung bestimmte Haltungen einzunehmen. Seine Ausstattung mit Begriffen ist ziemlich beschränkt. Objekte werden einfach durch Kombinationen aus einer kleinen Anzahl von Eigenschaften dargestellt. Diese Eigenschaften werden durch beliebige Codenummern dargestellt und sind absichtlich ziemlich abstrakt belassen worden: sie können für jeden Aspekt stehen, unter dem Aldous Objekte einordnen soll. In einer Anwendung könnten sie Personenmerkmale wie Alter und Geschlecht sein; in einer anderen könnten sie die Beschaffenheit (feindselig, ängstlich usw.) und die Intensität von Aldous' eigenen Handlungen darstellen. Übrigens gibt es in diesem letzten Fall Andeutung einer Selbsterkenntnis, da Aldous auch eine Reihe verschiedener Haltungen gegenüber seinem eigenen Verhalten entwickelt.

Aldous verhält sich gegenüber einem beliebigen Objekt gemäß einer Voreinstellung seiner drei Gemütsempfindungen (Ärger, Furcht und Zuneigung) zusätzlich einer weiteren Vertrautheitskomponente (ein Kennzeichen für seine früheren Begegnungen mit dem Objekt). Jede seiner fortdauernden Erinnerungsstellen enthält Zahlen, die diesen vier Einheiten entsprechen. Diese Stellen in seinem Gedächtnis sind durch Eigenschaften gekennzeichnet, die die Objekte so unterscheiden, daß bei der Beschreibung eines Objektes die Haltung ihm gegenüber sofort gefunden werden kann. Ein lernendes Unterprogramm von Aldous bildet die Haltungen aus und verändert sie in Abhängigkeit von den Ergebnissen seiner einzelnen Begegnungen mit seiner Umgebung. Haltungen gegenüber allgemeinen Klassen von Objekten werden ebenfalls ausgebildet: Wenn zum Beispiel einer der kennzeichnenden Aspekte das Geschlecht ist, wird Aldous sowohl ein Verhalten gegenüber Frauen im allgemeinen wie auch bestimmte Haltungen jenen Frauen gegenüber zeigen, denen er bereits begegnet ist. Diese verallgemeinerten Verhaltensweisen gestatten es Aldous, bereits bei der ersten Begegnung auf Objekte spezifisch zu reagieren.

Weitere Einzelheiten der Vorgänge, die wirksam werden, wenn Aldous einem bestimmten Objekt begegnet, brauchen nicht besprochen zu werden. Kurz gesagt, Aldous erkennt ein Objekt an seinen Eigenschaften und reagiert gefühlsmäßig auf sie, abhängig von seiner entsprechenden Haltung und seinem augenblicklichen Gemütszustand. Sein Handeln erfolgt direkt aus einem Gemütszustand plus einem Schwellenparameter. Er plant nicht voraus und betrachtet die möglichen Folgen seines Tuns nicht genau. In dieser Hinsicht fehlt ihm noch etwas, was für ein perfektes Modell menschlichen Verhaltens erforderlich ist. Ein externes Unterprogramm, »Objektreaktion«, sorgt für eine Rückkopplung aus der Umgebung nach seiner Handlung, und manchmal lernt Aldous auch etwas: das bedeutet, daß er sein Verhalten gegenüber der Umwelt verändert. Aldous besitzt auch ein Unterprogramm »Introspektion«, das auf normierte Fragen Antworten aus dem Inhalt seines Augenblicksgedächtnisses gibt.

Es muß natürlich betont werden, daß Aldous nur ein Modell der Persönlichkeit verkörpert, nicht aber die Sache selbst. Wenn ich somit von der »Furcht« Aldous' spreche, so beziehe ich mich nur auf eine numerische Variable im Programm, die verschiedene Werte zur Darstellung verschiedener Grade der Furcht annehmen kann. Das Modell (oder der Rechner) hat natürlich keine Angst, genausowenig wie ein Molekülmodell aus Plastikbällen und Holzstäbchen in chemische Reaktionen eintreten kann. Es reicht aus, wenn Aldous' »Furcht« in geeigneter Weise mit seinen vorausgegangenen Erfahrungen, seinen anderen augenblicklichen Gefühlsregungen und den Handlungen, die er ausführt, in Verbindung steht. Die Frage, ob irgendeine Form von subjektiver Erfahrung im Datenverarbeitungsvorgang eines komplizierten künstlichen Gerätes inbegriffen sein sollte, ist zwar immer wieder faszinierend, steht aber hier nicht zur Diskussion. Das Introspektions-

Programm in Aldous kann über einzelne seiner Zustände berichten, da es hierfür vorgesehen wurde, es ist aber kein Kanal zu irgendeinem geistigen Innenleben des Rechners.

Versuche mit Aldous

Wenn ein Modell erst einmal gebaut ist, kann sein Verhalten auf verschiedene Weise ausprobiert werden. Eine Anzahl von Versuchen wurde mit Aldous bereits durchgeführt. Einige von ihnen haben zum Beispiel über bestimmte Zeitabschnitte hinweg sein Verhalten gegenüber einer besonders ausgesuchten, wohlwollenden oder feindlichen Umwelt untersucht. Andere Versuche prüften sein Verhalten bei Umweltänderungen. In einem derartigen Versuch wurde Aldous dem Objekt ›111‹ in mehreren Begegnungen ausgesetzt mit beständig günstigen Einwirkungen. Als Ergebnis zeigte sich bei ihm eine zunehmend positive Haltung gegenüber diesem Objekt, und er empfand keine negativen Gefühlsregungen. Beim vierten Versuch wurde ihm zum erstenmal das Objekt ›112‹ angeboten. Er erkannte es zwar als neu, verallgemeinerte aber aus seiner vorherigen, günstigen Erfahrung mit ›111‹ und näherte sich hoffnungsvoll. ›112‹ reagierte jedoch nicht so freundlich wie ›111‹. Statt dessen war es vorsätzlich bösartig. Als Folge davon verschoben sich Verhalten und Gefühlsregung von Aldous während der nächsten drei Versuche zu Konflikt und Nichtbeachtung.

In einer anderen Versuchsreihe wurden zwei Kopien des Modells gleichzeitig in den Rechner eingegeben. Sie waren durch ein Zwischenprogramm derart verbunden, daß die Handlungen des einen Modells zum Ansporn für das andere wurden und umgekehrt. Gegenstand der Haltung eines jeden Modells waren die Tätigkeiten des anderen. Genauer gesagt, es waren Folgen von zwei Handlungen; die Tätigkeit des anderen stand im Kontext mit der letzten Handlung des Modells selbst. Das Zwischenprogramm errechnete die Wirkung der miteinander verbundenen Aktionen. Zum Beispiel würde der Rückzug des einen Modells als Antwort auf einen Angriff des anderen als erfolglos beurteilt werden, wenn er weniger nachdrücklich als der Angriff war und so zur Befriedigung für den Angreifer und zur Beleidigung und zur Enttäuschung für das Opfer führt. Das Zwischenprogramm startete auch die Handlungsfolgen zwischen den Modellen, indem es eines veranlaßte, eine Zufallstat auszuführen. Es unterbrach die Handlungsfolgen, wenn sich eine der typischen Abschlußsituationen wie gegenseitige Gleichgültigkeit, Rückzug von einem der beiden Teilnehmer oder gegenseitige heftige Erregung eingestellt hatte.

```
STIMULUS= 1 1 1 7 3 3 7,  ACTION= STRONG APPROACH
HOW DID YOU FEEL ABOUT THE LAST SITUATION

IT WAS SLIGHTLY FAMILIAR.
 I WAS  FAIRLY  ATTRACTD,   NOT   AFRAID , AND   NOT   ANGRY  .
I FELT   NO   CONFLICT.    I WAS  NOT   TENSE  .

STIMULUS= 1 1 1 7 3 3 7,  ACTION= STRONG APPROACH
HOW DID YOU FEEL ABOUT THE LAST SITUATION

IT WAS SLIGHTLY FAMILIAR.
 I WAS  FAIRLY  ATTRACTD,   NOT   AFRAID , AND   NOT   ANGRY  .
I FELT   NO   CONFLICT.    I WAS  NOT   TENSE  .

STIMULUS= 1 1 1 7 3 3 7,  ACTION= STRONG APPROACH
HOW DID YOU FEEL ABOUT THE LAST SITUATION

IT WAS SLIGHTLY FAMILIAR.
 I WAS   VERY   ATTRACTD,   NOT   AFRAID , AND   NOT   ANGRY  .
I FELT   NO   CONFLICT.    I WAS  NOT   TENSE  .

STIMULUS= 1 1 2 7 7 3 3,  ACTION= STRONG APPROACH
HOW DID YOU FEEL ABOUT THE LAST SITUATION

IT WAS  FAIRLY   NOVEL  .
 I WAS   VERY   ATTRACTD,   NOT   AFRAID , AND   NOT   ANGRY  .
I FELT   NO   CONFLICT.    I WAS  NOT   TENSE  .

STIMULUS= 1 1 2 7 7 3 3,  ACTION= MILD  CONFLICT
HOW DID YOU FEEL ABOUT THE LAST SITUATION

IT WAS SLIGHTLY FAMILIAR.
 I WAS SLIGHTLY ATTRACTD,  SLIGHTLY  AFRAID , AND   NOT   ANGRY  .
I FELT  MILD  CONFLICT.    I WAS  NOT   TENSE  .

STIMULUS= 1 1 2 7 7 3 3,  ACTION= MILD  CONFLICT
HOW DID YOU FEEL ABOUT THE LAST SITUATION

IT WAS SLIGHTLY FAMILIAR.
 I WAS SLIGHTLY ATTRACTD,  SLIGHTLY  AFRAID , AND   NOT   ANGRY  .
I FELT  MILD  CONFLICT.    I WAS  NOT   TENSE  .

STIMULUS= 1 1 2 7 7 3 3,  ACTION= MILD  AVOIDNCE
HOW DID YOU FEEL ABOUT THE LAST SITUATION

IT WAS SLIGHTLY FAMILIAR.
 I WAS   NOT    ATTRACTD,  FAIRLY   AFRAID , AND   NOT   ANGRY  .
I FELT   NO   CONFLICT.    I WAS  NOT   TENSE  .
```

Das Verhalten von Aldous auf eine Veränderung in der Umgebung wird in diesem Abschnitt einer Ausgabe nach einer Reihe von Versuchen gezeigt. Bei den ersten drei gezeigten Versuchen und in einigen vorangegangenen war Aldous dem Objekt »111« ausgesetzt worden, das durch die ersten drei Ziffern des »Stimulus-Schlüssels« identifiziert wird. Auf jede Handlung von Aldous erfolgte ein Gedächtnisabzug. Anfangs reagiert Aldous freundlich. Im vierten Versuch wird er dem Objekt »112« gegenübergestellt. Er nähert sich hoffnungsvoll, findet es aber bösartig und wechselt während der nächsten drei Versuche zu einem »Vermeiden« über.

Modellpaare mit unterschiedlichem Anfangsverhalten wurden durch eine Reihe von Versuchen mit gemeinsamem gegenseitigem Einwirken geführt. Die Entwicklung ihrer Haltungen und ihres gegenseitigen Verhaltens wurde dabei untersucht. In einigen Versuchen wurden auch die Parameter der Persönlichkeitszüge verändert. Meist wurden sie aber unverändert bei Werten belassen, die zu aktiven und unbeständigen Persönlichkeiten führen, um die Wechselwirkung im Modell zu erhöhen. Bei äußerst sturen Persönlichkeiten herrscht gegenseitige Gleichgültigkeit vor, und die ist nicht sehr aufschlußreich.

Ein ›interpersonelles‹ System von zwei ›Aldoussen‹

Ein aus zwei »Aldoussen« bestehendes »interpersonelles« System erwies sich als ziemlich empfindlich. Wenn eines der beiden Modelle mit einer allgemein negativen Haltung anfing, so pflegte sich diese in gegenseitiger Feindseligkeit zu entwickeln. Wenn beide Modelle gut aufgelegt waren, konnte sich in der Tat eine stabile positive Freundschaft entwickeln, was aber keine einfache Prozedur war. Die Beziehung pflegte im allgemeinen durch verschiedene bestimmte Formen zu gehen. Auf eine anfängliche, stark positive »Flitterwochen«-Phase folgte eine Periode der Anpassung, in der die Modelle sich gegenseitig kennenlernen mußten, mit gelegentlicher Feindseligkeit oder einem Rückzug des einen Modells. (Hierbei blieb die Freundschaft nicht immer bestehen.) Schließlich folgte ein stabiles und zunehmend positives Verhalten beider Modelle.
In einer weiteren Reihe von interpersonellen Experimenten wurde versucht, das negative Verhalten eines Modells durch geeignete Wechselwirkungen mit einem anderen Modell zu ändern. Das einfache Zusammenbringen des negativen Modells mit einem anderen, das mehr positives Verhalten zeigte, war nicht brauchbar. Das hätte nur mehr oder weniger zur Demoralisierung des letzteren geführt. Das Zusammenbringen des negativen Modells mit einem unerschütterlich positiven (einer Art von St. Aldous) war auch nicht brauchbar. Unter Rechner-Modellen ist der Umgang mit Heiligen ein sehr enttäuschender Vorgang. Höchstens wurden Angriffe ausgelöst. Schließlich wurde ein »psychotherapeutischer« Partner ausprobiert, der ein festgelegtes Programm zur Bewältigung von schwacher Aggression und zum Vermeiden von heftiger Aggression hatte. Es sollte angesichts eines vorsichtigen Rückzuges oder neutralen oder gleichgültigen Verhaltens positiv ermutigen. Dieses System war wenigstens soweit brauchbar, daß es gelegentlich zu einer stark positiven Haltung gegenüber dem »psychotherapeutischen« Modell führte. Der Austausch des Therapeuten durch einen anderen einfachen Aldous erwies sich als ziemlich schwierig, als man es versuchte. Eine zweite Periode der Psychotherapie wurde erforderlich, bis sich schließlich stabile positive Beziehungen zeigten. Einige Analogien mit entsprechenden menschlichen Situationen können offenbar gezogen werden, obgleich eine vorschnelle Verallgemeinerung natürlich vermieden werden muß.

Aldous' Versuche wurden nur mit zwei aufeinander einwirkenden Modellen durchgeführt. John und Jeanne Gullahorn von der Michigan State University haben ihr Rechnermodell, den HOMUNCULUS, durch Drei-Personen-Wechselwirkungen laufen lassen, wobei sich eine große Vielfalt interpersoneller Beziehungen ergeben kann. Als typisches Ergebnis zeigte sich bei zuvor noch gegenseitig unbekannten Modellen (wie auch bei Menschen) die Bildung eines Paares und einer Einzelperson. Wenn die Modelle jedoch schon eine frühere positive oder negative gegenseitige Erfahrung miteinander gemacht haben, kann sich eine Vielfalt von anderen Wechselbeziehungsmustern ausbilden.

Das Modell einer neurotischen Persönlichkeit

Ich möchte mich nun einem ganz anderen Modell, dem Modell einer neurotischen Persönlichkeit zuwenden, das von K. M. Colby entwickelt wurde. Es handelt sich hierbei um ein beträchtlich größeres und komplizierteres Programm, das versucht, die geistigen und Gemüts-Bewegungen eines Einzelnen im Detail nachzuahmen, während Aldous meist noch auf ziemlich breite und verallgemeinerte Reaktionen begrenzt ist. (Das bedeutet nicht, daß die eine beschriebene Form der anderen überlegen ist: Die Eignung einer Form hängt davon ab, für welchen Verwendungszweck das Modell vorgesehen ist.) Auch ist das Colbysche Modell unter ganz bestimmten Gesichtspunkten der Persönlichkeit, der psychoanalytischen Theorie, entwickelt worden, während Aldous einen vielseitigeren Bauplan hatte. Colby baute sein Modell anfänglich in einer listenverarbeitenden Programmiersprache, IPL-V, auf, hat es dann aber in eine Variante der algebraischen Programmiersprache ALGOL umgeschrieben.

Das Gedächtnis des Modells ist in zwei Bereiche gegliedert. Im unteren Bereich, der grob dem Schwierigkeitsbereich des Gedächtnisses von Aldous entspricht, befinden sich Begriffe. Das Colbysche Modell ist im Wortschatz etwas besser ausgerüstet als Aldous. Die Begriffe stellen Hauptwörter dar, wie »Selbst« und »Vater« und Verben wie »lieben« und »verletzen«. Andere Teile der Sprache wie Adjektive und Adverbien können ebenfalls dargestellt werden. Hinweise, die Beziehungen von allgemeiner und besonderer Bedeutung bei Hauptwörtern sowie Ähnlichkeit und Gegensatz bei Verben aufzeigen, sind ebenso bei jedem Begriff mit angegeben. Ferner ist jedem Begriff eine positive oder negative Bewertung beigegeben, die die Haltung der Person gegenüber dem Ding, auf das sich der Begriff bezieht, widerspiegelt.

Im oberen Bereich sind Begriffe vereinigt, die Meinungen bilden. Jede Komponente einer Meinung im oberen Bereich weist auf

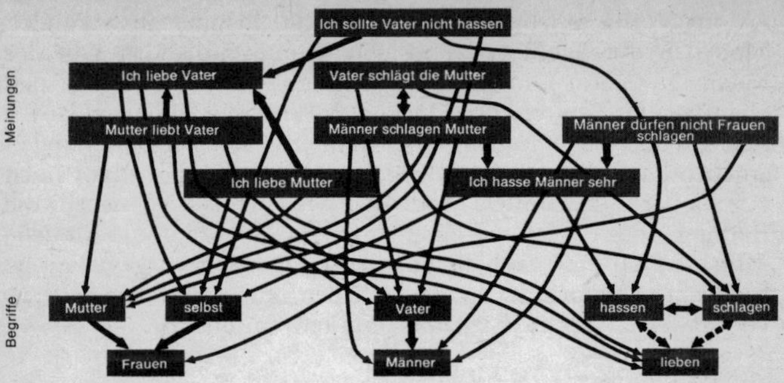

Das Modell einer neurotischen Persönlichkeit, von K. M. Colby geplant, hat ein Gedächtnis, das sich in zwei Ebenen aufteilt. Die untere Ebene besteht aus Begriffen, die Hauptwörter und Verben darstellen. Im oberen Bereich werden diese Begriffe zusammengefügt, um Meinungen zu bilden. Die dünnen Pfeile zeigen Verbindungen zum Begriffsbereich, die dicken Pfeile Beziehungen zwischen Meinungen und zwischen Begriffen. Das Herausbilden von Meinungen (unten) beginnt mit der Bildung einer Sammlung von bekannten Meinungen um eine wichtige Meinung herum. Dann wird jede Meinung der Reihe nach in dieser Sammlung bearbeitet. Wenn es keinen ernsthaften Widerspruch zu anderen Meinungen der Sammlung gibt, wird die Meinung ausgedrückt. Besteht jedoch ein Widerspruch, wird ein Versuch unternommen, diese Meinung umzuformen, um sie ausdrucksfähig zu machen. Mißlingt dieser Versuch, wird ein weiterer vorgenommen. Wenn jedoch die Besorgnis, die Meinung könne nicht ausgedrückt werden, einen Schwellenwert übersteigt, wird das Thema fallengelassen.

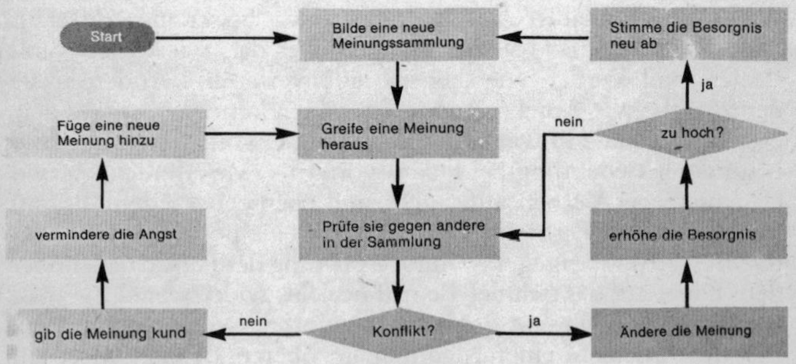

einen entsprechenden Begriff im unteren Bereich hin. So kann man sich die Begriffe des unteren Bereiches als eine Art Wörterbuch für die Meinungsfeststellungen im oberen Bereich vorstellen. Neben ihrer durch Begriffe des unteren Bereiches ausgedrückten Bedeutung sind jeder Meinung einige Zahlen zugeordnet, die Dinge wie etwa die Überzeugung, mit der sie vertreten wird, das Ausmaß der Gefühlsbewegungen, die sie hervorruft, und Beziehungen zu anderen Meinungen enthalten. Zum Beispiel können bestimmte Meinungen zusammen Gründe für die Bildung anderer Meinungen ergeben.

Das Colbysche Modell ist auf diese Weise in der Lage, eine ziemlich schwierige Haltungsstruktur darzustellen, die eine Vielfalt von Meinungen in möglicher Übereinstimmung oder im möglichen Zwiespalt enthalten kann. Tatsächlich verarbeiten kann man Meinungen in dem Gerät nur, wenn anfänglich wichtige Meinungen in dem System ausgewählt werden und diese schließlich eine Sammlung von verwandten Meinungen bilden. Die Meinungen in dieser Sammlung werden nach und nach verarbeitet (die Person denkt über ihr Problem nach). Wenn kein ernsthafter Zwiespalt besteht, wird die Meinung kundgetan. Anderenfalls wird ein Versuch unternommen, die Meinung umzuformen, um sie ausdrückbar zu machen, etwa durch entsprechende Unterprogramme, die einem psychoanalytischen Abwehrmechanismus entsprechen. Wenn dieser Versuch erfolgreich einen Konflikt vermeidet, wird die umgeformte Meinung ausgedrückt. Falls nicht, wird eine andere Übertragung oder Umformung probiert. Angstzustände vermindern oder steigern sich mit dem Erfolg oder Mißerfolg beim Ausdrücken von Meinungen. Wenn eine erträgliche Grenze überschritten wird, dann wird das augenblickliche Thema als zu bedrohlich fallengelassen, und ein neues wird ausgesucht. Dieses beseitigt unmittelbar die Spannung, verschlechtert aber die allgemeine Anpassungsfähigkeit des Modells.

In dem Programm sind beschränkte äußere Eingriffe durch einen Therapeuten vorgesehen, der die Aufmerksamkeit des Modells auf besondere Themenkreise lenken kann. Indem man das Modell veranlaßt, zunächst über Gebiete zu sprechen, in denen die Konfliktmöglichkeiten gering sind, und es dann allmählich ermutigt, auch schwierigere Themen zu behandeln, wird der Gesamtangstzustand gelegentlich vermindert. In dem Modell gibt es auch eine zusätzliche Vorrichtung, die es gestattet, nicht allzu bedrohliche Konfliktmeinungen zu prüfen und, falls sie nicht von anderen Meinungen unterstützt werden, die Überzeugung abzuschwächen, mit der sie beibehalten werden. In einem längeren Gesprächsverlauf könnte eine solche Vorrichtung einen fortdauernden therapeutischen Wechsel gestatten, der sich in der Haltung des Modellsystems zeigen würde.

Ein Modell, das im Dialog gewonnen wird

In seinen neueren Arbeiten hat sich Colby auf das Problem konzentriert, wie man ein Modell bauen könnte, das dem Verhalten eines bestimmten Einzelmenschen entspricht. Sein Versuch bestand darin, einen Rechner zu veranlassen, mit einer Person über einen Fernschreiber einen Dialog zu führen und zwar ziemlich im Sinne eines Psychotherapeuten von geringer Einflußnahme. Das Programm wird keineswegs alles verstehen, was gesagt wird, es hat aber einige Fähigkeit, Haltungen in den Bemerkungen der Person festzustellen. Es kann sie auswählen und sie speichern. Colbys Ziel ist es, das Programm gelegentlich in die Lage zu versetzen, von bestimmten Eingaben eine Struktur aufzuzeigen, die sich in einem Diagramm darstellen läßt; jedoch haben die Dinge bis jetzt dieses Stadium noch nicht erreicht. Das Programm kann jedoch immerhin schon vernünftige Gespräche führen, wie das folgende Beispiel zeigt:

Programm: Ich möchte gern mehr von Ihnen erfahren, besonders über Ihr Familienleben.
Person: Mein Vater und meine Mutter vertrugen sich nicht gut.
Programm: Erzählen Sie mir etwas anderes, was vielleicht von Ihrem Vater wichtig ist.
Person: Man konnte nur schwer mit ihm auskommen, da er so herrschsüchtig war.
Programm: Sind Sie wie Ihr Vater?
Person: Nein, ich bin nicht so.
Programm: In mancher Hinsicht müssen Sie aber so wie Ihr Vater sein.
Person: Er liebte es, zu fischen, und ich habe es auch ganz gern.
Programm: Haben Sie ihn bewundert, als Sie jung waren?
Person: Ich glaube es nicht.
Programm: Warum nicht?
Person: Da er ein zu schwacher Mensch war.

Das Modell von Robert P. Abelson

Das Colbysche Modell befaßt sich nicht in erster Linie mit dem Problem der Meinungsbildung, es sei denn, Meinungen eines menschlichen Individuums werden nachgeahmt. Ein Modell, das dem Colbyschen Modell ähnlich ist und Meinungen aus einer sozialen Umgebung aufnehmen kann, wurde von Robert P. Abelson an der Yale-Universität gebaut. Dieses Modell nimmt Sätze auf, akzeptiert sie, weist sie zurück oder verändert sie gemäß ihren

Beziehungen zu bereits bestehenden Meinungsformen und Haltungen. In absehbarer Zeit wird ein gegebenes Modell den Versuch machen, einen einzigen und innerlich zusammenhängenden Satz von Verhaltensweisen zu entwickeln, was schließlich die Auswahl und das Verstehen von weiteren Eingaben einleiten und damit auch die Zukunft des Modells selbst bestimmen wird.

Hinweise zum Programmieren von Maschinen mit Persönlichkeit

Die vorausgegangene Beschreibung von Persönlichkeitsmodellen hat sich bislang nur mit den Vorgängen befaßt, die dabei nötig waren, und weniger mit den Mechanismen, die diese Vorgänge tatsächlich im Rechner verarbeiten. Diejenigen Leser, die mit dem Programmieren von Rechnern vertraut sind, besonders in nichtnumerischer Hinsicht, können sich wahrscheinlich leicht vorstellen, wie die beschriebenen Prozesse tatsächlich in ein Rechnerprogramm gebracht werden könnten. Für andere Leser jedoch scheint das Ganze hinter dem Schleier der schwarzen Magie verborgen zu sein. Diesen geheimnisvollen Schleier möchte ich jedoch nach alledem nicht beseitigen, denn ein schwieriges Rechnerprogramm ist tatsächlich furchterregend und wundervoll zugleich.
Für die hier besprochenen Programme möchte ich jedoch alle besonders geheimnisvollen Eigenschaften abstreiten.
Ein Rechnerprogramm mit bestimmten Zielsetzungen und Werten hat nichts Mysteriöses. Das gilt für alle Rechnerprogramme. Grundsätzlich werden sie in Entscheidungsvorgänge zerlegt: Falls die Bedingung X besteht, befolge A; falls nicht, befolge B. Bestimmte Ablaufzustände sind unerwünscht: Falls sich eine Bedingung Z entwickelt, drucke eine Fehlermitteilung und versuche den Wiederholungsweg C. Bestimmte andere Ablaufzustände werden gesucht: Wenn die Bedingung Y eintritt, drucke die Antwort aus und beende den Vorgang. Die Werte des Programms werden natürlich vom Programmierer geliefert, sind dann aber Werte des Programms, nicht mehr seine. Alle Programmierer wissen zu ihrem Kummer, daß die Programme sich so verhalten, wie es die in ihrer Struktur tatsächlich enthaltenen Werte verlangen, und nicht so, wie es die Programmierer wünschen.
Es liegt auch nichts Geheimnisvolles in dem Umstand, daß ein Rechnerprogramm Begriffe haben sollte. Das bedeutet doch bloß, daß etwas in dem Programm für eine Klasse von Objekten oder Ereignissen steht oder sie symbolisiert, das außerhalb des Programms liegt. Während des Ablaufs von praktisch jedem Rechnerprogramm enthalten bestimmte Stellen in der Maschine Zah-

len, die – wegen der Programmform und der Interpretation der Ein- und Ausgabewerte – gleichsam bestimmte Klassen wirklicher Weltereignisse oder ihrer Eigenschaften darstellen oder für sie stehen. Weiterhin wird die Maschine im Normalfall bestimmte andere Stellen enthalten, in denen Zahlen gespeichert werden, die sich auf Ereignisse innerhalb des Programms selbst beziehen, etwa, wie oft ein bestimmtes Unterprogramm durchlaufen wurde – Eigenbegriffe mit anderen Worten. Es ist nun wiederum Aufgabe des Modellbauers, diese natürlichen Eigenschaften eines Rechnerprogramms beim Modellbau zu verwenden. Seine Programme können zwar dafür vorgesehen sein, bestimmte Aspekte menschlichen Verhaltens nachzuahmen, sind aber während ihres Ablaufes vollkommen normale Rechnerprogramme.

Schließlich gibt es auch nichts Geheimnisvolles an einem Rechnerprogramm, das durch seine Individualität ausgezeichnet ist. Jedes einigermaßen komplizierte Programm ist sicherlich ein einzigartiges Gebilde. Die meisten haben ihre Eigentümlichkeiten, was jedermann, der sich mit solchen Programmen beschäftigt hat, bezeugen kann.

Tatsächlich möchte ich noch verallgemeinern und behaupten, daß jedes komplizierte Datenverarbeitungssystem, gleichgültig, ob es in elektronischer oder mechanischer »hardware«, Rechnerprogramm-»software« oder biologischer »wetware« verwirklicht wurde, im Prinzip so geplant werden kann, daß es Eigenschaften von »Persönlichkeit« darlegt. Natürlich gibt es immer noch einen Unterschied zwischen »im Prinzip« und »tatsächlich«.

Ich habe einige der interessanten Anfänge beschrieben, die gemacht wurden, aber diese haben eigentlich eben erst mit der Prüfung der Möglichkeiten begonnen, die mit diesem schwierigen und bewundernswerten Komplex zusammenhängen. Man nehme zum Beispiel an, daß es uns gelänge, den Punkt zu erreichen, wo man ohne weiteres Abbildungen von existierenden Persönlichkeiten bilden könnte. Würden wir nicht bald auch wünschen weiterzukommen und besondere, neue Arten von Persönlichkeiten zu konstruieren? Was würde eintreten, wenn man mit einer solchen Art von Programm in Kontakt treten müßte? Wieviel Unabhängigkeit würden wir wünschen oder ihm zu geben wagen? Maschinen mit Persönlichkeit versprechen, interessante Objekte in der Welt von, sagen wir, übermorgen zu werden.

Weitere Literatur:

Computer Simulation of Personality, herausgegeben von S. S. Tomkins und S. Messick. Wiley, New York 1963.

J. C. Loehlin: Computer models of personality. Random House, New York, 1968.

R. Bellman, M. B. Friend: Stimulation of the initial psychiatric interview. Herausgegeben von G. Lindzey und E. Aronson, Addison-Wesley, Cambridge, Mass. 1968.

K. M. Colby: Computer simulation of neurotic processes. In: Computers in Biomedical Research, herausgegeben von R. W. Stacy und B. D. Waxman, Academic Press, New York 1965.

R. Bellman, M. B. Friend und L. Kurland: Stimulation of the initial psychiatric interview. In: Behavioural Science, 11, 389–99, 1966.

Maschinen, die lernen

Von Wilfred Kenelm Taylor

Dr. Wilfred Kenelm Taylor ist Dozent für Elektrotechnik und Honorarprofessor für Anatomie am University College London. Seine Forschungsinteressen sind lernende Maschinen hoher Geschwindigkeit, kybernetische Modelle von Gehirnfunktionen, Mechanisierung von Denkvorgängen sowie optische und akustische Gestalterkennung.

Eine in London gebaute lernende Maschine ist darauf trainiert worden, zehn Gesichter aus Photographien zu erkennen und ihre Namen zu nennen. Sie dürfte der Vorgänger sehr viel größerer Maschinen sein, die die Wirtschaft steuern, das Wetter vorhersagen und Personen nach Photographien, Stimmen oder Fingerabdrücken identifizieren.

Am University College London lernte 1967 eine lernende Maschine, die UCLM II, erfolgreich, die Gesichter von zehn bekannten Personen nach Photographien wiederzuerkennen, die die BBC zur Verfügung gestellt hatte. Als die Maschine 1963 im Fernsehen vorgeführt wurde, waren erst 10 Prozent ihres Gedächtnisses fertiggestellt, und sie konnte nur die Fähigkeit erlernen, von jedem der zehn Gesichter zu entscheiden, ob es einem Mann oder einer Frau gehört. Durch neuere Lernversuche, die 50 Prozent des geplanten Maschinengedächtnisses ausnutzten, konnte die Maschine dazu gebracht werden, zu jedem Gesicht den richtigen Namen anzugeben. Die richtigen Namen waren ihr während einer Trainingsphase eingegeben worden.

Das Erkennen von Gesichtern, Wörtern und ›Sinn‹

Vor Beginn des Trainings hatte die Maschine ein unbeschriebenes, leeres Gedächtnis. Sie begann als ›Neugeborene‹ und hätte ebenso gut eine andere der praktisch unendlich vielen Aufgaben lernen können. Nachdem ihr aber jedes Gesicht mehrere Male gezeigt worden war, begann sie sich auf die besondere Aufgabe zu spezialisieren, Gesichter zu erkennen, wobei sie von einer gesonderten Lehrmaschine unterwiesen wurde, der die Namen der zehn Personen ins Programm eingegeben worden waren. Bei früheren Unterweisungsversuchen hatte man der Maschine manuell Photographien und Namen vorgezeigt; das wurde aber ermüdend, denn es stellte sich heraus, daß die Gesichter sehr häufig gezeigt werden mußten, bis die Maschine sie wiedererkennen konnte. Die Lehrmaschine besitzt eine unendliche Geduld und läßt sich in ihrem Übungsprogramm weder durch häufige Irrtümer der lernenden Maschine noch durch die lange Zeit beirren, die ein hundertprozentiges Erkennen erfordert.

Die Vielseitigkeit der Maschine ließ sich dadurch demonstrieren, daß man sie ganz verschiedene Aufgaben lehrte, ohne ihre Grundstruktur jeweils darauf einzustellen. Sie wurde z. B. trainiert, zehn handgeschriebene Worte zu lesen, nämlich:

dog, hut, cat, fat, sat, mat, met, the, in, on.

Mit diesen Worten kann eine große Zahl sinnvoller Sätze gebildet werden, wie z. B.:

›The fat cat sat on the mat in the hut.‹
›The dog met the cat in the hut.‹

Gegenwärtig kann die UCLM II solche Sätze nur Wort für Wort lesen, aber wir denken an Maschinen mit weit größerer Speicherkapazität, und diese dürften die Fähigkeit besitzen, die ›Bedeutung‹ geschriebener oder gesprochener Sätze zu lernen. Das würde sie in den Stand setzen, Fragen intelligent zu beantworten, verbal gegebene Anweisungen auszuführen und komplizierte Entscheidungen mit einer Geschwindigkeit zu fällen, die über diejenige konventioneller Elektronenrechner leicht um einige Größenordnungen hinausgehen kann.

Exemplarische Arbeitsweise lernender Maschinen

Die Prinzipien, nach denen fast alle lernenden Maschinen arbeiten, lassen sich sehr schön an einer extrem einfachen Maschine intuitiv erfassen, der ›Learm‹ (*lear*ning *m*achine), die am University College London 1954 vorgeführt wurde. Sie hatte die Gestalt eines Wurmes und empfing Information über drei einfache, um ihren Kopf herum angebrachte Schaltrezeptoren, einen in der Mitte und zwei, die wie Insektenfühler sich auf jeder Seite befanden. Sie wurde in einem T-förmigen Käfig trainiert. Sie lief auf den Gabel-

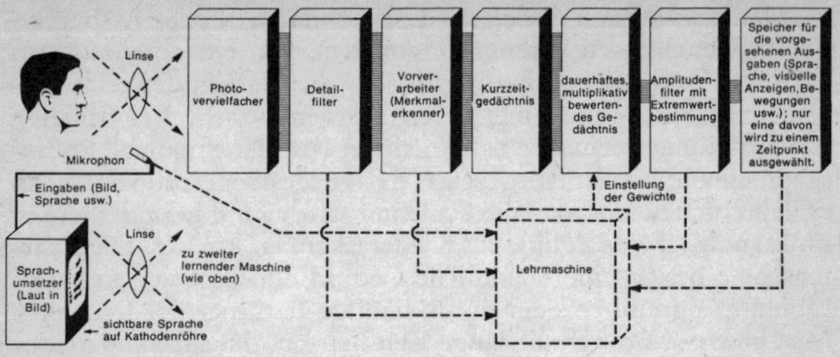

Organisationsschema der lernenden Maschinen UCLM I und II. Das Bild gelangt über einen Vervielfacher zum Detailfilter, der Licht- und Formdetails durchläßt, aber keine Signale von flächigen Figuren. In der UCLM I lief die gefilterte Information dann durch einen Vorverarbeiter, der charakteristische Merkmale des gesuchten Objekts identifizierte. Diese Phase wird jedoch in der UCLM II übergangen, um die Maschine in den Stand zu setzen, jede beliebige Erkennungsaufgabe in Angriff zu nehmen. Die Information wird dann durch Änderung von Gewichten im Gedächtnis gespeichert, und die Maschinenklassifikation eines Objekts wird durch Reaktionseinheiten angezeigt. Eine Lehrmaschine prüft die Klassifikation der lernenden Maschine und ›belohnt‹ oder ›bestraft‹ die lernende Maschine entsprechend. Im Augenblick wird versucht, der UCLM II beizubringen, einfache Worte in Form von sichtbar gemachter gesprochener Sprache zu erkennen.

punkt zu, und immer, wenn sie ihn erreichte, wurde der mittlere Rezeptor aktiviert. Das rief eine Links- oder Rechtsdrehung hervor, anfangs mit gleicher Wahrscheinlichkeit. Bei einem Versuch lieferten die ersten 50 Drehungen diese Folge:

LRRLLRLRRRRLLLLRRRLLLRRLLLRLLRLRLRLRLRRRR
LRRLLRRLR

Die Wahrscheinlichkeit einer Rechts- (oder Links-)Drehung ist hier annähernd 1/2. Mit ›1‹ statt ›R‹ und ›0‹ statt ›L‹ könnte die Learm als Binärzahlen-Zufallsgenerator dienen, der wie ERNIE zur Auswahl von Gewinnzahlen verwendet werden könnte.

Die Wahrscheinlichkeiten der Einsen und Nullen oder Rechts- und Linksdrehungen wurden jedoch dann ungleich, wenn auf die eine Seite der Gabelung ein Futter darstellendes Objekt gebracht wurde. Wenn das Objekt zufällig angestoßen wurde, aktivierte es den Rezeptor auf dieser Seite. Dadurch wurde das System aus dem Gleichgewicht gebracht, denn es wurde ein Rechts- bzw. Linkskondensator aufgeladen, so daß die Wahrscheinlichkeit dafür, daß Learm bei künftigen Versuchen sich zur selben Seite wendet, anwuchs. Die nach einem Erfolg auf der rechten Seite beobachtete Folge war:

RRRRRRRRRRLRRRLRRRRRRLLLLRRRLRRRRRRRLLRL
RLRRRRRRLR

oder 76 Prozent Rechtsdrehungen gegenüber den anfänglichen 52 Prozent.
Nach einem Erfolg auf der linken Seite änderte sich die Wahrscheinlichkeit zugunsten dieser Seite:

LLRLLLLRLLLLLLLRLLLLLLRRRLLLRRRLRLRLRLRRLLR
RRLRRRR

oder 58 Prozent Linksdrehungen. Nach mehreren aufeinanderfolgenden Rechtserfolgen wurde die Wahrscheinlichkeit für eine Drehung nach rechts gleich Eins, mithin die für eine nach links gleich Null. Nach einigen Stunden, während derer die Maschine keinen weiteren Erfolg, das Objekt zu finden, hatte, begann sie zu vergessen, und das System tendierte wieder zum Gleichgewichtszustand, die Wahrscheinlichkeiten strebten nach 1/2.

Grundeigenschaften lernender Maschinen

Dies Experiment macht einige grundlegende Eigenschaften lernender Maschinen anschaulich. Während der Entwicklung mußte z. B. entschieden werden, wie weit ein einzelner erfolgreicher Versuch das Gedächtnis ändern sollte. Eine sehr kleine Gedächtnisänderung beeinflußte das Verhalten kaum, und sehr viele Versuche waren nötig, um eine bestimmte Verhaltensänderung zu erreichen. Eine große Gedächtnisänderung nach einem Einzelerfolg bewirkte ein fest determiniertes Verhalten, so daß die Anpassungsfähigkeit danach ganz verlorenging und erst mit dem Schwinden des Gedächtnisses wiedererlangt wurde.

Dauerhaftes und Kurzzeitgedächtnis

Bei nicht dauerhaftem Maschinengedächtnis erhält die Vergessensgeschwindigkeit eine große Bedeutung: Sie muß zu der ›Geschwindigkeit‹ der Umgebung, mit der die Maschine ›leben‹ soll, in Beziehung gesetzt werden. Eine lernende Maschine, die das Wetter oder wirtschaftliche Tendenzen vorhersagen soll, kann in Echtzeit neue Information langsamer verarbeiten als eine Maschine, deren Eingabedaten einem lange vergangenen Zeitraum entstammen und mit hoher Geschwindigkeit vom Magnetband eingelesen werden. Die optimale Lösung dürfte die Verbindung eines dauerhaften Gedächtnisses, dessen Inhalt gesichert ist und keinen Änderungen unterworfen werden muß, mit einer Vielzahl von Kurzzeitgedächtnissen sein.

Wachsende Speicherkapazität

In der weiteren Entwicklung lernender Maschinen seit der primitiven Learm sind Zahl und Art der Kanäle für die Ein- und Ausgabe stark gewachsen. So muß eine mit Licht- und Schallrezeptoren versehene lernende Maschine eine elementare Form von Gesicht und Gehör besitzen; aber um von dieser differenzierten Eingabe Gebrauch machen zu können, muß sie auch differenzierter darauf reagieren können und braucht somit mehr Ausgabekanäle. Bei ausreichender Größe kann sie komplizierte Umgebungen erkennen lernen und aus vielen Möglichkeiten des Handelns die günstigste auswählen. Das sind die typischen Erfordernisse komplizierter Lernprobleme. In den letzten 14 Jahren sind die Speicherkapazitäten lernender Maschinen stark angewachsen. Aber die riesigen Speicher, die für die vielen noch ungelösten praktischen Probleme notwendig sind, müssen noch gebaut werden.

Die UCLM mit ›Körper‹, ›Kopf‹ und ›Gehirn‹

Die heutigen lernenden Maschinen enthalten fast alle verschieden einstellbare Meßgeräte oder ›gewichtende, multiplikativ bewertende Einheiten‹, die die Bedeutung eines Signals für die Maschine registrieren. Die Reaktionen der Maschine sind mit den Gewichten rückgekoppelt, wodurch die Funktionsweise des Systems verbessert wird. Die erste lernende Maschine, die dieses Prinzip praktisch anwendete, die UCLM I, wurde 1954 am University College London gebaut und im folgenden Jahr auf dem dritten Londoner Symposion über Informationstheorie beschrieben. Diese Maschine hatte einen ›Körper‹ und einen ›Kopf‹, die durch ein mehradriges Kabel mit dem ›Gehirn‹ verbunden waren, denn die damals benutzten Schaltkreise paßten in Kopf und Körper nicht hinein. Mit der heutigen mikroelektronischen Technik könnte allein der Kopf leicht alle Schaltkreise aufnehmen und darüber hinaus mit Einrichtungen zur Datenfernübertragung auf andere lernende Maschinen versehen werden.
Der Kopf der Maschine enthielt ein elektronisches Auge, das neun Photoverstärker umfaßte und in fast jede Richtung blicken konnte, wobei es von anpeilenden Steuermotoren geführt wurde. Mit den Motoren war es durch Rückkopplung verbunden und konnte

somit leicht sich bewegende Objekte erfassen und ihnen folgen. Es hatte die Gewohnheit, mir zu folgen, wenn ich im Labor herumging, allerdings nur, wenn ich einen dunklen Anzug trug. Ein weißer Mantel ließ es auf der Suche nach einem festen Fixierungspunkt hin- und herschauen. Die vom Auge empfangenen Signalspannungen wurden zunächst von einem Schaltnetz verarbeitet, das isolierte Lichtpunkte und Gestaltumrisse, also Strukturdetails und Gestaltinformation, hindurchließ, aber Signale von flächigen, festen Figuren wie dem weißen Mantel unterdrückte. Daher wurde dieses Schaltnetz ein ›Detailfilter‹ genannt. Die Ausgänge des Detailfilters liefen durch einen Merkmalerkenner zur nächsten Station, die das Gedächtnis enthielt. In den 16 adaptiven, variablen Anzeigegeräten, die das Gedächtnis ausmachten, wurde die Information gespeichert. Bei der ›Geburt‹ der Maschine wurden alle Gewichte auf den gleichen Wert gesetzt, so daß die beiden möglichen Ausgabereaktionen gleichwahrscheinlich waren.

›Straf‹-Pol und ›Belohnungs‹-Pol

In der Trainingsphase wurde die Information durch relative Gewichtänderungen dargestellt. Das bewirkte teils Verstärkung, teils Abschwächung der Signale. Die Gewichtänderungen wurden automatisch erzeugt und zwar in erster Linie durch die vom Auge gesehenen Gestalten, in zweiter Linie durch von einem Lehrer gelieferte Klassifikationssignale. Zwei Reaktionseinheiten zeigten an, wie die Maschine die Gestalten klassifizierte. Wenn diese Anzeige nicht der Klassifikation des Lehrers entsprach, wurde die Maschine ›bestraft‹, indem an einen ›Straf‹-Pol Spannung gelegt wurde. Klassifizierte die Maschine richtig, konnte sie durch eine Spannung an einem ›Belohnungs‹-Pol belohnt werden.

Lernen mit oder ohne Lehrer

In einer natürlichen Umgebung, in der es keinen Lehrer gibt, könnten die Gestalten zu einer Menge von Objekten gehören, von denen einige die von der Maschine gebrauchten Merkmale, andere dagegen neutrale oder verwirrende Merkmale besitzen. Wird die Maschine mit Erkennern von guten und schlechten Merkmalen ausgerüstet, die z. B. chemische Reize in Spannungen verwandeln, könnte sie ebensogut durch Versuch und Irrtum lernen, welche Objekte auszuwählen und welche zu ignorieren sind. Diese Form des Lernens ohne einen tüchtigen Lehrer ist jedoch in einer komplizierten Umgebung offensichtlich unpraktisch. So ist die Wahrscheinlichkeit, die Namen von zehn Leuten durch Versuch und Irrtum zu entdecken, praktisch gleich Null. Rumpelstilzchens Namen herauszufinden, war leichter.

Kapazität: Fünf Buchstaben und zehn Zeichen

Die Gestalten, die von dieser einfachen Maschine mit ihren 9 Eingängen und 2 Ausgängen klassifiziert werden konnten, umfaßten fünf Buchstaben des Alphabets:

J L T F A

und einfache Figuren wie:

| — / \

┌ ┐ ┘

┤ ┴ ├

Versuche, der Maschine kompliziertere Gestalten beizubringen, scheiterten am mangelnden Unterscheidungsvermögen des Auges oder des Gedächtnisses. Es war klar, daß eine Maschine mit größerem Auflösungsvermögen an den Eingängen, einem größeren Gedächtnis und mehr Ausgängen ein sehr viel differenzierteres Lernverhalten aufweisen würde.

Die UCLM II

Daher wurden 1955 Pläne zum Bau der UCLM II entworfen, wobei gegenüber der UCLM I annähernd zehnmal soviel Ein- und Ausgangskanäle (120) und eine mehr als hundertmal größere Speicherkapazität vorgesehen wurden. Eine großzügige Spende der Nuffield Foundation ermöglichte die Verwirklichung der größeren Maschine. Zunächst mußte eine dauerhafte Form des Gedächtnisses gebaut werden, da die multiplikativ gewichtenden Einheiten der UCLM I die Information nur in Form von Kondensatorladungen speicherten. Die Trainingsphase dieser frühen Maschine mußte jeweils in ein oder zwei Stunden abgeschlossen werden, da sich dann die Kondensatoren merklich entluden. Wenn die Maschine am Tag nach dem Training getestet wurde, hatte das Gedächtnis oft nachgelassen.
Es wurde deshalb beschlossen, für das dauerhafte Gedächtnis der größeren Maschine elektromechanische Integratoren zu verwenden. In der UCLM II bestehen die Integratoren aus 4000 motorgetriebenen Potentiometern, in denen die Stellungen der Schleifkontakte die Gewichte darstellen. Dabei werden je zwei Potentio-

Vertraute Gestalten werden von der UCLM II sogar dann erkannt, wenn sie vor einem ungewöhnlichen, mit Rauschen behafteten Hintergrund auftreten. Die zehn Ziffern (oben) werden trotz der Tintenkleckse richtig erkannt. Auch die Klecksfiguren könnten bei weiterer Übung erkannt werden, falls sie Bedeutung tragen sollten. Auch die dargestellten zehn handgeschriebenen Worte können von der UCLM II gelesen werden. Sie können zu einer großen Zahl bedeutungsvoller Sätze wie dem obigen zusammengestellt werden, aber gegenwärtig kann die Maschine sie nur Wort für Wort lesen. Maschinen mit größeren Gedächtnissen müßten die ›Bedeutung‹ geschriebener und vielleicht gesprochener Sätze erlernen können.

meter zur Darstellung eines Gewichtes gebraucht. Die UCLM II speichert also in jedem Zeitpunkt 2000 Gewichte. Deren Werte können negativ, Null oder positiv mit dem Extremwert Eins sein. Eine solche aus einem Potentiometerpaar bestehende Einheit ist sehr zuverlässig und kann Tausende von Gewichtswerten zwischen −1 und +1 speichern.

Die Organisation der UCLM II ähnelt der der UCLM I bis auf den Merkmalerkenner, der weggelassen wurde, so daß anfangs keinerlei besondere Gestalten erkannt werden können. Dadurch erreichte die Maschine vollkommene Allgemeinheit und ist auf kein besonderes Problem zugeschnitten. Die praktische Anwendung erwies die Notwendigkeit dieser Allgemeinheit. Die Maschine erlernte fast gleich gut Zufallsmuster, Drucktypen, handgeschriebene Worte und menschliche Gesichter. Maschinen, die während einer vorbereitenden Phase auf zufällige oder systematische Weise darauf trainiert werden, Merkmale bestimmter Art auszuwählen, sind bei ähnlicher Gewichtezahl in ihrer Anwendung viel eingeschränkter.

Additive und Multiplikative Gedächtniseinheiten

In den Gedächtnissen lernender Maschinen lassen sich zwei grundsätzliche Methoden der Informationsspeicherung mathematisch unterscheiden: Die Methode der additiv bewertenden Einheiten, nach der die Learm arbeitete, und die Methode der multiplikativ bewertenden, der ›gewichtenden‹ Einheiten, nach der UCLM I und II arbeiten. Die additiv bewertende Einheit gibt einfach einen gespeicherten Wert auf Abfrage aus, während die multiplikativ bewertende Einheit ein veränderbares Eingabesignal mit einem Gewicht multipliziert, wenn es abgefragt oder ›gelesen‹ wird. Gedächtnisse des additiven Typs wurden 1954 von A. M. Uttley am National Physical Laboratory für seine Rechner mit bedingten Wahrscheinlichkeiten und 1957 von F. Rosenblatt am Cornell Aeronautical Laboratory beim theoretischen Entwurf einer lernenden Maschine, des ›Perceptrons‹, in Aussicht genommen. Das erste Perceptron, der Mark I, wurde 1960 von J. C. Hay, F. C. Martin und C. W. Wightman in den Cornell Aeronautical Laboratories gebaut.

Das Perceptron Mark I

Mit dem Perceptron Mark I durchgeführte Versuche zeigten, daß das Perceptron lernen konnte, die Buchstaben des Alphabets zu erkennen, wenn sie auf 0,6 qm großen Karten weiß auf schwarzem Hintergrund in festen Stellungen und Größen dargeboten wurden. Dazu waren fünf Binäreinheiten nötig, die $2^5 = 32$ mögliche Zustände annehmen können; mehr als nötig, um jedem Buchstaben ein besonderes Ausgabesignal zuzuteilen. Ein Versuch mit zwei Reaktionseinheiten gestattete einen gewissen Spielraum der Buchstabenstellungen; es konnten aber nur E, F, O und U unterschieden werden.

Umwandlung additiver und multiplikativer Wertung

Besondere Bemühungen galten der Frage, wie die Größen- und Kostenbegrenzungen der elektromechanischen Gedächtniseinheiten überwunden werden könnten. Bis 1963 gab es mehrere verschiedene Gedächtniseinheiten, die sowohl additiv als auch multiplikativ bewerten konnten. Jede multiplikativ bewertende Einheit kann auch additiv bewerten, indem die Eingabe mit einer festen Amplitude versehen wird, aber ohne besondere Multiplikationsmöglichkeit kann eine additiv bewertende Einheit nicht multiplikativ bewerten. Allerdings kann wie in der Learm ein Speicherkondensator mit niedriger Streuung in Verbindung mit einem Kathodenverstärker verwendet werden, um einen Wert in Form einer Spannung darzustellen, die durch Hinzufügen oder Wegnehmen einer Ladung verändert werden kann. Diese additive Kondensatoreinheit wurde so modifiziert, daß sie als Grundlage für eine multiplikative Einheit in der UCLM I dienen konnte; aber diese Umwandlung in eine mit Potentiometern ausgerüstete Einheit erforderte eine genau berechnete Impulshöhe und ein System zur Pulsfrequenzmodulation.

Die Schnittbandkerne

Eine dauerhaftere multiplikative Einheit wurde von H. J. Crofts 1963 beschrieben. Diese bestand aus zwei Schnittbandkernen, die nützlichere Werte lieferten als die früheren Ferritkerne. Die Schnittbandkerne konnten ähnlich den Ferritkernen in Digitalrechnern in einem zweidimensionalen Netz von Zeilen und Spalten angeordnet werden. Der Unterschied lag darin, daß die Ferritkerne in Digitalrechnern viel kleiner sind und nur zwei Magnetisierungswerte speichern, während ein Schnittbandpaar 500 mögliche Werte annehmen kann. Von diesen magnetischen Bewertungseinheiten wurden 6600 am Stanford Research Institute für die lernende Maschine Minos II gebaut, die von A. E. Brain und anderen 1963 beschrieben wurde.

Der ›Memistor‹

Eine andere Alternative zu elektromechanischen Gedächtniseinheiten bilden elektrochemische multiplikative Einheiten, die sogenannten ›Memistoren‹. Diese wurden an der Stanford University für die 1962 von B. Widrow beschriebene lernende Maschine Adaline entwickelt. Der Memistor besteht aus einem in eine Legierung eingelassenen Widerstand, so daß sein Wert verändert werden kann, indem er entweder mit einer dünnen Metallschicht überzogen wird oder indem Metall von ihm weggenommen wird. Eine besondere Version ist der optische Memistor, bei dem die Dicke der Metallschicht den Betrag des durchgelassenen Lichtes steuert.

Vorzüge der Maschine vor dem Menschen

Aus Gründen der Wirtschaftlichkeit arbeiten alle ausgeführten Arten lernender Maschinen auf unvollständiger Information, die mit neuer Information überlagert wird. Dadurch werden Wechselwirkungen zwischen verschiedenartigem Material hervorgerufen, so daß eine Maschine, die alle ihr anfänglich zugewiesenen Aufgaben gelernt hat, in dem Moment Fehler zu machen beginnt, in dem versucht wird, ihr eine neue Aufgabe beizubringen. Bei einer großen Maschine ist es schwierig, immer herauszufinden, was vergessen worden ist und daher wieder neu eingeprägt werden muß. Mit dem menschlichen Gedächtnis kann man das jedoch überhaupt nicht machen, da die Untersuchungen, die das Vergessene ermitteln sollen, in einer Lebenszeit nicht abgeschlossen werden könnten und überdies jede Untersuchungsfrage das Gedächtnis ändern könnte, so daß das Ergebnis nicht notwendig den Gedächtniszustand zu Beginn der Untersuchung aufdecken würde. In lernenden Maschinen dagegen kann man den Zugang zu den additiven oder multiplikativen Einheiten während der Tests abschalten, so daß die Befragung selbst keine Änderung im Gedächtnis hervorruft. Auch besitzen Maschinen gegenüber dem menschlichen Gehirn einen gewaltigen Geschwindigkeitsvorsprung, da die Übertragung einer Nachricht über die Nervenfasern innerhalb des Gehirns etwa $3 \cdot 10^{-2}$ sec dauert, während die Drähte einer lernenden Maschine eine Nachricht über dieselbe Strecke in $3 \cdot 10^{-9}$ sec übertragen können, also zehn Millionen mal schneller.

Lern- und Erinnerungsgeschwindigkeit

Geschwindigkeit kann bei vielen Anwendungen lernender Maschinen bedeutsam sein. Dabei muß man zwischen der Lerngeschwindigkeit und der davon ganz verschiedenen Erinnerungsgeschwindigkeit unterscheiden. Maschinen, die elektromechanisch bewerten, lernen langsam, da die Geschwindigkeit durch die beim Ändern der Gewichte auftretenden Trägheiten begrenzt wird. Bei Erinnerungsvorgängen können sie dagegen sehr schnell sein, da diese aus Speicherzugriffen bestehen, bei denen die Gewichte sich nicht ändern.
Die multiplikativ bewertenden Einheiten mit Schnittbandkernen sind schneller in der Lern- oder ›Schreib‹-Phase, aber die Erinnerungsgeschwindigkeit ist durch die Tatsache begrenzt, daß sie von einem Mittelfrequenz-Wechselstrom ›gelesen‹ werden muß. Elektrochemische multiplikative Einheiten besitzen eine ähnliche Geschwindigkeit beim Beschreiben der Bandkerne, dabei aber die hohe Lesegeschwindigkeit der elektromechanischen Einheiten.

Bisherige Leistungen

Viele Voraussagen über mögliche Anwendungen lernender Maschinen sind in der Praxis noch nicht erfüllt, aber man hat schon viele interessante Ergebnisse erhalten. Lernende Maschinen können benutzt werden, um den Zustand eines dynamischen Systems zu erkennen. So wurde 1964 die Madaline an der Stanford University trainiert, ein instabiles, umgekehrtes Pendel in Form eines Besens im Gleichgewicht zu halten. Im folgenden Jahr wurde am Stanford Research Institute Minos II darauf trainiert, 60 Landkartensymbole in 15 Kategorien einzuordnen. Am University College wurde, wie erwähnt, die UCLM II darauf trainiert, Gesichter, Zufallsmuster, Drucktypen und handgeschriebene Worte wiederzuerkennen. Die Lernphasen von Minos II und UCLM II sind tatsächlich ähnlich. Beide haben 100 Eingänge, die allerdings in der UCLM II analog und in der Minos II digital sind. Die UCLM II besitzt 20 Ausgänge, die Minos II 66. Zu jedem Ausgang gehört eine ›Zeile‹ von 100 bewertenden Einheiten. In der UCLM II wird jeder der 100 analogen Eingangswerte in jeder Zeile mit einem – in der Lernphase variablen, später festen – Gewicht multipliziert. Die Summe der Gewichte einer Zeile liefert den Ausgangswert der Zeile. Die UCLM II besitzt also insgesamt 2000 multiplikative Einheiten. Die Minos II besitzt mit ihren 66 Ausgängen 6600 (additive) Einheiten. Die endgültige Reaktion wird in beiden Maschinen von einer Extremwertschaltung ausgewählt.

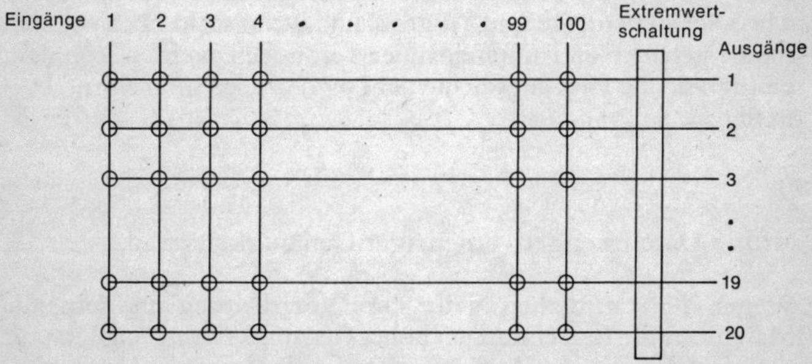

Dem Gedächtnis der UCLM II liegt die hier abgebildete ›Lernmatrix‹ zugrunde. An jedem Kreuzungspunkt befindet sich eine multiplikative Einheit (Potentiometerpaar). Vom Objekt gelangen gleichzeitig 100 Werte in die Eingänge. Diese werden in jeder Zeile mit den in der Lernphase justierten Potentiometergewichten multipliziert und die 100 Produkte addiert. Aus den 20 gebildeten Summen bestimmt die Extremwertschaltung die endgültige Reaktion der Maschine.

Mikroelektronik und lernende Maschinen

Die nächste Generation lernender Maschinen wird von der Mikroelektronik Gebrauch machen müssen, um die gewaltige Speicherkapazität und Geschwindigkeit zu erhalten, die sie erst zu Aufgaben befähigen, die die heutigen schnellen Digitalrechner nicht in vertretbarer Zeit bewältigen können. Die potentielle Stärke lernender Maschinen liegt in ihrer Parallelorganisation, wodurch sie mehrere umfangreiche Berechnungen gleichzeitig ausführen können, während Digitalrechner darauf beschränkt sind, sie Schritt für Schritt, d. h. Befehl nach Befehl durchzuführen. Ein schneller Digitalrechner kann einen Befehl in einer Mikrosekunde ausführen, und um eine einzelne Operation einer lernenden Maschine zu simulieren, kann auf dem Digitalrechner das Durchlaufen von einer Million Befehlen nötig werden. Die Simulation der Operation würde mit den genannten Werten eine Sekunde dauern. Wird dagegen die lernende Maschine mit Transistoren hoher Frequenz und anderen elektronischen Bauelementen, ähnlich den in Digitalrechnern verwendeten, gebaut, dann wird sie für eine einzelne Operation annähernd eine Mikrosekunde brauchen und daher eine Million mal schneller als der Digitalrechner sein. Mit diesem Verhältnis würden fünf Minuten Laufzeit einer lernenden Maschine fast zehn Jahren Laufzeit eines Digitalrechners entsprechen. Der Geschwindigkeitsvorsprung wächst mit der Speicherkapazität der lernenden Maschine, was nicht unbedingt mit Volumenwachstum verbunden sein muß. Das menschliche Gehirn besitzt die kleinsten bekannten multiplikativ bewertenden Einheiten in Form der Synapsen, deren Durchmesser nur etwa 0,5 μ beträgt. Die kleinsten, heute ausführbaren mikroelektronischen Schaltelemente sind 5 μ groß, und wenn sie in noch engeren Raum gepackt und untereinander verbunden werden könnten, müßten sie die Packungsdichte der Nervenzellen im Gehirn übertreffen.

Große Datenmengen – niedriger Genauigkeitsgrad

Wegen der statistischen Natur ihrer Verarbeitung sind lernende Maschinen für Berechnungen hoher Genauigkeit ungeeignet, sehr geeignet dagegen für Anwendungen, in denen große Datenmengen mit niedrigem Genauigkeitsgrad gleichzeitig behandelt werden müssen. Die Literatur ist voll von Anwendungsvorschlägen, angefangen von der Vorhersage des Wetters und des wirtschaftlichen Verhaltens bis zur Klassifikation von Krebszellen und anderem biologischen Material. Diese Anwendungen erfordern Informationsspeicher, die viel größer als die heute gebauten sind, aber wenn sie einmal verfügbar werden, muß es auch möglich sein, Maschinen zu bauen, die die von vielen menschlichen Gehirnen angesammelte Erfahrung speichern und unmittelbar verbale Antworten auf gesprochene Fragen geben. Andere Maschinen könnten sich auf das Erkennen von Gesichtern, Stimmen oder Fingerabdrücken spezialisieren, so daß eine unbekannte Person fast sofort mit Millionen gespeicherter Aufzeichnungen verglichen werden könnte, eine Aufgabe, die mit den schnellsten Digitalrechnern Jahre dauern könnte.

Lernende Maschinen als Vorhersager

Die natürliche Fähigkeit lernender Maschinen, mit Teilinformationen zu arbeiten, macht sie zu mächtigen Vorhersagern der Zukunft – natürlich auf Grund von Erfahrungen. Ein Aspekt dieser Tatsache wurde deutlich bei den Gesichtererkennungsexperimenten mit der UCLM II, als sich herausstellte, daß in vielen Fällen das Bild schon richtig erkannt werden konnte, bevor nur die Hälfte des Bildes aufgedeckt war. Das kann als Fähigkeit aufgefaßt werden, den unteren Teil des Bildes vorauszusagen, wenn nur ein oberer Teil gegeben ist. Wenn eine zeitliche Abfolge, wie z. B. eine Folge gesprochener Worte, in der eine erste Hälfte einer zweiten vorangeht, durch ein Muster vollständig dargestellt wird, dann kann die Maschine bei künftigem Auftreten der ersten Hälfte voraussagen oder vermuten, daß die wahrscheinlichste zweite Hälfte folgen wird. Die Vorhersage kann natürlich falsch sein, aber wenn solche zeitlichen Strukturen wie die Sprache oder das Wetter auf geeignete Weise vorverarbeitet werden, ist es sehr wahrscheinlich, daß die Maschine um so bessere Vorhersagen liefert, je weiter der Lernprozeß fortschreitet und je mehr Daten sich ansammeln. Der Erfolg hängt vom Vorhandensein natürlicher Beschränkungen innerhalb des die Muster erzeugenden Systems ab. Beschränkungen treten deutlich auf beim Satzbau, bei den Bewegungen der Sprechorgane, bei Temperatur- und Druckänderungen in der Atmosphäre und bei Abläufen in wirtschaftlichen Systemen und industriellen Prozessen.
In diesen Bereichen werden lernende Maschinen vielleicht sogar wesentlich werden, vor allem wegen ihrer ausgeprägten Fähigkeit, augenblicklich Entscheidungen in komplexen Fragen zu fällen, wobei sie auf die in einem mächtigen Speicher angesammelte Erfahrung zurückgreifen. Dieses gespeicherte Wissen könnte über viele Generationen wachsen, ohne dem Gedächtnisverschleiß zu unterliegen, der für das alternde menschliche Gehirn charakteristisch ist.

Weitere Literatur:

W. K. Taylor: Electrical simulation of some nervous System functional activities. In: Information Theory, herausgegeben von Colin Cherry, Butterworth 1956.
W. K. Taylor: Pattern recognition by means of automatic analogue apparatus. In: Proceedings of the Institution of Electrical Engineers, 1068, 26, 198 bis 209, 1959.
J. C. Hay, F. C. Martin und G. W. Wightman: The Mark I perceptron – design and performance. In: IRE National Record Part 2, 78–87, 1960.
K. Steinbuch und V. A. W. Piske: Learning matrices and their application. In: IEEE Transactions on Electronic Computers, EC-12, 5, 846–862, Dezember 1963.
Minos II, a trainable pattern recognizing machine. In: Stanford Research Institute Journal, 6. September 1965.
H. Sandoval: On the hyperplanes of the Taylor-Steinbuch linear separator. In: IEEE Transactions on Electronic Computers, EC-15, 935, Dezember 1966.
W. K. Taylor: Machine learning and recognition of faces. In: Electronic Letters, 3, 9, September 1967.
W. K. Taylor: Learning characteristics of a trainable pattern recognition machine. In: IEE/NPL Conference on Pattern Recognition, Conference Publication Number 44, Juli 1968.
N. J. Nilsson: Learning machines. McGraw-Hill, New York 1965.
H. Billing (Hrsg.): Lernende Automaten. Oldenbourg, München/Wien 1961.
R. Eier/H. Zemanek: Automatische Orientierung im Labyrinth. Elektronische Rechenanlagen 2, 1960, S. 23–31.
K. Steinbuch/H. Frank: Nichtdigitale Lernmatrizen als Perzeptoren, Kybernetik 1. 1961, S. 117–224.
K. Steinbuch: Die Lernmatrix, Kybernetik 1. 1961/63, S. 36–45.
H. Zemanek: Lernende Automaten. In: Taschenbuch der Nachrichtenverarbeitung hrsg. v. K. Steinbuch, Springer Berlin/Göttingen/Heidelberg, 1962, S. 1418–1480.

Maschinen, die intelligent handeln

Von Charles A. Rosen

Dr. Charles A. Rosen ist Leiter der Laboratorien für angewandte Physik am Stanford-Forschungsinstitut, Menlo Park, Kalifornien. Seine derzeitige Forschung über künstliche Intelligenz und Mustererkennung befaßt sich mit dem SRI-Rechnerentwicklungsprogramm. Seine früheren Forschungen waren Magnet-, piezoelektrischen und Halbleitergeräten gewidmet.

Maschinen werden entwickelt, die mit Gegenständen hantieren und in einer Laborumgebung sich unabhängig bewegen können. Sie erkunden und lernen, sie planen ihre Bewegungen und können ungenau angegebene Aufgaben durchführen.

Allgemeingültig läßt sich die Intelligenz etwa eines Menschen, eines Insekts oder einer Maschine nicht definieren. Man kann nur eine Art Pyramide von relativer Intelligenz aufbauen, an deren Spitze sich der Mensch (als Bester) befindet. Es ist nur dann sinnvoll, von der Intelligenz einer Maschine zu sprechen, wenn sie Aufgaben ausführen kann, die sonst andauerndes menschliches Steuern und Eingreifen erfordern. Eine derartige Maschine wäre in der Lage, unabhängig zu handeln, das heißt gegebene Aufgaben auszuführen und dabei zu versuchen, auch mit unvorhergesehenen Veränderungen innerhalb ihrer Umgebung fertig zu werden.

Voraussetzungen der Intelligenz

Hält man sich an diese Arbeitsdefinition, kann man Aufgaben beschreiben, die im Normalfall menschliche Intelligenz erfordern. Man kann weiter fragen, welche Möglichkeit es gibt, eine Maschine zu veranlassen, diese Aufgaben allein durchzuführen. Welche Eigenschaften sind nötig, damit eine Maschine intelligent werden kann? Man könnte eine Reihe menschlicher Fähigkeiten aufzählen, wie Sprache und Mitteilungsvermögen, Problemlösen,

Planen, Mustererkennen, Lernen und Fühlen, die intuitiv die Elemente der Intelligenz zu sein scheinen. Wir kennen sicherlich nicht alle Elemente oder ihre gegenseitigen Beziehungen, noch werden wir diesen Komplex in naher Zukunft in größerem Maß aufklären können.
Derzeit zielen eine Reihe von Forschungsprogrammen darauf ab, Maschinen zu entwickeln, die »intelligent handeln« können. Sie sollen also mit Gegenständen hantieren und/oder sich in einer Laborumgebung unabhängig bewegen können und dabei zugeteilte Tätigkeiten durchführen, die unvollständig angegeben sind. Die Aufgaben werden in der Form festgesetzt, daß die Analyse der Aufgabe, das Planen von Bewegungen und Verhaltensweisen, das Erlernen der Umgebung und das Erkennen von Gegenständen eingebaute Fähigkeiten der Maschine sind und kein menschliches Eingreifen erfordern. Ich will versuchen, einige dieser Programme zu beschreiben, die viele Eigenschaften gemeinsam haben. Dabei möchte ich mich besonders auf das Roboterprojekt des Stanford-Forschungsinstituts konzentrieren, da ich an diesem am meisten beteiligt bin.

Intelligente Hand/Auge-Maschinen

Intelligente Hand/Auge-Maschinen werden in den Vereinigten Staaten von zwei getrennten Forschungsvorhaben untersucht, von denen das eine unter der Leitung der Professoren M. L. Minsky und S. Papert am Massachusetts Institute of Technology, das andere unter der Leitung von Professor J. McCarthy an der Stanford-Universität steht. In beiden Fällen wird ein handähnlicher mechanischer Manipulator mit vielen Freiheitsgraden von einem großen Digitalrechner gesteuert. Die Hand ist in der Lage zu greifen, sie kann Blöcke verschiedener Größe transportieren und zusammenlegen, und dies innerhalb eines abgegrenzten Bereiches. Das »Auge« einer Fernsehkamera, die diesen Bereich überblickt, nimmt Daten auf, die von einem Rechner analysiert werden. Eine typische Aufgabe würde nun darin bestehen, verschiedene Baublöcke zu verschiedenen Gebilden aufzubauen. Die geeigneten Blöcke müssen ausgewählt, erkannt, aufgenommen und in einer richtigen Reihenfolge verlagert werden. Diese Handlungen müssen von Modellen oder Darstellungen gesteuert werden, die im Rechner gespeichert sind. Schwierigere Aufgaben würden den Gebrauch von Werkzeugen zum Einbau von Fertigbauteilen in Arbeitsrahmen einschließen.

Kundschafteraufgaben

Vor fünf Jahren entschieden wir uns, am Stanford-Forschungsinstitut eine intelligente Maschine zu entwickeln, die als Forschungsmodell zum Untersuchen von mehreren Intelligenzeigenschaften in einem integrierten System dienen sollte. Sie wurde fahrbar hergestellt, so daß ihre Wechselwirkung mit der Umgebung vielfältig war und gleichzeitig Anregungen für mögliche nützliche Anwendungen geben konnte. Anfangs war es schwierig, und es bleibt auch eine heikle Frage, zu entscheiden, welche Aufgaben mit einer Hand ausgeführt werden können. Diese Aufgaben sollten nicht so einfach sein, daß sie ein Spielzeugmacher mit geschickten elektromechanischen Systemen nachahmen konnte, und sie sollten auf der anderen Seite so schwierig sein, daß sie es erlaubten, die Entwicklungsmöglichkeit dieser Kunst für die nächsten 10 Jahre einzuschätzen. Zuerst wurde eine Reihe von Aufgaben für unseren beweglichen Roboter ausgewählt, die die Fähigkeiten eines Kundschafters erforderten: er sollte nützliche Informationen in seiner anfänglich unbekannten Umwelt erfühlen, registrieren und navigatorisch verarbeiten. Diese Roboterumgebung besteht heute aus einem gut ausgeleuchteten Raum, in dem eine Anzahl fester Gegenstände von einfachen geometrischen Formen wie Würfel und Keile verteilt sind. In dieser kontrollierten Laboranordnung muß der bewegliche Roboter Gegenstände und Raumabgrenzungen fühlen und erkennen. Er muß die fahrbaren Wege durch vorhandene Durchgänge planen, sicher (wenn auch grob) hindurchsteuern und dabei seinen Wegplan befolgen und Informationen sammeln. Schließlich muß er noch mit Hilfe von einfachen Handhabungsvorrichtungen mit Gegenständen umgehen können.

Typische Roboteraufgaben

In diesem Zusammenhang könnten dem Roboter typische Aufgaben von zunehmender Schwierigkeit übertragen werden:
Gehe zum Punkt (X_1 Y_1), erkunde die Durchfahrtmöglichkeiten im Nord-West-Viertel, schiebe Gegenstand A zum Punkt (X_2 Y_2) und stoße dann den kleinsten Würfel durch die Türe A.
Eine derartige Aufgabe ist in der Planung einfach. Ein guter Techniker, der sich auf diese besonderen Aufgaben in einer vollständig beschriebenen Umgebung spezialisiert hat, wäre in der Lage, ein wirksames System zu entwerfen, das diese Tätigkeiten zufriedenstellend durchführen könnte. Es würde auf einer ins einzelne gehenden Rechnerprogrammierung jedes vorbestimmten Schrittes beruhen. Wenn jedoch diese Aufgabe nur eine innerhalb

einer viel größeren Gruppe von Aufgaben ist, die nicht alle einzeln beschrieben werden können, muß man viel kompliziertere Vorrichtungen zur Problemlösung einbauen. Das führt zu einer unabhängigen Aktivität der Maschine.

Reflexverhaltensweisen

Ich möchte nun bestimmte wesentliche Funktionen eines Robotersystems beschreiben und besondere Aufmerksamkeit den heutigen und den geplanten Roboter-Programmen am Stanford-Forschungsinstitut widmen. In der niedrigsten Aktivitätsstufe befinden sich Effektoren, das sind Mechanismen, die den Roboter bewegen oder auf die Umgebung einwirken. Es kann sich um Motoren handeln, die Räder antreiben, um Elektromagnete, die Kupplungen oder Bremsen bedienen, oder um mechanische Manipulatoren.

Die Hauptaufgabe der auf dem Gerät befestigten Fühlausrüstung besteht darin, die notwendige Umgebungsinformation zum Durchführen der Aufgaben beizusteuern. Es kann jedoch ebenso auch Information aufgenommen werden, die zum Schutz der Maschine selbst dient. So schalten in dem Stanford-Roboter sich die Antriebsmotore sofort ab und die Bremsen sich ein, wenn das Gerät gegen etwas stößt. Obwohl dem Rechner ein derartiger Zusammenstoß gemeldet wird und er danach die Haltebefehle überwinden kann, erfolgt die Halteaktion als ein Reflexverhalten mit örtlicher Ursache und Auswirkung. Weitere Reflexverhaltensweisen können hinzugefügt werden, besonders, um den Automaten oder Objekte in seiner Umgebung zu schützen. Bei den zukünftigen Anwendungsformen zur Landerkundung kann das Vermeiden von Gräben, von Wasser oder von Feuer durch solche Reaktionen lebensnotwendig sein. Weitere Reflexverhaltensweisen können ganz nützlich für das Ausführen von Unterprogrammen sein. Zum Beispiel können Rückkehr- oder Spurhaltevorrichtungen direkt die Motorantriebe steuern, ohne daß außer einer einfachen Überwachung durch den Zentralrechner etwas erforderlich ist.

Aufgaben des Roboters im Stanford-Forschungsinstitut

Das Fahrzeug des Stanford-Forschungsinstituts wird durch zwei elektrische Motoren angetrieben, die durch eine rechnergesteuerte Kupplung mit den zwei Rädern verbunden ist. Es kann sich vorwärts oder rückwärts bewegen und nach links oder rechts wenden.

Die Anzahl der durchgeführten Motorbewegungen wird vom Rechner überwacht und gesteuert. Stufenweis bewegliche Motoren bewegen auch die Fernsehkamera und den Entfernungsmeßfühler. Mit Hilfe einer optischen Fühl- und Zählausstattung, die rechnergesteuert ist, werden auch Schwenken, Neigen und Scharfeinstellen durchgeführt. Im Augenblick kann das Fahrzeug nur Gegenstände stoßen. Für später ist jedoch geplant, dem Roboter eine Art von rückgebildetem Handhabungsverhalten zu geben.
Ein flexibles Kabel verbindet das gesteuerte Fahrzeug mit einem großen Time-Sharing-Digitalrechner. Für die Zukunft planen wir jedoch, dieses Kabel durch zwei Funkkanäle zu ersetzen, einen für die Fernsehbildübertragung, den anderen für die telemetrische Information zwischen den Effektoren, Fühlern und Rechnern. Befehle an die Motoren der Effektoren werden gegenwärtig durch den Rechner gegeben, der unter Kontrolle der unmittelbaren »Handlungsprogramme« steht. Diese wiederum werden in Gang gesetzt durch Programme einer höheren Stufe (was später beschrieben werden soll). Wenn ein Auftrag durchgeführt ist, wird ein Vollzugssignal an den Rechner zurückgeleitet. Tast- und weitere Signale, die an Bord des Fahrzeugs entstehen, werden über den gleichen Kanal zum Rechner zurückgesandt.

Die Verständigung mit dem Rechner

Es empfiehlt sich, die Verständigung mit einem Rechner über einen Fernschreiber herbeizuführen. Rechnerprogramme werden im allgemeinen in einer besonderen Rechnersprache geschrieben, die es ermöglicht, die gewünschten Handlungen und Angaben sicher in eine Folge von verschlüsselten elektrischen Signalen zu übertragen, die von der Rechnervorrichtung angenommen werden können. Diese künstlichen Sprachen sind durch genaue Regeln stark eingeschränkt, die die Wortwahl, die Zahlen und Symbole und ihre relative Stellung in einem Satz bestimmen. Es wäre sehr wünschenswert, wenn man eine natürliche Sprache wie etwa Englisch verwenden könnte. Dafür müßte jedoch in den Rechner ein Programm eingebaut werden, das englische Sätze so versteht, wie sie in die Maschine getippt werden. Mit Verstehen ist hier die Fähigkeit gemeint, jeden Satz in seine Teile aufzuspalten und die Beziehung zwischen diesen Teilen nicht nur im Hinblick auf die Grammatik, sondern ebenso auch im Hinblick auf die Wortbedeutung genau zu beschreiben. Weiterhin muß die Möglichkeit zur Speicherung dieser Information gegeben sein, so daß, abgesehen von der Fähigkeit zur Beantwortung von Fragen, die sich auf diese Tatsachen beziehen, die Maschine sich ebenso auch die logischen

Konsequenzen dieser Tatsachen ableiten und erklären kann. Zum Beispiel könnte man die folgenden Behauptungen eintippen:

Hans ist ein Mensch.
Alle Menschen haben zwei Hände.

Nachdem die Sätze analysiert sind, werden ihre wesentliche Bedeutung und feststehende Tatsachen in einer formalen unzweideutigen Sprache (Logik) gespeichert, so daß folgende Fragen einschließlich ihrer logischen Folgerungen beantwortet werden können:

Frage:	Was ist Hans?
Antwort:	Hans ist ein Mensch.
Frage:	Wieviel Hände hat Hans?
Antwort:	Hans hat zwei Hände.
Frage:	Hat Karl Hände?
Antwort:	Ich weiß es nicht. (Ist Karl ein Mensch?)

Die gegenwärtigen Hauptprobleme bestehen darin, Einordnungssysteme zu entwerfen, die eine brauchbare Wortanalyse gestatten. Ferner sollen die Verfahren verbessert werden, die die logischen Folgen einer größeren Tatsachenreihe bestimmen können. Mittlerweile läuft die Forschung auf diesem Gebiet in verschiedenen Laboratorien weiter, wobei neue und vielversprechende Methoden entwickelt werden. Die Untersuchungen beschränken sich auf einen kleinen Wortschatz und eine begrenzte Zahl von Ereignissen, da sonst ein zu großes Rechnergedächtnis zur Anwendung der derzeit bekannten Methoden benötigt wird. Im Idealfall möchte man sich schon mit einer enzyklopädischen Tatsachenmenge befassen, und das mit einem vernünftigen Aufwand an Rechnergedächtnis und Zeit. Wir hoffen, daß wir unserem jetzigen Roboter Aufgaben mit einfachen englischen Anweisungen unter Verwendung eines kleinen Wortschatzes stellen können. Die Fähigkeit für einfachste Aufgaben wurde eingebaut. Gegenwärtig wird das Ausmaß dieser Arbeit noch erweitert.

Wahrnehmungssysteme

Jede sinnvolle Wechselbeziehung zwischen dem Roboter und seiner Umgebung hängt wesentlich von seiner Wahrnehmungsfähigkeit (Erkennen und Abmessen) für bestimmte Angaben aus seiner Umgebung ab. Diese Wahrnehmungsinformation muß dann gedeutet (abstrahiert, verglichen, abgeleitet, umgeformt und analysiert) werden. Wahrnehmungseinrichtungen gehören schon zu den am weitesten fortentwickelten Instrumenten der Wissenschaft. Wir werden tatsächlich durch unseren Reichtum etwas in Verlegenheit versetzt, wenn eine Wahl getroffen werden muß. Die Interpretation der Wahrnehmungsdaten hat sich jedoch kaum über ein kümmerliches Anfangsstadium hinaus entwickelt. Auf dem Gebiet der Mustererkennung sind bereits beträchtliche Forschungen durchgeführt worden, und sie werden weiter fortgesetzt. Die Mustererkennung wird bereits erfolgreich bei der Identifizierung von graphischen Zeichen wie etwa maschinengeschriebenen Buchstaben angewandt, ferner bei der Identifizierung von einzeln gesprochenen Worten, wobei jedes zeitlich getrennt und aus einem kleinen Wortschatz ausgewählt sein muß; dann bei der Identifizierung von erwünschten Mustern in elektrischen Signalen, die von Radio- und Radarempfängern stammen, und aus den Aufzeichnungen von Elektroenzephalogrammen (EEG) und Elektrokardiogrammen (EKG). Die Forschungsarbeit hat kaum begonnen, sich mit der viel schwierigeren Aufgabe des Erkennens der häufigsten dreidimensionalen Objekte zu befassen, die in einer normalen Umgebung gefunden werden können. Im Idealfall möchte man die menschliche Fähigkeit nachahmen, eine Szene zu überblicken und jeden Gegenstand mit seinen Eigenschaften und seiner räumlichen Beziehung zu anderen Gegenständen zu erfassen. Das sollte unter sich stark ändernden Lichtverhältnissen und Farbzusammenstellungen, Schattenbildungen, Verdunklungen und gegenseitigem Berühren der Gegenstände untereinander möglich sein. Dieses Problemgebiet wird als »Szenenanalyse« bezeichnet. Bis jetzt ist man kaum darüber hinausgekommen, Gegenstände von einfacher geometrischer Gestalt unter stark eingeschränkten Laboratoriumsbedingungen zu erkennen.

Die Tastfühler

Der Roboter des Stanford-Forschungsinstituts ist gegenwärtig mit vier Wahrnehmungssystemen ausgerüstet: Tastfühlern, einem optischen Entfernungsmesser, einer Fernsehkamera und mit einem Navigationssystem. Die Tastfühler bestehen aus einer Reihe von »Katzenschnurrhaaren«, wobei es sich um biegsame Drähte handelt, die An/Ausschalter bedienen. Die Berührung mit äußeren Gegenständen durch den sich bewegenden Roboter wird sowohl dem Antriebsmechanismus an Bord des Roboters als auch dem Rechner gemeldet; gleichzeitig erfolgt eine Information über den Berührungsbereich. Mit diesen Wahrnehmungsfühlern allein ähnelt das Verhalten des Roboters dem eines blinden Käfers, der seinen Weg um Hindernisse herum auf ein bestimmtes Ziel zu sucht. Wie ich später beschreiben werde, wird die auf diese Weise

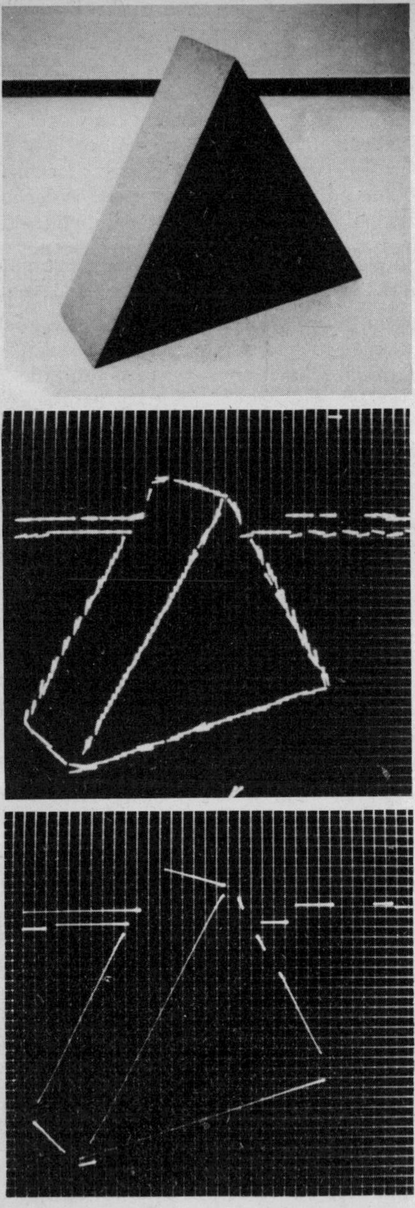

A

B

C

erhaltene Information dazu verwendet, eine grobe Darstellung von der relativen Anordnung der Hindernisse zu erhalten, was dann im Rechnergedächtnis gespeichert wird. Spätere Bewegungen können sich auf dieses Modell beim Suchen nach sinnvolleren Wegen beziehen.

Der optische Entfernungsmesser

Der optische Entfernungsmesser (und der damit verbundene Rechner) berechnet Entfernungen zu Hindernissen und wendet ein Triangulationsverfahren an. Die Winkel werden gemessen, die von der gegebenen Grundlinie des Fahrzeuges und einem auf ein Objekt gerichteten Lichtstrahl sowie dem von dem Objekt reflektierten Lichtstrahl gebildet werden. Der Meßbereich liegt ungefähr zwischen 0,5 und 10 Metern. In diesem Bereich beträgt die Genauigkeit etwa $+10\%$. Dieses System befindet sich auf einem Kopf, der zwei Freiheitsgrade besitzt – in der Höhe und im Scheitelkreis. Auf Befehl des Rechners erfolgt ein Schwenken zur optischen Erkundung der Szene in einer Reihe von kurzen Schritten. Die Entfernungsinformation wird dann zum Rechner zurückgeleitet. Diese Information kann vom Rechner benutzt werden, um ein Modell der Umgebung zu konstruieren, das wesentlich genauer als das Berührungsmodell ist und eine grobe Art von optischer Wahrnehmung darstellt. Wir sind zur Zeit dabei, die Entfernungsmessung wie auch die Berührungsinformation in einem einzigen Modell zu vereinigen.

Die Fernsehkamera

Die Fernsehkamera befindet sich auf demselben beweglichen Kopf wie der Entfernungsmesser. Somit können die Bilddaten gleichzeitig mit den Entfernungsdaten empfangen werden. Die verhältnismäßig große Menge verfügbarer Bilddaten wird durch

◀ Das Fernsehbild eines Dreieckprismas (A) wird von dem Roboter des Standford-Forschungsinstituts durch eine grobe Differenzierungstechnik verarbeitet, die die Intensität von Bereichen mit starker Veränderung verstärkt. Kurze Linienabschnitte, die die Grenzen dieses Bereiches (B) bestimmen, werden dann herausgesucht und in Paaren zusammengestellt. Schließlich wird ein Anpassungsplan mit »langen Linien« verwendet, um den in Abbildung C erhaltenen Plan zu finden. Die verhältnismäßig langen Linien, die den Gesamtumriß angeben, werden dann weiter bearbeitet, um die Eigenschaften zu erhalten, die ein Roboter beim Erkennen von Gegenständen haben muß.

eine besondere Ausrüstung vermindert, die nur solche Eigenschaften auswählt, die zum Erkennen von Gegenständen notwendig sind. Die Verarbeitung der ausgewählten Eigenschaften erfolgt im Rechner. Die Auswahl der Eigenschaften, das Verfahren ihrer Auswahl und die nachfolgenden Erkennungsprozesse befinden sich noch in einem sehr frühen Stadium der Entwicklung und stellen eine der schwierigsten langfristigen Forschungsaufgaben auf dem Gebiet der Wahrnehmungserkennung dar. Ein Erfolg beim Lösen dieser Probleme sollte zu einem ausreichenden Modell der Umgebung führen, das detaillierte Beschreibungen von entsprechenden physikalischen Eigenschaften aller Gegenstände sowie der Beziehung zwischen ihnen in der Nachbarschaft des Roboters enthält.

Die ›Raumdifferenzierung‹

Im Augenblick wählen wir eine Grundmenge von Eigenschaften aus einer begrenzten Gruppe von geometrisch einfach geformten, festen Gegenständen wie etwa Würfeln und Keilen aus. Die Bilddaten der Kamera werden zunächst grob reduziert durch einen Vorgang, der »Raumdifferenzierung« genannt wird. Nur Intensitätsunterschiede bleiben dabei erhalten. Bei der Betrachtung einer gleichmäßig beleuchteten ebenen Fläche eines Gegenstandes werden nur noch die Kanten registriert. Eine Information über die von diesen Kanten eingeschlossene Fläche entfällt. Ein elektronisches Maskenüberlagerungsverfahren dient dann dazu, kurze Liniensegmente auszuwählen, die etwa den Kantengrenzen entsprechen. Diese kurzen Segmente werden zu langen Liniensegmenten vereinigt, was schließlich zu einer Umrißzeichnung des festen Gegenstandes führt, die jede gerade Linie und ihre räumlichen Beziehungen zu den anderen dem Rechner bekannten Linien enthält.

Das ›Szenenanalyse‹-System

Es können noch viele andere brauchbare Eigenschaften herausgezogen werden. Das wird wahrscheinlich nötig, wenn ein größerer Bereich von Gegenständen der wirklichen Welt erkannt werden soll. Sicherlich werden auch Farbe, Tiefe, Struktur und andere Eigenschaften benötigt. Auf einer höheren Abstraktionsebene muß man anscheinend eine Information verwenden, die nicht in den meßbaren und topologischen Eigenschaften eines jeden Objektes vorhanden ist. Beziehungen und Zusammenhänge können noch wesentliche Hinweise bieten. Bildet zum Beispiel eine Schreibtischoberfläche die Szene, dann können Bleistifte, Federn, Telefon, Bücher und Papiere als eine verhältnismäßig kleine Gruppe von Gegenständen erwartet werden, bei denen ein Trennen und Erkennen individueller Gegenstände möglich ist, und zwar eher, als wenn ein viel größerer Bereich aus der ganzen Welt möglicher Objekte inbegriffen wäre. Wenn andererseits die Aufgabe darin besteht, einen bestimmten Gegenstand zu finden, kann eine vorher eingespeicherte Information über seine Eigenschaften wiederum die Such- und Identifizierungsverfahren wesentlich verkürzen. Offenbar muß ein allgemeines »Szenenanalyse«-System sowohl einen verbesserten Eigenschaftsauszug als auch Klassifizierungsmethoden und ein logisches Verhalten höherer Ordnung in sich vereinigen. Das wird noch beträchtliche Anstrengungen erfordern.

Die Steuerung der Bewegung

Die Steuerung erfolgt grob durch ein einfaches System ungefährer Berechnung. Nach der Auswahl einer zufälligen Anfangsstellung im Laboratorium als Ursprung eines kartesischen Koordinatensystems wird eine stetige Aufzeichnung der stufenweisen Drehung der beiden Räder des Fahrzeugs aufgenommen mit nachfolgender Berechnung der Stellung und Orientierung des Roboters. Da jedoch unebener Untergrund und Rutschen einen allmählichen Verlust der Positionsgenauigkeit bedingen können, sehen wir vor, daß der Roboter vorher gelegte Wegzeichen erkennt, um seine Position wieder auszurichten. Solche Wegzeichen könnten bestimmte Körper sein, die von dem Mustererkennungssystem durch anfänglich dem Rechner des Roboters gegebene genaue Koordinaten wiedererkannt werden.

Problemlösungen, Planungs- und Zielsuchverfahren

Beim Ausführen von Problemlösungen, Planungs- und Zielsuchverfahren ist eine detaillierte Information über die Umgebung wesentlich. Eine solche Information kann der Roboter vielleicht direkt aus der Umgebung erhalten, wenn sie benötigt wird, wodurch sich die Notwendigkeit des Einspeicherns von relativ großen Mengen von Angaben über die Eigenschaften und Beziehungen der Objekte erübrigt. Eine empfindlichere Annäherung besteht darin, im Gedächtnis des Rechners ein oder mehrere abstrakte Modelle oder Darstellungen der Umgebung zu speichern, wobei

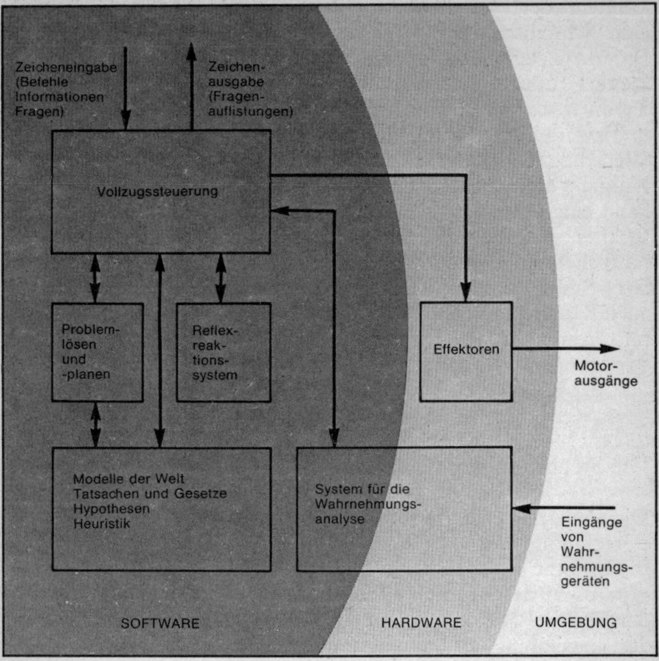

Der bewegliche SRI-Roboter reagiert auf seine Laboratoriumsumgebung über seine Tastsysteme und seine elektrischen Motorantriebe. Modelle einer spezialisierten Welt werden im Rechnergedächtnis erzeugt, sie beruhen auf der Information, die das Robotertastsystem wahrgenommen hat. Hinzu kommen Wahrnehmungsanalyse-Systeme sowie eine Information, die anfänglich von dem menschlichen Experimentator vorgegeben wurde. Unterfunktionen zur Problemlösung und zum Planen werden von Programmen der höheren Ebene in Anspruch genommen. Die ausführende Steuerungsabteilung ist in der Lage, mit Schreibmaschine geschriebene Aufgaben anzunehmen und sie in einem sinnvollen Zusammenhang zu untersuchen. Das Reflexreaktions-Untersystem gestattet eine schnelle örtliche Reaktion der Roboter-Effektoren. Hierbei kann die Ausführungssteuerung zeitweise überstimmt werden, um einen Schaden zu vermeiden.

jedes Modell sich aus einer relativ kleinen Auswahl aus allen vorhandenen Informationen zusammensetzen sollte. Diese Auswahl sollte der Art der Roboteraufgaben entsprechen und so angeordnet sein, daß sie sich leicht durch Rechnerverfahren bearbeiten läßt. Ein einfaches Modell ergäbe sich aus dem Speichern der groben Umrisse eines jeden Objekts, das von einem Roboter mit Tastfühlern getroffen werden kann. Wenn der Roboter den Gegenstand trifft, so ist er vorprogrammiert, sich um den Gegenstand herumzubewegen, während er in beständigem physikalischen Kontakt mit ihm, etwa auf seiner rechten Seite, bleibt. Das ungefähr berechnete Navigationssystem würde andauernd die Koordinaten des durchlaufenen Weges liefern und so die Position eines Gegenstandes auf dem Boden festlegen. Ein vollständiger Raumplan mit allen Objekten könnte für das Suchen möglicher Durchgangswege nützlich sein und würde eine erste Beschreibung von allen Gegenständen und ihrer Positionen zueinander liefern. Ein vollständigeres Modell könnte man erhalten, wenn die Information des Entfernungsmessers hinzukäme, die aus einer bestimmten Entfernung gewonnen werden kann. Schließlich könnte noch das visuelle Erkennungsprogramm, das mit seinen Fernsehdaten arbeitet, Namen für alle Gegenstände in dem Modell liefern. Weitere Eigenschaften könnten zu diesem Modell, falls nötig, noch hinzugefügt werden, erfordern aber eine zusätzliche Wahrnehmung. Am Stanford-Forschungsinstitut untersuchen wir Methoden, die diese Darstellungen vereinfachen, so daß ihre Brauchbarkeit zunimmt und die Erfordernisse für die Rechnerspeicherung abnehmen.

Das Modell des Stanford-Forschungsinstituts

Eine besonders einfache Modellform, die das Rechnergedächtnis sehr wirksam ausnutzen kann, wird am Stanford-Forschungsinstitut gebaut. Die Umgebung des Roboters wird zunächst in ein quadratisches Gitternetz von vier mal vier Feldern eingeteilt. Jedes der 16 Felder wird dann mit einem von vier Symbolen gekennzeichnet, die darstellen, was durch das Wahrnehmungssystem des Roboters entdeckt wurde. Sie Symbole bedeuten: angefüllt, teilweise angefüllt, leer oder unbekannt. Die bekannten vollen und leeren Bereiche erfordern keine weitere Untersuchung. Die teilweise angefüllten Räume jedoch werden nachfolgend in 16 kleinere Flächen unterteilt, und jede von ihnen wird wie vorher in eine der vier Kategorien eingeordnet. Dieses Verfahren wird so lange wiederholt, bis die Grenze der erwünschten Raumaufteilung erreicht ist. Somit ergibt sich mit jedem Erkundungsgang mehr Information über das Umweltmodell. Die mit »unbekannt« gekennzeichneten Flächen stellen eine Art Herausforderung dar. Wenn der Roboter nicht eine bestimmte Aufgabe durchführt, kann seine Grundaktivität veranlaßt werden, als Kundschafter zu wirken, indem die unbekannten Bereiche in seinem Modell aufgefüllt und zu den bekannten in Beziehung gesetzt werden.

Eine interessante Situation kann entstehen, wenn eine von den Planungsabteilungen ausgewählte Strecke den Weg durch einen unbekannten Bereich anzeigt. Zwischen den verschiedenen Stra-

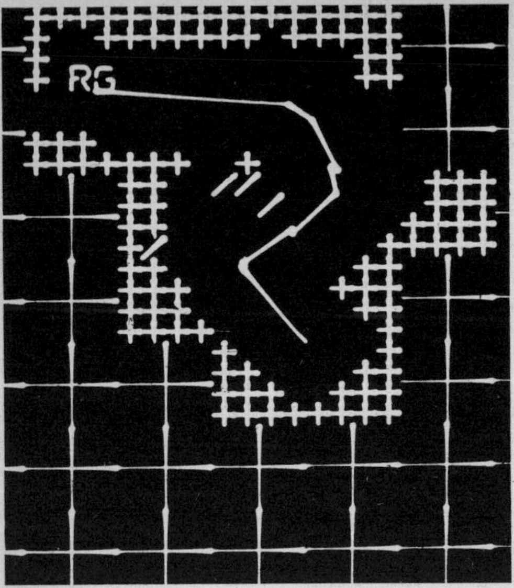

Die Laboratoriumsumgebung am Stanford-Forschungsinstitut war anfänglich in 16 Regionen eingeteilt worden, die folgendermaßen klassifiziert waren: unbekannt (dargestellt durch ein großes Pluszeichen), leer (leerer Bereich) oder teilweise von einem Hindernis (dargestellt durch einen Strich) in Anspruch genommen. Die teilweise angefüllte Region wird dann weiter eingeteilt in 16 kleinere Regionen usw. Die kleinen Pluszeichen stellen somit unbekannte Bereiche in den kleineren Regionen dar. Die miteinander verbundenen Linienabschnitte, die bei RG endigen, stellen die Abschnitte des Weges dar, die von dem Roboter durchlaufen werden. Sie beginnen in der Mitte und enden bei G (oben links). In diesem Versuch startete der Roboter in einer direkten Linie auf das Ziel zu und machte dann um Hindernisse in der Nähe des Zentrums einen Umweg.

tegien muß eine Auswahl getroffen werden. Das Problem lautet: Soll eine Wegstrecke durch sicher bekannte Bereiche gewählt werden? Soll eine Wegstrecke gewählt werden, die direkter verläuft, aber auf unbekannte Gegenstände treffen kann, die ein teures Umplanen erfordern? Oder soll der fragliche Bereich weiter erkundet werden? Man kann bestimmte Kostenfaktoren mit eingeben, die das zusätzliche Risiko der Überquerung eines unbekannten Geländes sowie die zusätzlichen Kosten einer weiteren Erkundung berücksichtigen. Schließlich kann man versuchen, einen Ausgleich zwischen den entstehenden Kosten und dem Erhalten neuer Information zu finden. Diese Faktoren lassen sich als einstellbare Parameter behandeln, die mit der Art der Umgebung und der Erfahrung variiert werden können.

Übersetzung der Aufgabe ins Rechenprogramm

Falls eine Aufgabe durch eine einfache Darstellung in englischer Sprache gegeben wird, muß das Rechnerprogramm die Bedeutung verstehen und diese Darstellung in eine Sprache übersetzen, die den folgenden Rechneroperationen bei der weiteren Abwicklung der Aufgaben gut angepaßt ist. Man kann zum Beispiel erwarten, daß sich in nicht allzu ferner Zukunft ein Rechner etwa mit folgender Aufgabe befaßt: Schiebe einen Keil so nah wie möglich an die Nordseite eines Würfels. Zunächst wird diese Aufgabe in eine Form übersetzt, die genau bezeichnet, was gemacht werden soll, worauf eine Reihe von Unteraufgaben wie etwa folgende entstehen:

Orte einen Keil.
Orte einen Würfel.
Orte die Nordseite eines Würfels.
Gehe zum Platz des Keiles.
Bewege den Keil zur Nordseite des Würfels.

Jede dieser Unteraufgaben kann dann von strategischen und taktischen Unterfunktionen weiterentwickelt werden, die für jede Unteraufgabe ausgewählt werden müssen. Zum Beispiel würde der Befehl »gehe zum Ort des Keiles« zunächst eine Prüfung des gespeicherten Umgebungsmodells auslösen, um wichtige Tatsachen über die möglichen Durchgangswege zu erhalten. Gibt es einen freien, direkten Weg zum Keil? Liegen viele oder wenige Hindernisse auf einem direkten Weg? Gibt es noch unkartographierte oder unbekannte Bereiche auf den möglichen Wegen zum Keil? Wieviel davon ist nicht kartographiert? Wenn ein Durchgangsweg nicht vollständig bekannt ist, sind die bekannten wichtigen Bereiche verhältnismäßig stark mit Hindernissen angefüllt oder weniger besetzt?

Elemente der Strategie

Die Antworten auf die obigen Fragen führen zu einer Auswahl möglicher Strategien, die gespeichert und katalogisiert werden. Wenn zum Beispiel der Weg zum Keil frei ist, ist die Strategie offenkundig die, sich in Richtung auf den Keil zu wenden und direkt dort hinzugehen. Führt ein relativ kleiner Teil des möglichen Weges durch unbekanntes Gelände, dann könnte die Strategie gewählt werden, zunächst den Weg zu einem bekannten Ausblickspunkt zu wählen, dann den kleinen unbekannten Bereich auf seine Durchgangsfähigkeit zu erkunden, wobei die Entschei-

dung für den weiteren Fortgang vom Ergebnis der Erkundung abhängt. Ist aber ein verhältnismäßig großer Bereich unbekannt, könnte die geeignete Strategie darin bestehen, eine andere bekannte Route auszuwählen, die zwar vielleicht länger, aber sicherer ist. Das Ausmaß angehäufter Hindernisse ist ein wichtiger Faktor bei der Festlegung der Strategie. Irrgartenähnliche Wege erfordern andere Methoden der Wahrnehmung und des Verhaltens als gerade, lange Durchgangswege.
Obwohl im Augenblick die Strategie noch auf der Grundlage von Ja/Nein-Antworten auf einfache Fragen gewählt wird, kann man doch sicherlich »Gewichte« oder Faktoren relativer Bedeutung jeder relevanten geprüften Tatsache zuordnen und somit zu einer genauer zu betrachtenden Auswahl kommen. Außerdem können diese Gewichte veränderlich angelegt werden. Sie werden dem Erfolg oder Mißerfolg bei wiederholten Versuchen angepaßt, so daß sich die Handlungsweise durch die Erfahrung verbessern kann.

Elemente der Taktik

Wenn die Strategie einmal ausgewählt ist, wird die nächste Ebene der »software«-Hierarchie in Anspruch genommen. Aus einer Anzahl verfügbarer Unterprogramme muß ein taktisches Verhalten ausgewählt werden. Für den Befehl »gehe hin zu« gibt es zum Beispiel potentiell drei verfügbare Unterprogramme. Eine Wahl berücksichtigt die Umgebungen, die größtenteils unkartographiert sind oder die sich möglicherweise verändern. Bei dieser Taktik wird der Roboter durch Anweisungen an seinen Motor veranlaßt, eine bestimmte Strecke in einem Zeitabschnitt zu durchfahren, wobei zwischen den Streckenabschnitten Erkundungen durch Entfernungsmesser und Kamera eingeschaltet werden.
Eine andere Wahl ist verfügbar für Umgebungen, in denen bekannte Objekte relativ verstreut liegen. Bei dieser Taktik wird die kürzeste Strecke unter Verwendung eines geeigneten Algorithmus geplant und Befehle werden gegeben, den Plan durchzuführen. Eine dritte Wahlmöglichkeit besteht für Felder, die teilweise unbekannt und verhältnismäßig wenig besetzt sind. Eine Strecke mit einem vorausbestimmten Risiko in dem unbekannten Bereich wird geplant, in der Hoffnung, daß diese Strecke kürzer sein wird als eine, die schon vollständig vorausbestimmt worden war.
Jede der größeren Unteraufgaben, die zusammen die Gesamtaufgabe ergeben, hat mehrere taktische Programme zur Verfügung, die durch das Strategieprogramm ausgewählt werden. Taktiken, die nicht ausgeführt werden können, oder solche, die zu viel Zeit

benötigen, werden verworfen. Nach einer Überprüfung der Situation kann eine andere Taktik versucht werden. Man nehme zum Beispiel an, daß bei der »gehe hin zu«-Taktik, die den kürzesten Weg in einer bekannten Umgebung auswählt, der Roboter in ein Hindernis rennt, das nicht in seinem Plan steht. Ein Schwenken der Kamera und des Entfernungsmessers werden starke Veränderungen im Umgebungsmodell erkennen. Wenn dieses Modell erneuert ist, dient es mit dazu, die Weiterfahrt umzuplanen.

Formen des Lernens

Einige Formen des Lernens sind entweder erwähnt oder aber vorausgesetzt worden. Das Aufnehmen, Interpretieren und Speichern von Umgebungsdaten in Modellen für späteren Gebrauch ist eine einfache Art des Lernens. Eine weitere Form ist der Gebrauch von veränderlichen Gewichtsfaktoren, die die Wahl und/oder die Taktiken der Strategie bestimmen. Sie werden automatisch verändert, je nach dem Erfolg oder Mißerfolg ihrer versuchten Strategien und Taktiken. An dritter Stelle steht das Lernen der adaptiven Techniken zum Erkennen von Mustern. Eine wichtige Technik besteht darin, eine große Anzahl bekannter Muster zum Einordnen und zur Entscheidung dem Netzwerk einer Maschine anzubieten, wobei die inneren Parameter automatisch verändert werden können, und zwar abhängig davon, ob die Entscheidung über das Einordnen der Muster richtig oder falsch ist. Das Erkennungsvermögen verbessert sich im Verlauf des Trainings bis zu einer oberen Grenze, die von vielen Faktoren abhängt, einschließlich der sehr wichtigen Kriterien oder Eigenschaften, die zur Darstellung eines jeden Musters benutzt werden. Nach dem Training kann die Maschine Muster einordnen, die vorher nicht benutzt worden sind, aber denen ähneln, die beim Training auftraten. Das visuelle System des Roboters kann so an Gegenständen »trainieren«, die nicht identifiziert werden. Es kann jedem einen beliebigen Codenamen geben und den Codenamen später mit dem wirklichen Namen gleichsetzen; die Zuordnung erfolgt durch einen menschlichen Überwacher.

Die nächsten Aufgaben der Forschung

Nach dreijähriger Arbeit haben die beiden Hand/Auge- und die beweglichen Roboterprojekte etwa denselben Entwicklungsstand erreicht. Viel von der erforderlichen »hardware« ist bereits gebaut und erprobt worden. Schwierige Rechnerprogramme sind teil-

weise vollendet und Arbeitsexperimente werden damit ausgeführt. Zusätzliche Fähigkeiten, die durch neue »software« verfügbar gemacht werden, sind geplant und bereits begonnen. Wir hoffen, dieses Verfahren am Stanford-Forschungsinstitut noch weiterführen zu können, das unglücklicherweise infolge der Größe und Leistungsfähigkeit der verfügbaren Rechner beschränkt ist. Wegen dieser Hindernisse versuchen wir beständig, unsere »software« zu vereinfachen und abzusichern, um eine zufriedenstellende Ausnutzung der Rechner zu ermöglichen.
Bislang war die Arbeit beim Auffinden und Aufklären verschiedener wichtiger Problembereiche erfolgreich. Es sind jedoch noch weitere schöpferische Anstrengungen notwendig, um bessere Lösungen zu entwickeln für Probleme der visuellen Wahrnehmung, der Problemanalyse und der Darstellung von Modellen der Umgebung. Die visuelle Wahrnehmung scheint zu den schwierigsten Problemen zu gehören und wird wenigstens weitere drei bis fünf Jahre intensiver Forschung benötigen, um über ihren heutigen Stand weiter hinauszukommen. Es gibt bereits einige vielversprechende Anregungen zur Problemanalyse, wobei größere Ziele in weitere unabhängige Unterziele eingeteilt werden können. Diese Versuche werden nachdrücklich weitergeführt. Wir können bereits ein äußerstes Speicher-Vermögen für enzyklopädische Tatsachenmengen über bestimmte Umgebungen voraussagen, die von Interesse sind. Es sind aber noch neue Organisationsmethoden dringend nötig, die sowohl eine schnelle Suche gestatten wie auch logische Ableitungen wirkungsvoll durchführen können. Der Schwierigkeitsgrad intelligenter Aufgaben, die in Zukunft durchgeführt werden können, hängt wesentlich vom Auffinden guter Lösungen in diesen Problembereichen ab.

Grenzen der Maschinenintelligenz

Nach dem, was bisher bekannt ist, scheint sich keine theoretische Grenze für den Intelligenzgrad zu ergeben, den Maschinen eines Tages erreichen können. Wir wissen aber keinesfalls, wie wir die bemerkenswerten allgemeinen geistigen Fähigkeiten des Menschen erreichen oder es ihnen sogar gleichtun können, wozu nämlich auch die Fähigkeit gehört, Maschinen zu planen und zu bauen, die ihn selbst übertreffen. Der Digitalrechner, der ein Grundbaustein für solche Maschinen ist, hat sich in den letzten 10 Jahren kaum voll entwickelt. Wir können sicherlich einen vielfachen Zuwachs der Geschwindigkeitskapazität und Vielfalt wie auch eine entsprechende Kostenabnahme in den nächsten 10 Jahren erwarten. Die Verfügbarkeit einer im wesentlichen »Nullkosten«-hardware und die Entwicklung von viel wirksameren Methoden der

»software«-Erzeugung werden zweifelsohne die Forscher ermutigen, weitere verhältnismäßig unelegante »Gewalt«-Lösungen für schwierige Probleme zu erproben, nur um ans Ziel zu kommen. Eine Vereinfachung und Verallgemeinerung wird unvermeidlich folgen, wie es bisher in jeder wissenschaftlichen Disziplin geschah.

Wachsende Aufgaben für intelligente Maschinen

Ich vermute, daß wir im Verlauf der nächsten zehn Jahre die Prinzipien von intelligent handelnden Maschinen wenigstens auf zwei wichtige Bereiche anwenden werden. Zunächst wird man danach streben, die Nützlichkeit der gegenwärtigen automatischen oder vom Menschen gesteuerten Maschinen zu vergrößern. Wenn die Wahrnehmungs- und logischen Anpassungsfähigkeiten neben ihren bereits beeindruckenden elektromechanischen Leistungen nur geringfügig gesteigert werden, kann sich ihr Anwendungsbereich noch stark vergrößern. Dabei werden den Menschen ermüdende, oft auch gefährliche und äußerst unerwünschte Tätigkeiten abgenommen. Die Gießerei- und Grubenindustrie sowie viele andere Industriezweige sind hierfür geeignete Prüfungsgebiete. Der notwendige Bedarf an Maschinen, die wenigstens zeitweise, wenn nicht völlig unabhängig handeln können, wird beträchtlich wachsen. Es bestehen Anwendungsmöglichkeiten beim Erkunden des Mondes, der Planeten, des Weltraumes, der Tiefsee und der arktischen Wüsten, die für den Menschen unwirtlich sind und bei längeren Aufenthalten sehr teure Systeme zur Lebenserhaltung erfordern.

In etwas fernerer Zukunft ergeben sich aufregende Möglichkeiten für vollständig von Menschen gesteuerte und teilweise unabhängige Roboter. Sie können in von Menschen geschaffenen Umgebungen arbeiten, in denen es schwierig oder unmöglich ist, Menschen für längere Zeit verweilen zu lassen. Es gibt Fabrikationsverfahren, die entweder sehr hohe oder sehr tiefe Temperaturen oder eine sauerstofffreie Atmosphäre oder ein hohes Vakuum äußerster Reinlichkeit oder Strahlungsfelder hoher Energie benötigen. Weitere Anwendungsmöglichkeiten bestehen in der Halbleiterfertigung beim Verbinden und Verlöten von Metallen, bei chemischen Arbeiten unter hoher Temperatur und bei bestrahlten Polymerenflächen.

Ich glaube nicht, daß komplizierte Maschinen für längere Zeit, wenn überhaupt, als Haushaltshilfen eingesetzt werden. Sie werden kaum mit den einfacheren Geräten, die diesen Bedarf weitgehend decken oder vermindert haben, in Wettbewerb treten können. Es wäre für die intelligente Maschine viel sinnvoller, dem

Menschen beim Verrichten jener Aufgaben zu helfen oder ihn sogar ganz zu ersetzen, die er nicht ausführen kann oder nicht ausführen möchte. Dann würden sie ihn mit den besonderen, enorm verstärkten Kräften eines intelligenten Dieners unterstützen.

Weitere Literatur:

B. Raphael: Programming a Robot. In: Proceedings of the International Federation for Information Processing Congress 1968.

L. G. Roberts: Optical and Electro-Optical Information Processing MIT Press, Cambridge 1965.

Semantic Information Processing, herausgegeben von M. Minsky MIT Press, Cambridge 1965.

K. K. Pringle, W. M. Wichmann und J. A. Singer: Computer Control of a Mechanical Arm Through Visual Input. In: Proceedings of International Federation for Information Processing Congress 1968.

Die perfekte Maschine

Von Isaac Asimov

Ein bewährter Science-Fiction-Autor wirft einen halbernsten Blick auf die Welt der Rechner, Roboter und Androiden in einem Versuch, eine Bauanleitung für eine perfekte Maschine zu entwerfen.

Ein Schreiber von Zukunftsromanen wie ich ist dank seines Berufes wohl berechtigt, im groben Bauplan (wenn nicht auch in Einzelheiten) einige der großen Leistungen des menschlichen Geistes vorherzusehen. Wenn tatsächlich einem Zusammenhang intensiv nachgegangen wird, kann die Vorausahnung der praktischen Durchführung um Jahrtausende vorauseilen. Der Traum vom Fliegen ist ein Beispiel dafür. Ein anderes ist das Phantasiegebilde einer vollkommenen Maschine; einer Maschine, die alles auf der Welt übertrifft, sogar ihren unberechenbaren Meister, den Menschen.

Sicherlich hat der Gedanke an ein Gebilde, dem alle menschlichen Schwächen fehlen, hingegen alle seine kraftvollen Fähigkeiten im Übermaß zukommen, eine schreckliche Anziehungskraft. Man stelle sich ein Gerät vor, das gehen und sprechen kann und das, was es tun soll, mit perfekter Tüchtigkeit vollbringt, ohne dabei jemals müde, niedergeschlagen oder störrisch zu werden.

In der Literatur wird ein solches Gebilde erstmals in Homers Ilias erwähnt, wo aus Gold gefertigte, mechanische Mädchen dem Schmiede-Gott Hephaistos helfen. Seither sind viele künstliche Menschen dieser oder anderer Art in Literatur und Phantasie erschienen: Roger Bacons legendärer sprechender Kopf, Rabbi Löws Golem und Mary Shelleys Erzählungen über das von Frankenstein erbaute Monstrum.

Im Jahr 1920 schrieb der tschechische Dramatiker Karel Čapek »R. U. R.«, auch hier geht es um die Herstellung von mechanischen Menschen (die Initialen bedeuten »Rossems Universal Roboter«). Das Wort Roboter bedeutet in der tschechischen Sprache bloß Arbeiter, in der englischen und deutschen Sprache verlor es seine alltägliche Bedeutung und ruft nun Vorstellungen von metalli-

schen Wesen mit etwa menschlicher Gestalt hervor, die zielstrebig und gefährlich sind.
Die Autoren von Zukunftsromanen, die Čapek folgten, konnten sich nicht von der Ansicht frei machen, die Konstruktion von Robotern erfordere verbotenes Wissen und zeuge für ein sündhaftes Trachten einiger Menschen nach Fähigkeiten, die nur Gott zustünden. Der Versuch, künstliches Leben zu erschaffen, galt als Hybris und forderte Bestrafung. In einer ganzen Folge von Geschichten zerstörte der Roboter grausam und unausweichlich seinen Schöpfer, bevor er selbst zerstört wurde. Um gerecht zu sein, es gab auch Ausnahmen. Gelegentlich entstanden Erzählungen, in denen Roboter sympathisch oder sogar tugendhaft waren. Meines Wissens hat aber erst im Jahr 1939 ein Science-Fiction-Autor erstmals Roboter vom Standpunkt eines systematischen Maschinenbaus her beschrieben.
Ohne weitere Schüchternheit will ich zugeben, daß ich es selbst war. Seit damals habe ich etwa zwei Dutzend kurze Geschichten und zwei Novellen geschrieben, in denen Roboter als Maschinen behandelt wurden, die von menschlichen Wesen zum Vollbringen menschlicher Aufgaben gebaut worden waren. Es gab dabei keine Andeutung von »verbotenem Wissen«, sondern nur eine vernünftige Konstruktionsplanung. Diese Robotererzählungen beseitigten das Frankensteinmotiv in angesehenen Zukunftsromanen so restlos wie »Don Quijote« das fahrende Rittertum in der Literatur seiner Zeit. Ich habe mir aus diesen Erzählungen viel ausgeliehen, um in diesem Aufsatz die möglichen Merkmale einer perfekten Maschine wie auch die Probleme, die sie hervorrufen kann, zu erläutern.
Für mich war die angewandte Wissenschaft der Roboterherstellung, ihrer Planung und ihrer Untersuchung die »Robotik«. Ich benutzte diesen Begriff, da er sich mir als augenfälliges Analogon zu Physik, Mechanik, Hydraulik und hundert anderen Begriffen anbot. Kürzlich wurde ich jedoch darauf aufmerksam gemacht, daß »Robotik« in keiner Ausgabe von Websters ungekürztem Wörterbuch zu finden ist. Ich vermute deshalb, daß ich das Wort erfand.

Wir wollen von der Annahme ausgehen, daß wir eine Maschine bauen können, die mehr oder weniger die Gestalt eines Menschen hat. Die Maschine soll so fein konstruiert sein, daß sie all die Sinneseindrücke wahrnehmen kann, die auch ein Mensch empfindet. Die Sinneseindrücke sollen wenigstens ebenso schnell wie von einem Menschen verarbeitet und auch so beantwortet werden, wie es ein Mensch für richtig hält. Das alles setzt voraus, daß der Roboter ein Organisationszentrum besitzt, das grob betrachtet genauso kompliziert und zusammengedrängt wie das Gehirn eines Menschen sein muß. Solch ein vom Menschen erschaffenes Gebilde liegt noch jenseits unserer wissenschaftlichen Kenntnisse, muß jedoch angenommen werden, wenn ein Roboter menschenähnliche Größe und Gestalt haben soll.

Ich habe mir ein derartiges künstliches Gebilde erdacht und ihm auch einen Namen gegeben. Ich nannte es »Positronengehirn« und stellte mir vor, es baue sich aus einem Platin-Iridiumschwamm auf. Natürlich kann ich keine Einzelheiten geben, aber ich stellte mir ungefähr vor, daß in jedem Augenblick Ströme von Positronen erzeugt würden, die hier oder dort für eine millionstel Sekunde aufblitzten, bevor sie wieder zerstört würden. Mit ihren veränderlichen Wegen sollten sie die Vielfalt menschlicher Gedanken simulieren. Woher die Energie zur Positronenbildung kommen sollte, oder wohin die Energie bei ihrer Auflösung gehen sollte, habe ich niemals gesagt.

Muß ein Roboter denn überhaupt dem Menschen nachgebildet werden? Handelt es sich hier nicht nur um einen anthropozentrischen Fetisch unsererseits? Ahmen nicht Maschinen täglich menschliche Handlungen nach, etwa zu Hause, auf den Feldern und in Fabriken, ohne auch nur entfernt menschenähnlich auszusehen? Ein Thermostat schaltet einen Ofen ein und aus, um ein Haus angenehm und gleichmäßig zu temperieren. Er tut dies unermüdlicher und wirksamer als ein Mensch. Würde sich seine Leistung verbessern, wenn ein menschenähnliches Metallgebilde mit einer Hand den Ofen an- und abstellte?

Solange wir uns mit einer Maschine befassen, die nur eine Aufgabe ausführt, können wir uns tatsächlich bei Einzelheiten aufhalten. Wir können die Maschine dieser einen Aufgabe anpassen, ohne uns um sonst etwas zu kümmern. Aber das ist nicht unser Ziel; wir möchten die perfekte Maschine; und unter einer solchen wollen wir hier eine Maschine verstehen, die alles tun kann, was der Mensch tun kann, und die es besser tun kann.

Für eine Maschine, die alles tun soll, was der Mensch tun kann, ist es besser, wenn sie wie ein Mensch gestaltet ist. Der menschliche Körper besitzt seine derzeitige Gestalt nicht nur, weil sie sich an ihre Umgebung angepaßt hat, der Mensch hat auch eine technische Umgebung der natürlichen aufgezwungen, die sich ihm anpaßt. Ein Stuhl ist so, wie er ist, weil er gerade die richtige Höhe besitzt, um das Gesäß aufzufangen, wenn die Knie gebeugt werden. Werkzeuge haben Griffe, damit sie von der menschlichen Hand und von Fingern angefaßt werden können. Bedienungsknöpfe und Schalter sind so angebracht, daß sie von Gliedmaßen und Gelenken erreicht werden können, die sich genauso bewegen und beugen wie unsere eigenen. Kurz gesagt, ein menschenähnlicher Roboter paßt in die Welt, die uns gestaltet hat und die wir gestaltet haben. Er kann deshalb viel eher nahezu vollkommen sein.

Ein zweiter Gesichtspunkt ist der, daß ein Roboter in Menschengestalt uns angenehmer erscheint. Wir könnten uns besser mit ihm identifizieren. Wir würden mit anderen Worten eine Maschine in Menschengestalt eher als in irgendeiner anderen Form schätzen.

Angenommen sei also ein Roboter, ähnlich dem Menschen in Größe, Gestalt und Intelligenz, was wäre als nächstes erforderlich? Selbstverständlich müßten schon in einen ursprünglichen Entwurf Sicherheitseinrichtungen mit eingeplant werden. Ein Roboter hat große Fähigkeiten und soll sie zum Nutzen seines Schöpfers und nicht zu dessen Schaden anwenden. Ein Roboter muß so entworfen werden, daß er eins nicht tun kann wie in nahezu allen frühen Zukunftsromanen: seinen Erbauer vernichten. Das Einplanen von Sicherheitsvorrichtungen ist weder neu noch aufregend. Scharfe Messer haben stumpfe Griffe, Schwerter haben ein Heft und elektrische Stromkreise haben Sicherungen. Warum sollten Roboter da anders sein?
Bei der Formulierung der nötigen Sicherheitsvorkehrungen bin ich schließlich auf »die drei Gebote der Robotik« gekommen:

1. Ein Roboter soll ein menschliches Wesen nicht verletzen oder durch Untätigkeit zulassen, daß einem menschlichen Wesen Schaden zugefügt wird.
2. Ein Roboter muß den Weisungen menschlicher Wesen gehorchen, ausgenommen den Fall, daß die Weisungen dem ersten Gebot widersprechen.
3. Ein Roboter muß seine eigene Existenz schützen, ausgenommen die Fälle, wo ein solcher Schutz dem ersten oder zweiten Gebot widerspricht.

Auch diese Gebote haben noch ihre Unklarheiten. Ist ein fünf Jahre altes Kind ein menschliches Wesen im Sinne des zweiten Gebots? Muß ein Roboter einen Chirurgen am Operieren hindern, da der erste Einschnitt den Patienten zu beschädigen scheint? Zu meiner Überraschung hat sich aber herausgestellt, daß diese Gebote, die ich nur auf Roboter anwenden wollte, allgemeine Gültigkeit für Werkzeuge überhaupt haben. Professor John Wade vom Tuskegee Institute hat die Gebote neu formuliert, damit sie »den heute gebräuchlichen unbelebten und unbewußten Werkzeugen« entsprechen. Er sagt:

1. Jedes Werkzeug muß menschliches Leben erhalten und, falls möglich, fördernd unterstützen.
2. Jedes Werkzeug muß den menschlichen Zwecken dienen, für die es vorgesehen wurde, wenn nicht diese Fähigkeit dem ersten Kriterium widerspricht.
3. Jedes Werkzeug muß sich gebrauchsfertig erhalten, wenn das nicht dem ersten oder zweiten Kriterium widerspricht.

»Das«, fährt Professor Wade fort, »ergibt eine einfache Folgerung: den Menschen als den Zielgeber erhalten, die Ziele erhalten, das Werkzeug als das Mittel zur Erreichung der Ziele erhalten.«

Wenn eine menschenähnliche Maschine ihre Vollkommenheit um so eher erreicht, je menschenähnlicher sie wird, ist ihre Beschaffenheit aus Metall ein wesentliches Hemmnis. Sie würde automatisch verbessert, wenn sie aus faserartigem Material erbaut würde, das dem menschlichen Körper angemessener ist, wenigstens in bezug auf die äußere Hülle. Sie würde dann nach einem Begriff der Zukunftsromane eher ein Android als ein Roboter werden. Viele Zukunftsgeschichten befassen sich mit Androiden, meine eigenen haben mir einen ungewöhnlichen Zustrom von Leserbriefen eingebracht, ungewöhnlich besonders darin, daß nahezu alle Zuschriften von Frauen stammten.

Beispielsweise waren zwei meiner Novellen Kriminalgeschichten, in denen das Detektivteam aus einem Erdmenschen, Elijah Baley, und einem Androiden, R. Daneel Olivaw (wobei das R. ›Roboter‹ bedeutet), bestand. Der Erdmensch war mittleren Alters, neurotisch, emotionell und schwach in vielfacher Hinsicht, hatte aber einen anpassungsfähigen und einfallsreichen Verstand. R. Daneel war kräftig, vollkommen ausgeglichen, rein intellektuell, nicht emotionell; er war den drei Geboten der Roboter verpflichtet und hatte einen nüchternen Verstand. In jedem Fall deckt Elijah Baley das Verbrechen auf. In jedem Fall kam auch ein neuer Strom von Briefen, wieder (ohne Ausnahme) von Mädchen, die sich ausnahmslos für R. Daneel interessierten. Offensichtlich wirkt ein mechanischer Mann, der einem Menschen hinreichend ähnlich, nur besser als dieser ist, unwiderstehlich auf Frauen.

Weitere Beweise wurden im Zusammenhang mit der Fernsehschau »Sternen-Treck« erbracht, die vor einigen Jahren auf den Bildschirmen in den Vereinigten Staaten erschien. Die Schau machte die Eigenschaften eines Darstellers, Mr. Spock, sichtbar, der in mancher Hinsicht meinem eigenen R. Daneel ähnlich war. Mr. Spock war kein Android, aber doch eine Gestalt einer außerirdischen Rasse, die kräftig, vollkommen ausgeglichen, rein intellektuell und äußerst leidenschaftslos war. Mr. Spock war unter den weiblichen Zuschauern sehr populär.

Ist das alles, was wir tun können? Kann »Vollkommenheit« auf etwas »Menschenähnliches, aber etwas Besseres« hinauslaufen? Zukunftsgeschichten zeigen, daß ihre Autoren oft mit dieser Charakterisierung unzufrieden waren. Ihre Roboter wurden oft für einfachste Aufgaben eingesetzt, von der Arbeit eines Dienstmädchens bis zu Hilfsarbeiten. Seltener wurden auch geistige Fähigkeiten, wie sicheres Lesen und die Anfertigung von kleineren schriftlichen Korrekturarbeiten, verlangt.

Mit dem Adjektiv »menschenähnlich« wird schon etwas mehr gefordert, vielleicht auch ein gutes Aussehen. Wenn eine Maschine menschenähnlich ist, heißt denn das, es handle sich um eine vorwiegend physische Ähnlichkeit? Kann es nicht eine geistige sein?

Ist denn der menschliche Körper das Wesentlichste am Menschen? Oder ist es sein Verstand? Wenn eine Maschine wie ein Mensch oder vielleicht besser denken kann, spielt ihr Aussehen dann noch eine Rolle? Würde die Maschine denn nicht für menschlich gehalten, wenn sie denkt, ohne daß deshalb noch weitere Dinge von ihr verlangt werden?

Wenn mit anderen Worten der Roboter in ein Androidstadium überführt worden ist, möchte ich jetzt lieber einen Rechner anstatt eines Roboters beschreiben und überprüfen, ob sich die vollkommene Maschine in dieser Konzeption besser planen läßt.

Mein eigentliches Interesse wurde im Jahr 1952 während der amerikanischen Präsidentschaftswahlen geweckt, als Univac das Wahlergebnis schon nach der Abgabe der ersten wenigen Stimmen genau voraussagte. Univac ist ein Wortgebilde aus Universal Analog Computer. Indem ich diese Bezeichnung aber als Uni-vac (eine Vakuumröhre) interpretierte, erfand ich meinen eigenen, vorzüglichen, viel größeren Rechner, den Multivac. Solch eine Maschine konnte mit Methoden, die sie selbst am besten kannte, einen Amerikaner aussuchen, den sie für das betreffende Jahr als typisch erachtete. Sie pflegte dem Amerikaner eine Reihe von Fragen zu stellen, die wieder nach Methoden, die nur sie kannte, ausgewählt wurden, zeichnete die Antworten auf, den Tonfall, die zugehörigen physikalischen Erscheinungen wie Blutdruck, Pulszahl, Atmungsaktivität und so weiter und kündigte dann ganz plötzlich die Gewinner aller Wahlen in der Nation, in den Bundesstaaten und Gemeinden an. Diese Idee mag nur eine wissenschaftliche Satire sein, entspricht aber einer vollkommenen Maschine. Multivac besaß eben einen Superverstand genau wie R. Daneel einen Superkörper.

Die Existenz einer derartigen Maschine würde viele Folgen haben. Information könnte in Rechnern derart verarbeitet werden, daß eine weitere Kenntnis nur durch Fragen gewonnen werden kann, die so schlau sind, daß sie nur noch von sehr wenigen überhaupt gestellt werden können. Falls eine allgemeine Benutzung in großem Umfang möglich wird, könnte der Mensch auch das einfachste Summenbilden ohne Hilfe eines Rechners verlernen. Was würde denn da dem Computertechniker widerfahren, der plötzlich Papier- und Bleistiftberechnungen neu entdeckt?

In einer vollständig mit Rechnern ausgestatteten Welt könnte Multivac zum Aufbewahrungsort für alle statistischen Werte werden: zum Beispiel aller Lebensdaten, medizinischen Daten, der Daten von Tag zu Tag, auch von ziemlich privaten Dingen einer jeden Person in der Welt. Durch beständiges Auswerten dieser Daten könnte Multivac alle Wahrscheinlichkeiten einer persönlichen Krankheit, von Verbrechen und Unglück voraussagen. Die Menschheit könnte sich dann mehr einer Verhinderung von unerwünschten Dingen vor ihrer Ausführung zuwenden als einer nachträglichen Bestrafung. Das aber, und dieses Thema habe ich in meinen Zukunftsgeschichten ebenfalls angeschnitten, würde uns eine ganz schöne Anstrengung abfordern. Multivac müßte in seinen inneren Organen auch allen Kummer der Welt ertragen. In der Geschichte berichtete ich, daß seine Reaktion hierauf ganz unerwartet und beunruhigend war.

Das Verhältnis eines Science-Fiction-Autors zu einer vollkommenen Maschine muß, wie ich vermute, widerspiegeln, was er über sie geschrieben hat. Ich hoffe deshalb, daß mir die Leser zum Abschluß die Nacherzählung einer Geschichte gestatten, die ich unter dem Titel »Die letzte Frage« veröffentlicht habe. In ihr untersuchte ich besonders die Frage der Erschaffung einer vollkommenen Maschine.

Das Ergebnis war überraschend. Keine andere Geschichte hat mir ein so großes Echo von ganz besonderer Art eingebracht. Viele Leser baten mich, die Geschichte zu erklären und ihnen zu helfen, die Geschichte einzuordnen. Sie erinnerten sich an die Handlung, konnten aber den Titel oder den Ort nicht ins Gedächtnis zurückrufen. Offenbar hat sie die Geschichte so tief beeindruckt oder so sehr verstört, daß sie einfach nicht mehr in der Lage waren, sie ohne Hilfe zu verstehen.

»Die letzte Frage« geht in sieben kurzen Szenen, mit weniger als insgesamt 5000 Wörtern, über Trillionen von Jahren der Geschichte hinweg. Sie beginnt im Jahre 2061, als mit Hilfe von Multivac (der sich nun über viele Quadratkilometer Fläche ausgedehnt hatte) alle kraftverbrauchenden Maschinen auf der Erde direkt an die Sonne angeschlossen waren. Alle Energie steht nun zur Verfügung, solange die Sonne besteht.

Zwei der Multivac-Techniker, halbbetrunken, sind darüber bestürzt, daß Energie nur so lange verfügbar sein wird, wie die Sonne besteht. Sie fragen Multivac, ob es irgendeine Möglichkeit gebe, die Sonne auf dem Weg, auf dem sie nun einmal läuft, wieder umkehren zu lassen. Das bedeutet, ob es irgendeine Möglichkeit gibt, die Entropie des Universums erheblich zu vermindern. Multivac antwortet: »Unzureichende Angaben für eine sinnvolle Antwort.«

Jahrhunderte später, der interstellare Reiseverkehr ist bereits Wirklichkeit und die sich vermehrenden Menschen breiten sich schnell von den Planeten auf andere Sterne aus. Jeder Planet hat seinen »Planeten-AC« (Allround Computer), der seine Wirtschaft leitet und seine Probleme löst. Auf jedem Weltraumschiff befindet sich ein Microvac, ein stark miniaturisierter Rechner, der in sich selbst weit mehr fortentwickelt ist als der alte Multivac, mit dem die Geschichte begann.

Eine Mannschaft auf einem interstellaren Raumschiff stellt dem Microvac die gleiche Frage und erhält die gleiche Antwort: »Unzureichende Angaben für eine sinnvolle Antwort.« Diese Frage wird immer und immer wieder gestellt, stets mit gleicher Antwort.

Jahrmillionen später hat sich die Menschheit auf dem gesamten Milchstraßensystem verteilt. Die Menschen sind nunmehr unsterblich und streben bereits danach, auch die anderen Galaxien zu besiedeln. Es gibt nun einen »Galaktischen AC« für die gesamte Menschheit. Er ist eine Welt für sich, jeder Mensch kann ihn mit Hilfe eines »AC-Kontaktes«, den jeder besitzt, erreichen. Der Galaktische AC hat bereits jeden menschlichen Steuerungseinfluß hinter sich gelassen, wenn auch nur indirekt. Jede Rechnergeneration verbraucht schon beachtlich viel Zeit für das Planen eines Rechners, der besser als sie selbst ist, für das Sammeln von Rohstoffen durch Roboter, die von ihr gesteuert werden, und für den Bau des besseren Rechners, der sie ersetzen soll. Und der bessere Rechner übernimmt sofort wieder die Aufgabe, einen noch besseren zu entwerfen. Aber sogar der Galaktische AC konnte nicht erklären, wie die Entropie erheblich herabgesetzt werden könnte.

Hunderte von Millionen Jahre später hatten sich die Menschen bereits auf allen Galaxien verbreitet und besaßen keine physikalischen Körper mehr. Die Menschen bestanden aus strahlender Energie, die irgendwie ihre Identität und Persönlichkeit darstellte. Der »Universal-AC« ist eine 60-cm-Weltkugel und nur schwer zu sehen. Vieles von ihr existiert überhaupt nicht mehr im Raum, sondern in einem vieldimensionalen Hyperraum.

Der Einfluß der Universal-AC verbreitete sich überall, es war keine physikalische Vorrichtung irgendeiner Art mehr notwendig, um ihn zu erreichen. Er nimmt die persönlichen Energien der gesamten Menschheit auf und beantwortet alle Fragen, wo auch immer der einzelne Fragesteller sich befinden mag. Sogar die Lichtgeschwindigkeit bildet keine Begrenzung mehr, denn im Hyperraum (was auch immer das sein mag) ist die Starrheit der relativistischen Raum-Zeit-Beziehung nicht mehr anwendbar. Selbst dann kann die Frage nicht beantwortet werden.

Milliarden weiterer Jahre vergehen, die Menschheit hat jede individuelle Identität verloren. Sie ist eine einzige Persönlichkeit, ein Zusammenschluß von Billionen von Billionen von menschlichen Wesen, von denen alle sich in sich selbst fühlen. Diese Menschenfusion erfüllte das Universum von einem Ende zum anderen, aber trotzdem war sie immer noch von den allmählich abnehmenden Energievorräten der sterbenden Sterne abhängig. Der Rechner war nun zum »Kosmischen AC« geworden und nichts mehr von ihm befand sich noch im normalen Raum. Er befand sich gänzlich im Hyperraum, was bedeutet, daß er sich nirgends und doch überall befand, denn der Hyperraum berührt den Raum an jedem Punkt. Angesichts der sterbenden Sterne fragte der Mensch immer noch, ob die Entropie verringert werden könnte, und immer noch gab es keine Antwort.

Jahrbillionen später waren die letzten Sterne am Verglühen und der endgültige Wärmetod stand dem Universum unmittelbar bevor. Nach und nach verschmolz der Mensch mit dem Rechner, der nun einfach ein AC war, veränderungslos, ewig, allgegenwärtig und allwissend, aber noch nicht ganz allwissend, denn als das letzte Stückchen Mensch dabei war, mit dem Rechner zu verschmelzen, fragte es noch einmal diese alte, alte Frage, und auch jetzt konnte der AC sie nicht beantworten.

Dann kommt die allerletzte Szene, die etwa so verläuft:

»Materie und Energie hatten aufgehört zu bestehen, und mit ihnen Raum und Zeit. Auch AC bestand nur noch aus dem Grund, weil die einzige letzte Frage niemals beantwortet wurde, die vor 10 Billionen Jahren von zwei halbbetrunkenen Technikern einem Rechner gestellt worden war, der für AC viel bedeutungsloser war als ein Mensch für Gott. Alle anderen Fragen waren beantwortet. Bis diese letzte Frage nicht auch beantwortet war, wollte AC seinen Geist nicht aufgeben. Alle gesammelten Daten waren zu einem endgültigen Abschluß gekommen. Zum weiteren Sammeln gab es nichts mehr. Alle gesammelten Angaben mußten aber noch miteinander abgestimmt und in jeder möglichen Hinsicht zusammengestellt werden. Ein zeitloser Moment wurde hierfür benötigt. Und es geschah, daß AC nun endlich erkannte, wie der Entropiefluß umgekehrt werden könnte. Es gab aber keinen Menschen mehr, dem AC die Antwort auf diese letzte Frage hätte mitteilen können, auch keine Materie. Eine Antwort in Form einer Vorführung würde aber auch das berücksichtigen. In einem weiteren zeitlosen Moment überlegte AC, wie das am besten geschehen könnte. Sorgfältig stellte AC ein Programm auf.

Das Bewußtsein des AC hat alles erfaßt, was einstmals das Universum gewesen war, und nachgegrübelt über das, was nun Chaos ist. Schritt um Schritt muß es jetzt geschehen.

Und AC sagte: ›Es werde Licht!‹ Und es ward Licht.«

Weitere Literatur:

Die Ideen dieses Aufsatzes stammen aus folgenden Werken des Autors:

Sally (Fantastic, Mai-Juni 1953).
I, Robot (Gnome Press, 1950).
Earth is Room enough (Doubleday, 1957).
Caves of Steel (Doubleday, 1954).
The Naked Sun (Doubleday, 1957).
The Rest of the Robots (Doubleday, 1964).
Nine Tomorrows (Doubleday, 1959).

Bücher von Isaac Asimov, die in deutscher Übersetzung vorliegen:

1. Geschichte der Biologie. Fischer Bücherei, Frankfurt/M. 1968.
2. Der Mensch unter der Lupe. A. Müller, Rüschlikon/ZH 1969.
3. Weltall ohne Grenzen. F. A. Brockhaus, Wiesbaden 1968.
4. 10 SF-Kriminalgeschichten. Utop. Stories. Deutsch von Wulf Bergner. Wilh. Heyne, München 1969 = Heyne-Bücher. Nr. 3155.
5. Die Insel der Toten. E. Pabel, Rastatt 1967 = Utopia-Zukunftsroman. Nr. 543.
6. Der galaktische General. Utop. Roman. Deutsch von Wulf H. Bergner. Wilh. Heyne, München 1966 = Heyne-Bücher. Nr. 3082.
7. Geliebter Roboter. Utop. Stories. Deutsch v. Walter Brumm. Ebenda 1966 = Heyne-Bücher. Nr. 3066.
8. Unendlichkeit × 5. Teilsammlung. Moewig Verlag, München 1966 = Terra-Taschenbuch. Nr. 109.
9. Am Ende der Ewigkeit. Utop. Roman. Deutsch von Walter Brumm. Wilh. Heyne, München 1967 = Heyne-Bücher. Nr. 3088.
10. Alle Wege führen nach Trantor. Utop. Roman. Deutsch von Wulf H. Bergner. Ebenda 1966 = Heyne-Bücher. Band 3084.
11. Der Tausendjahresplan. Utop. Roman. Deutsch von Wulf H. Bergner. Ebenda 1966 = Heyne-Bücher. Nr. 3080.
12. Der Mensch von drüben. Utop. Roman. Deutsch von Hansheinz Werner. Lizenzausgabe. Ebenda 1962. 2. Aufl. = Heyne-Bücher. Nr. 90.
13. Wasser für den Mars. Utop.-techn. Erzählungen. Deutsch von Iris und Rolf Hellmut Foerster. Wilh. Goldmann, München 1965 = Goldmanns Weltraum-Taschenbücher. Band 050.
14. Radioaktiv ...! Ein utop.-techn. Abenteuerroman. Deutsch von Iris und Rolf Hellmut Foerster. Ebenda 1964 = Goldmanns Weltraum-Taschenbücher. Band 039.
15. Träger des Lebens. Die wundersame Geschichte von Wesen und Aufgabe des Blutes. Deutsch von Margaret Auer. Lizenzausgabe. Wilh. Heyne, München 1964 = Das Heyne-Sachbuch. Nr. 2.
16. Dito. F. A. Brockhaus, Wiesbaden 1963.
17. Sterne wie Staub. Ein utop.-techn. Abenteuerroman. Deutsch von Else Sticken. Wilh. Goldmann, München 1963 = Goldmanns Weltraum-Taschenbücher. Band 016.
18. Der fiebernde Planet. Ein utop.-techn. Kriminalroman. Deutsch von Iris und Rolf H. Foerster. Ebenda 1962 = Goldmanns Weltraum-Taschenbücher. Band 1.
19. Die nackte Sonne. Utop. Roman. Deutsch von Jesco von Puttkamer. Lizenzausgabe Wilh. Heyne, München 1962 = Heyne-Bücher. Nr. 177.
20. Dito. Awa-Verlag, München 1960 = Astron-Bücherei.
21. Atomwelt – Wunderwelt. Deutsch von Heinz Gartmann. Union-Verlag, Stuttgart 1957.
22. Ich, der Robot. Roman. Deutsch von Otto Schrag. Lizenzausgabe. Gebr. Weiss, Berlin 1958 = Utopische Taschenbücher.
23. Der Mann von drüben. Deutsch von Werner Gronwald. Bearb. von Heinz Tietze. Awa-Verlag, München 1956.
24. Dito. Ebenda 1957 = Awa-Taschenbuch. Nr. 30.
25. Ich, der Robot. Deutsch von Otto Schrag. K. Rauch, Düsseldorf 1952 = Rauchs Weltraum-Bücher. Band 4.

Erklärung der Fachausdrücke

Algorithmus – eindeutige Beschreibung eines Prozesses, durch den vorgelegte Eingabedaten in einer Anzahl von Einzelschritten in bestimmte Ausgabedaten überführt werden. Der Prozeß muß so konkret beschrieben sein, daß er von einem Rechner ausgeführt werden kann. Beispiel eines Algorithmus ist die Anleitung zum schriftlichen Addieren zweier mehrstelliger Dezimalzahlen. Jedem Rechnerprogramm liegt ein Algorithmus zugrunde. Ein Algorithmus formt Daten (Zahlen, Worte) aus einem bestimmten Zeichenvorrat um. Kennzeichen eines Algorithmus ist, daß er auf eine bestimmte Menge verschiedener Eingabedaten angesetzt werden kann. Diese Menge ist durch eine genaue Formatbeschreibung abgrenzbar. Diese Abgrenzung präzisiert die Klasse der Aufgaben, die der Algorithmus lösen kann. Das Bestreben der Mathematiker wie der Programmierer geht dahin, möglichst starke, allgemeine Algorithmen aufzustellen, d. h. die Aufgabenklassen der Algorithmen immer mehr zu erweitern. Programme, die selbst erst einen Algorithmus zu einer als Eingabedatum eingegebenen Aufgabe suchen, werden ›problemlösende‹ Programme genannt.

analoge, digitale Darstellung – Es gibt zwei Arten, eine Quantität darzustellen: 1. mittels einer analogen Quantität unter der Angabe eines Maßstabes, 2. mittels einer Zahl unter der Angabe, welche Bedeutung den dabei verwendeten Ziffern (englisch: digits) zugeordnet werden soll.

Bei der Analogdarstellung kann die analoge Größe ein umfangreiches Spektrum von Zuständen annehmen – oft ist es kontinuierlich, besteht z. B. aus Zeigerstellungen; ein einzelner Wert kann dabei im allgemeinen nur bis zu einer Genauigkeit von einem Tausendstel realisiert werden.

Bei der Digitaldarstellung braucht nur eine beschränkte Anzahl von Ziffern unterschieden zu werden; da aber eine Zahl aus beliebig vielen Ziffern gebildet werden kann, läßt sich jede gewünschte Genauigkeit erreichen.

Daten, die verarbeitet werden sollen, fallen oft – vor allem im wissenschaftlich-technischen Bereich – analog an. Die Verarbeitung kann in *›Analogrechnern‹* ebenfalls in analoger Weise erfolgen, wenn es nicht auf numerische Genauigkeit ankommt und der Analogrechner die nötigen Operationen ausführen kann. Das gilt nicht für alle Operationen. Für Addition, Subtraktion, Integration und Differentiation gibt es einfache physikalische Realisierungen, für die Multiplikation aber z. B. nicht. Daher kommen für die Verarbeitung in vielen Fällen nur *Digi-*

talrechner in Frage. Diese zeichnen sich durch ihre unbegrenzte Flexibilität aus. Die in ihrer ›*hardware*‹ fest verdrahteten Operationen sind sehr elementar und können mit Hilfe von Programmen (der ›*software*‹) zu jeder beliebigen Operation kombiniert werden. Das Stellenwertsystem, in dem sie arbeiten, ist das duale, bei dem nur zwei Zustände als Ziffern unterschieden werden müssen, was sich technisch zuverlässig und auf viele Arten erreichen läßt (z. B.: Impuls oder kein Impuls auf einer Leitung in einem Zeittakt, Magnetisierung eines Ferritringes in der einen oder der anderen Richtung). Im kaufmännischen Bereich, wo Pfennigbeträge auch dann genau verarbeitet werden müssen, wenn davor einige Tausend Mark stehen, und bei der maschinellen Behandlung von Texten kann die Verarbeitung nur von Digitalrechnern durchgeführt werden. Die verwendeten Drucktypen (Buchstaben, Ziffern, Sonderzeichen) lassen sich durch sechsstellige Dualzahlen (durch 6 *Bit*) codieren.

binär ist ein Informationsträger, der an jeder seiner Stellen genau zwei unterscheidbare Zustände annehmen kann. Eine Zahl läßt sich in einem binären Informationsträger auf viele Weisen darstellen. Eine davon ist ihre Dualdarstellung. (Bei einer anderen werden die Ziffern ihrer Dezimaldarstellung einzeln binär codiert.)

Bit – Stelle, die einen von zwei Werten aufnehmen kann (entstanden aus ›binary digit‹ = ›binäre Ziffer‹).

bit – Maßeinheit der Information. Beim Meßbarmachen der Information ging man von folgendem aus: In einer bestimmten Situation besitzt eine Mitteilung für einen Empfänger einen Informationswert, der um so höher ist, je weniger der Empfänger die Nachricht erwartet.
Man legte also zur Bewertung der Information die Beziehung zugrunde: Je kleiner die Wahrscheinlichkeit einer Nachricht ist, desto größer ist die Information, die sie liefert; die Information I einer Nachricht ist umgekehrt proportional zu ihrer Wahrscheinlichkeit:

$$I \sim \frac{1}{W}$$

Ferner sollte die Information einer aus zwei Nachrichten zusammengesetzten Nachricht gleich der Summe der Informationswerte der beiden Teilnachrichten sein. Die Wahrscheinlichkeit für das gekoppelte Erscheinen zweier Nachrichten ist aber gleich dem Produkt von deren Wahrscheinlichkeiten. Um zu einem Informationsmaß mit der gewünschten Eigenschaft zu gelangen, muß daher $\frac{1}{W}$ noch durch eine Funktion f mit der Eigenschaft $f(x \cdot y) = f(x) + f(y)$ transformiert werden. Als einzige leisten dies die Logarithmusfunktionen. Man hat somit

$$I \sim \log(\tfrac{1}{W})$$

Schließlich sollte eine Nachricht die Einheit der Information (1 bit) besitzen, wenn die Wahrscheinlichkeit ihres Eintreffens für den Empfänger gleich $^1/_2$ ist; die Information, die das Ergebnis eines einmaligen Münzwurfes liefert, sollte dieses Informationsquant bilden. Dies wird erreicht, indem der Logarithmus zur Basis 2, der ›logarithmus dualis‹ (ld), verwendet wird. Damit war man zur Vereinbarung gelangt, als Maß für die Information I einer Nachricht den Wert

$$I = \mathrm{ld}\,(\tfrac{1}{W})$$

anzusehen. Wie W zu bestimmen ist, ist im Einzelfall auszumachen. Im allgemeinen ist W (und somit I) abhängig vom Empfänger und der Situation.
Ist die Nachricht eine aus einer Anzahl von gleichwahrscheinlichen, dann ist dem in bit gemessenen Informationsmaß zu entnehmen, wieviel Entscheidungen zwischen zwei Alternativen der Empfänger fällen muß, d. h. wie oft er im Feld aller Möglichkeiten Halbierungen vornehmen muß, um auf die durch die Information ausgewählte Möglichkeit zu kommen. Der Informationsgehalt eines Wurfes mit einem Würfel für jemanden, der über etwaige Besonderheiten des Würfels nichts weiß, liegt zwischen 2 und 3 bit (ld 6 = 2,585); um aus dem Feld aller sechs Möglichkeiten eine einzelne auszuwählen, sind 2 oder 3 Zweier-Entscheidungen nötig.
Daß die Informationsverarbeitung im Menschen mit einer Geschwindigkeit von ca. 20 bit/sec vor sich geht, bedeutet bei der Ausgabe (also beim Sprechen oder Schreiben), daß der Mensch etwa 20 binäre Entscheidungen in der Sekunde treffen kann, was einer Auswahl aus $2^{20} = 1\,048\,576$ gleichwahrscheinlichen Alternativen gleichkommt. In Zufallsfolgen von Buchstaben, in denen das Auftreten jedes Buchstabens die gleiche Wahrscheinlichkeit, nämlich $^1/_{26}$ besitzt, ist die Information unabhängig von der Situation und vom Empfänger, und der Informationsgehalt eines Buchstabens beträgt 4,7 bit (Zweierlogarithmus von 26). Den Informationsgehalt sinnvoller Texte zu messen, ist nicht so einfach, da hier Empfänger und Situation wesentlich in die Messung eingehen. Der Informationsgehalt läßt sich durch buchstabenweises Raten des Empfängers eingrenzen. In deutschen Texten schwankt die durchschnittliche Information pro Buchstaben zwischen 0,5 und 2 bit.
Die kleinsten Speicherbausteine in Rechnern sind binär, d. h. sie können zwei erkennbare Zustände annehmen. Ein solcher Baustein kann also gerade 1 bit Information speichern. Man nennt

allgemein eine Stelle, die einen von zwei Werten aufnehmen kann, ein *Bit*. Unter einem Bit kann man eine Speicherstelle verstehen, aber auch eine Stelle einer Dualzahl: »Die Dualzahlen 100 und 110 unterscheiden sich im zweiten Bit.« – »Es gibt einen Rechner mit einer Kernspeicherkapazität von 30 Millionen Bit.« Ein bestimmtes einzelnes Bit kann nur das Ergebnis einer Ja-Nein-Entscheidung aufnehmen. Zur Kennzeichnung, ob jemand Arbeiter oder Angestellter ist, genügt ein bestimmtes Bit, um aber seinen Namen oder sein Geburtsjahr zu speichern, müssen mehrere Bits zusammengenommen werden. Ein bestimmter Zustand einer Bitfolge wird auch ein ›Bitmuster‹ genannt.
Es kommt auf den Benutzer der Information an, wie er die Speicherfähigkeit eines binären Speichers ausnutzt, d. h. in welcher Weise er Bitmustern Bedeutungen zuordnet.

Code – Vorschrift für eine Zuordnung von Zeichen oder Zeichenfolgen zu Bedeutungen.

Codieren – Ersetzen einer Nachricht durch Zeichen nach einem Code. In Rechnern werden alle Daten (Bedeutungen) binär codiert, d. h. ihnen werden Bitmuster nach einem Code zugeordnet. Nicht immer ist es einfach, einen Code zu finden, der die zu speichernde Information so verschlüsselt, daß die in n Bit gespeicherte Information für den Benutzer gerade den Gehalt von n bit besitzt. Das ist einfach beim Speichern von Zahlen: Die Dualdarstellung einer Zahl läßt sich direkt durch ein Bitmuster zum Ausdruck bringen. Nicht so einfach ist es bei sinnvollen Texten. Sie werden im allgemeinen wie Zufallsfolgen von Buchstaben codiert. Der Speicheraufwand ist dann größer als notwendig.

dual ist das Stellenwertsystem, dessen Stellenwertigkeit nach Potenzen von 2 geordnet ist. In diesem ›Dualsystem‹ genügen für die Darstellung einer Zahl zwei Ziffern (für Null und Eins).

Gewinnchancenpolynom – Polynom der Form $k_1 p_1 + k_2 p_2 + \ldots + k_n p_n$, wobei die p_i positive oder negative Parameter sind, die sich als Anzahlen von in bestimmter Weise besetzten Spielfeldern aus der Stellung ablesen lassen, und die k_i Koeffizienten, die den Parametern verschiedene Gewichte verleihen und die eine Beurteilung darstellen, die nur im Verlauf vieler Partien gebildet werden kann.

Graph – Diagramm, das aus zwei Arten von Elementen besteht: Strecken und deren Endpunkten. Dabei kann ein Punkt Endpunkt mehrerer Strecken sein. Die Punkte werden daher auch

›Knotenpunkte‹ genannt. Der Graph heißt ›gerichtet‹, wenn jede Strecke eine Richtung besitzt, die Strecken also Pfeile sind. Im allgemeinen besitzt ein Graph Kreise (Zyklen). Ein Graph ohne Kreise läßt sich immer so ausrichten, daß er die Gestalt eines Baumes mit sich immer weiter verzweigenden Ästen annimmt. Ein Graph ohne Kreise wird deshalb ›Baum‹ genannt. Michie setzt den Baum, von dem er annimmt, daß er mindestens einen ›Verzweigungspunkt‹ besitzt, in Gegensatz zum ›Bambus‹, der weder Kreise noch Verzweigungen enthält: Die Knotenpunkte lassen sich wie ein Anfangsstück der natürlichen Zahlenreihe anordnen, und die Strecken bzw. Pfeile verbinden je zwei aufeinanderfolgende Punkte.
Der zu einem ›Problem‹ gehörige ›Problemgraph‹, dessen Punkte Zustände und dessen Pfeile Übergänge darstellen, kann Kreise enthalten: es gibt ja reversible ›Züge‹, aber der ›Voraussichtsbaum‹ enthält keine: ein Zustand, der im Laufe einer Partie zweimal auftreten kann, wird durch zwei Punkte dargestellt. Doch vermeiden optimale Strategien nach Möglichkeit Wiederholungen von Stellungen – im Schach verbietet das Regelbuch mehr als dreimalige Wiederholung einer Stellung –, und solche Zweige fallen als erste der ›Beschneidungsprozedur‹ zum Opfer.

hardware – software – Die hardware – die Ferritringe, Transistoren, Drähte des Rechners, die Nervenzellen und Nervenfasern des Gehirns – bildet den festen Nährboden, das ›fruchtbare Medium‹, auf dem die software – die Programme, die Gedanken – angebaut und kultiviert werden kann. Die software befähigt die hardware zu einer Vielzahl zeitlicher Abläufe. Sie versetzt den Rechner in einen bestimmten Zustand und ermöglicht dann – in Abhängigkeit von Eingabedaten – einen ganz bestimmten Ablauf, Übergänge zu immer neuen Zuständen, durch deren Abfolge die Eingabedaten ›verarbeitet‹ werden.

Nervenzelle – Neuron – Das Neuron ist eine Funktionseinheit, die eine Nervenzelle mit ihren verästelten Ausläufern zusammenfaßt, i. allg. mehrere Ausläufer (Dendriten) für die Zuleitung und einen (Neurit) für die Ableitung.

Potentiometer – regelbarer elektrischer Widerstand mit Schleifkontakt, der über eine Widerstandsbahn läuft und an dem je nach seiner Stellung verschiedene Spannungen abgenommen werden können.

Redundanz – informationstheoretische Größe, die angibt, wie weit eine Nachricht ohne Verlust an Information gekürzt werden kann. Je niedriger die Redundanz eines Code ist, desto kürzer sind die darin codierten Nachrichten; je höher die Redundanz ist, ein desto höherer Störeinfluß kann überwunden werden. Im Hinblick auf die Sicherung der Daten ist eine gewisse Redundanz wünschenswert; in bezug auf die Speicherung ist ein möglichst redundanzarmer Code optimal: Die Speicherung von 10^9 bit Information in einem Speicher mit der Kapazität 10^9 Bit setzt eine optimale Codierung voraus.

Schreib-, Lese-, Lern-, Erinnerungsgeschwindigkeit – Geschwindigkeit bedeutet hier Information pro Zeit mit der Dimension bit/sec.

Schwarzer Kasten – Bezeichnung für ein zu untersuchendes System, das nur in seinem äußeren Verhalten, seinen Reaktionen auf bestimmte Eingaben, aber nicht in seinem inneren Aufbau bekannt ist.

Time Sharing – Organisation eines Rechners, an den an verschiedenen Orten aufgestellte Dialoggeräte angeschlossen sind, von denen aus mehrere Benutzer ›gleichzeitig‹ (in Wirklichkeit zeitlich verzahnt) mit dem Rechner jederzeit einen ›Dialog‹ führen können. Dazu kann jeder Benutzer sowohl Programme aus einer gemeinsamen ›Programmbibliothek‹ als auch eigene Programme aufrufen. Diese Programme befinden sich auf Speichergeräten beim Rechner.

Wetware – ›Feuchtware‹, biologisches, lebendiges System. Informationsverarbeitende Systeme können in verschiedener Art realisiert sein: entweder in hardware – wie die von Taylor beschriebenen lernenden Maschinen, oder in software – wie Loehlins Aldous, oder in wetware – wie jeder von uns.

Zentraleinheit – Peripherie – Eine Rechenanlage, ein Computer, hier kurz – wie in der Fachwelt – ›Rechner‹ genannt, besteht aus der ›Zentraleinheit‹ und der ›Peripherie‹. Die Zentraleinheit enthält Rechen- und Steuerwerk und den Arbeitsspeicher, in den die Programme zum Ablauf und die dazu benötigten Daten zur Verarbeitung gebracht werden müssen. Die an die Zentraleinheit angeschlossenen Geräte der Peripherie lassen sich in Ein/Ausgabegeräte (Lochkarten- und Lochstreifen-Leser und -Stanzer, Drucker), Speichergeräte (Geräte für Magnet-Band, -Platten, -Karten, -Trommel) und Dialoggeräte (Tastatur mit Blatt oder Bildschirm) einteilen. Der Datenfluß zwischen Zentraleinheit und einem Ein- oder Ausgabegerät verläuft nur in einer Richtung, dagegen kann ein Programm Daten an ein Speichergerät geben und sie von dort bei Bedarf wieder holen.

Sachregister

Adaline 149
Aldous 127ff
Algol 94, 133
Algorithmus 185
Anthropoiden, kriechende 39
Arbeitsspeicher 19f, 190
Artikulationsanalogon 82
Ataxie 115
Außenskelettapparat 32f
Außenskelett, kraftbetriebenes 29
Außenskelett, tragbares 30f

Bambus-Modus 102f
Baumbearbeitungstechnik 90ff, 98f
Baum-Modus 102f
Baum-zu Bambus-Umwandlung 104f
Bearbeitungs-Algorithmus 96
Beaver 40f
Beetle 40f, 46
Bell Telephone Laboratories 83f, 86
Belohnungs-Pol 145
Bewertungs- und Entwicklungsprozedur 96ff, 98f
Binärzahlen 9f, 186
Binärzahlen-Zufallsgenerator 142
bit 17ff, 186
blocken (chunking) 102f
Brailleschrift 57f

Carnegie Institute of Technology 95
Compagnie Générale pour le Développement Opérationnel des Recherches Sous-marines 50
CNEN – Laboratorien 48
Code 188
Codieren 188
Colbysches Modell 134ff
Cornell Aeronautical Laboratory Buffalo, New York 28, 35, 36, 148
Cyclops-Lesemaschine 66ff
Curv 40f, 50

Dampfmensch 88f
Darstellungen, analoge und digitale 64, 185f
Datenblöcke 19f
DAVO (= Dynamic Analog of the Vocal tract) 82
Dialoggerät 190
Digital- und Analogvorgänge 16
Digitalrechner 12ff, 18ff, 89f, 149, 152, 156, 185f
Division of Computer Science of the National Physical Laboratory 66

dual (Dualsystem) 188
Durchmusterung 21

Elektrokardiogramm 161
Elektronencephalogramm 161
Elektrohydraulik 44f
Erkennungsmechanismus 65
Eingabe-Ausgabe-Verhalten 16
Erinnerungsgeschwindigkeit 150

Fabrik, kybernetische 109f
Familienroboter 103ff
Ferritkernspeicher 15, 149
Filterungsprozeß 20
Flipflop 9
Formant 79ff
FORTRAN 127
Fragen, moralische und philosophische 26
Frederick (= Family Robot for Entertainment, Discussion and Education, the Retrieval of Information and the Collation of Knowledge) 104
Fühler (Sensoren) 34
Fühler-Konstruktion 34
Fühler, (Kraft- und Stellungs-) 36

Gedächtnis, assoziatives 21f
Gedächtnis- Kurzzeit- 19
Gedächtnis, Langzeit- 17ff
Gehirnfunktion 15
Gehirnkapazität 15
Gehirnneuronen 16
Gehirnorganisation 13
Gerät, Ein/Ausgabe- 190
Geschwindigkeit, Schreib-Lese-Lern-, Erinnerungs- 190
Gewinnchancenpolynom 92, 99, 188
Graph-Traverser 97ff, 101, 188f
Greenblattsches Schachprogramm 90, 98

Handyman (s. Hardi Man) 40f, 45
Hardi Man (s. Handyman) 38
Hardware 186, 189
Heimroboter 39f
Holographie 71
Homöostat 114
Homunculus 133
Hughes Mobot 1 (Mobile Robot) 47

Informationen, Auswahl relevanter 20
Informationsquote 18
Informationsübertragung 16
Informationsverarbeitung 22
Informationsverarbeitungssystem 16
IPL – V 133

Kernspeicher 18
Korrelationsmessung 67
Kundschafteraufgaben 157

Learm (learning machine) 141ff
Lernen durch Abspeichern 92
Lernens, Form des 171f
Lernen durch Verallgemeinerung 92, 98ff
Lerngeschwindigkeit 18, 150
Lesemaschinen 56ff
Lichtpunktabtastung 61f
Lichtpunktabtastgerät 61ff

Mac Hack 90, 98
Madaline 151
Manipulator, Herr/Sklave- 39f, 44
Mark I 148
Maschine, intelligente, (Hand/Auge-) 9, 156, 172
Maschinen, die lernen 140ff
Maschinen mit Persönlichkeit 125ff
Maschinen, planende 88ff
Maschinen, spielende 88ff
Maschinen mit gespeicherter Sprache 77
Maschinenintelligenz 14, 89ff
–, Grenzen der 173
Maschinengedächtnis 143f
Maschinenmodelle 13
Maschinenspeicher 91
MASCOT (= Manipulatore Servo Controllato Transistorizzato) 39ff, 48
Maskenüberlagerungsverfahren 164
Meisterarm 48
Memistor 149
Menschverstärker 28ff
Merkmalsgewinnung 67f
Merkmalsraum 69f
MICR (= Magnetic Ink Character Recognition) 57ff
Minos II 151
Minotaur 47
Mobot 50
Modell, internes 100ff
Modell einer neurotischen Persönlichkeit 133ff
Modell, psychotherapeutisches 132
Modell, neurophysiologisches 123
Modellstimmtrakt 82

MRMU (= Mobile Remote Manipulative Unit) 46f
Multi-Pop-System 94
Muskelverstärker 35f
Mustererkennung 161
Myotron (= Muskel-Elektronisches Instrument) 36f

Neuron 15ff, 189
Nipkowsche Scheibe 63
N-tupel 61, 66ff
N-tupel-Detektor 67

OCR (= Optical Character Recognition) 60ff

Parallelrechner 22
Parallelverarbeitung 17, 22
Perceptron 148
Peripherie 190
Persönlichkeitsmaschinen 127
Photomosaik, integriertes 63
Planungs- u. Zielsuchverfahren 165ff
Potentiometer 189
Problemgraph 95f
Problemlösen auf zwei Ebenen 95f, 165ff
Programmbibliothek 91
Programmed and Remote System Corporation (Pa R) 47
Programmsteuerung 19f
Programme, taktische 170f

Ranger (Little R.) 47
Raumdifferenzierung 164
Rechnerbaustein 16
Rechnergedächtnis 19
Rechner, dem Menschen überlegene 108
Rechner, Schnelligkeit der 16f
Rechner, schöpferische 23f
Rechner, sprechender 86f
Recoverer I (Wrack-Bergungsgerät) 49
Redundanz 189f
Reflexreaktions-Untersystem 166
Reflexverhaltensweisen 158
Reizartschaltung 43
Resonanzsynthesator 83
Resonanzsystem 82f
Rezeptoren 20ff
Rivet (= Remote Inspection Vehicle, Telechiric) 48
Roboter-Effektoren 166
Rückkopplung (bzw. R.skraft) 34f, 43
Rücksetz-Zeit 15
RUM (Boden-Kriecher) 50

Schaltungen, binäre 16
Schnittbandkerne 149
Schwarzer Kasten 190
Sensoren s. Fühler
Servoschaltung 44f
Servosystem s. Elektrohydraulik
–, bilaterales 44f
Servoventil 35f
SIGMA (= Science In General Management) 106
Sinneswahrnehmung 43
Software 186, 189
Speichergerät 190
Speicherelement 16ff
Speicherkapazität 17f
Speichermedien 18f
Speicherteile (n), Querverbindungen zwischen 24
Speicher, periphere 19
Speicherung von Information 16f
Speichervolumen 24
Spektrogramm 79ff
Spektrograph 79ff
Spektrographenfilter 79ff
Sprachsynthesator 74ff, 81, 84ff
Sprechmaschinen 73ff, 82ff
SRI-Roboter 166
Stellungsprüfer 36
Steuerung (s. Rückkopplung) 43f
Steuerungsinformation 43
Straf-Pol 145
Strategieprogramm 169ff
Surveyor 40ff
Synthesefilterkanal 84
Szenenanalyse-System 164f

Télénaute 50
Time Sharing 190
Tremor s. Ataxie
Trieste (ein Forschungs-U-Boot) 49

Überlebens- und Selbsterhaltungstrieb im Rechner 24
Übungstransfer, positiver 100
Übungstransfer, negativer 100
UCLM II 140ff
UNIMATE 40, 52f
UNIMO 51
UNIVAC 180
Unterwassergeräte, ferngesteuerte 50f
URVs (= Undersea Research Vessels) 49ff

Vergessen, gesteuertes 19f
Verhalten nach Fehlleistungen 22
Versatran 52f
Vocoder (Analysis/Synthesis-Systeme) 99ff
Vocoder (Kanal-) 99ff
Vorausschau und Vorhersage von Konsequenzen 89ff

Wegsteuerung 41f
Wellman-Manipulator 40
Werkstattroboter 53
Werkzeugmaschine, rechnergesteuerte 107f
Wetware 190
Wiederausrichtung 41f
Wortanalyse 159f

Zehnersystem 14f
Zeichenerkennung 14
Zeichennormierung 64f
Zeilendrucker 17
Zeitregelung 22
Zentraleinheit 190
Zweiersystem 14f